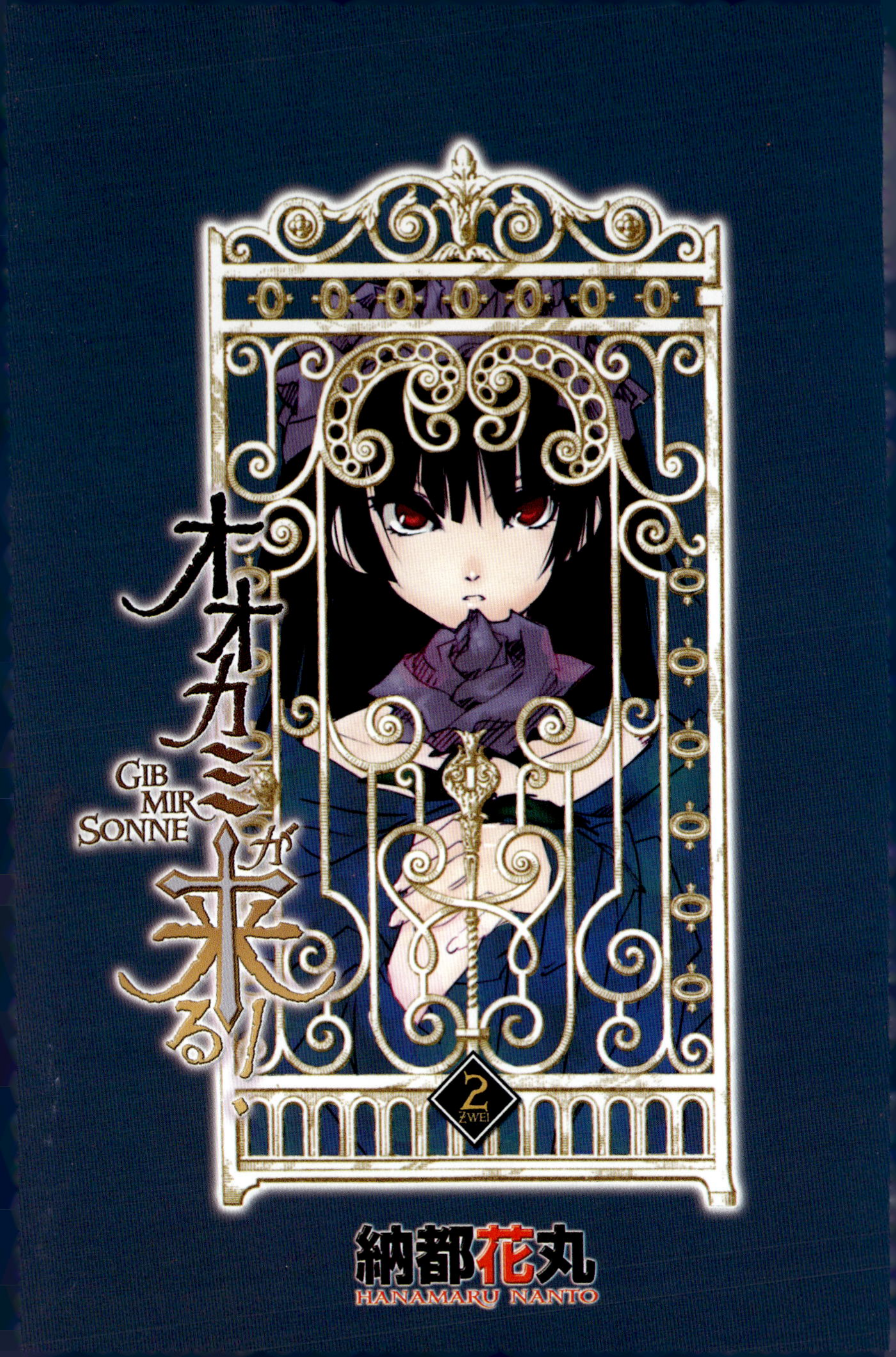
オオカミが来る!
GIB MIR SONNE
2
ZWEI
納都花丸
HANAMARU NANTO

Inhaltsverzeichnis

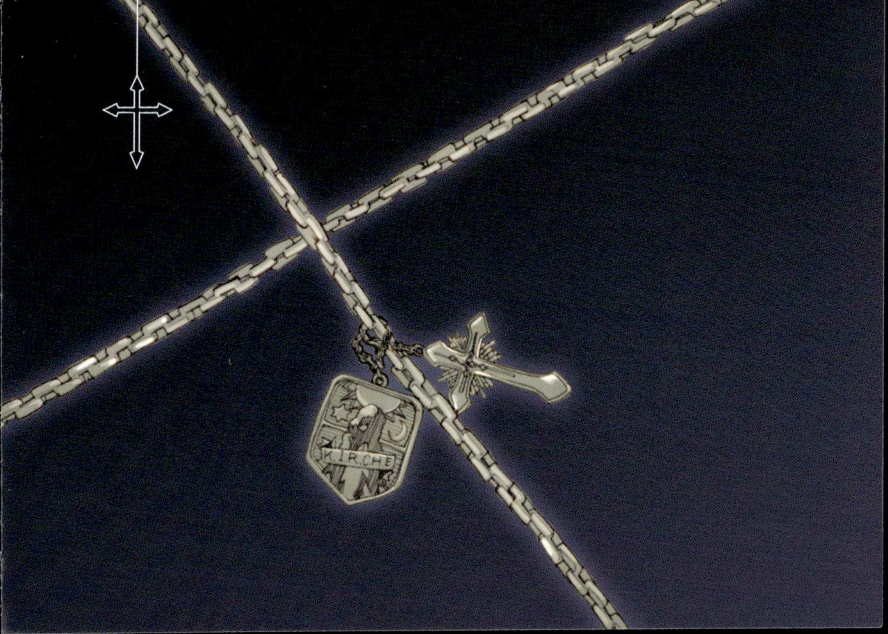

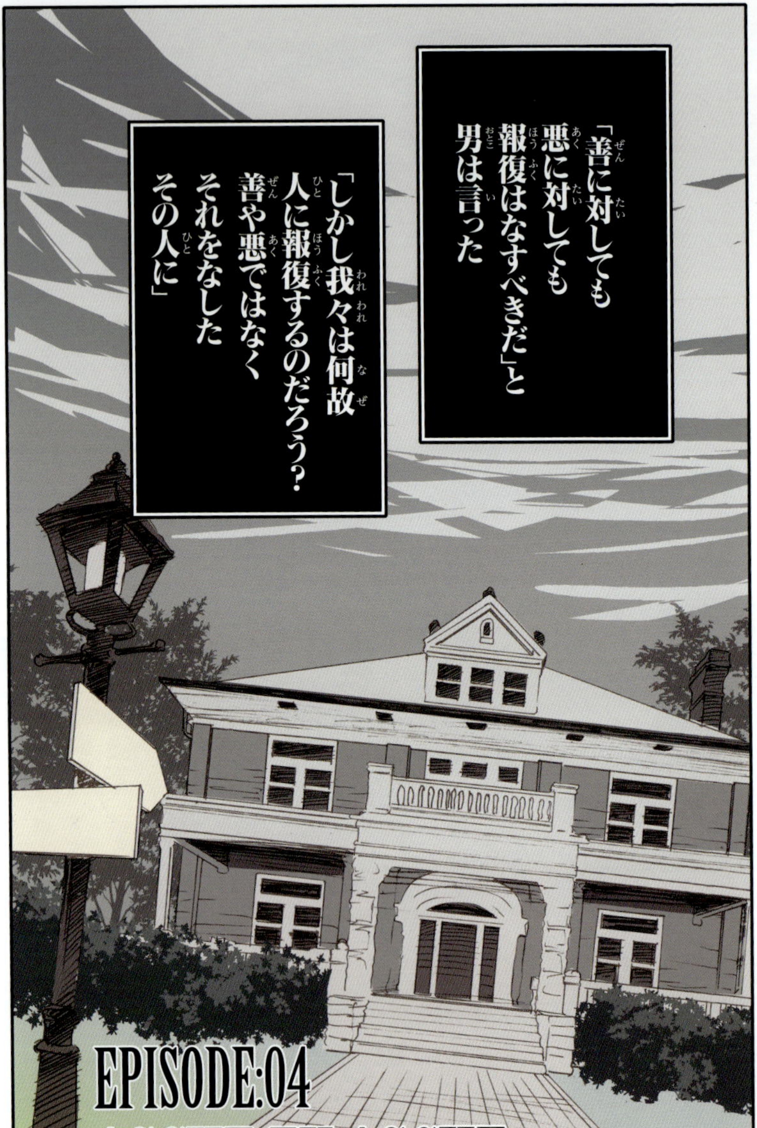

EPISODE:04
ASCHE ZU ASCHE

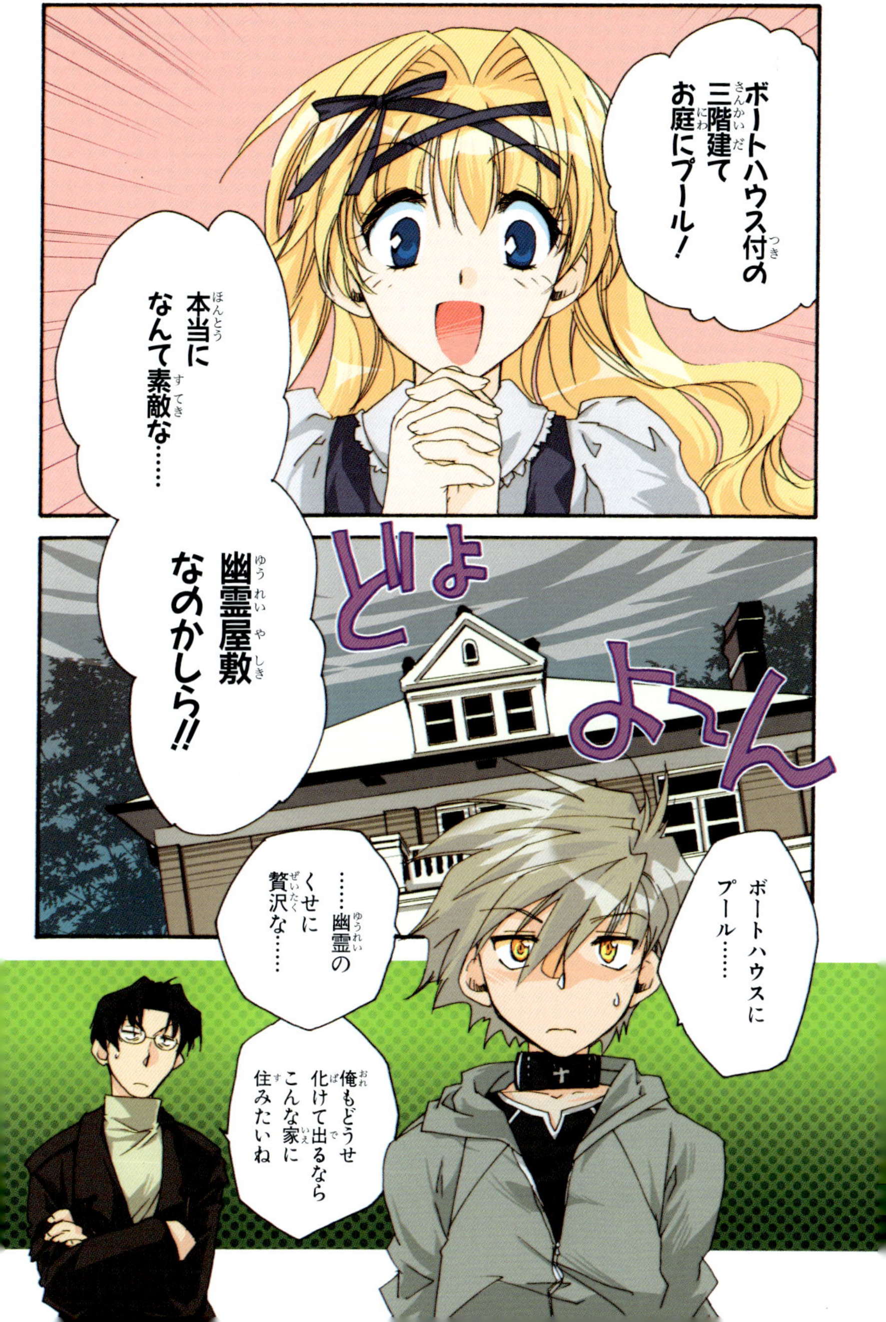
ボートハウス付の三階建てお庭にプール！
本当になんて素敵な……
幽霊屋敷なのかしら!!
どよよ〜ん
ボートハウスにプール……
……幽霊のくせに贅沢な……
俺もどうせ化けて出るならこんな家に住みたいね

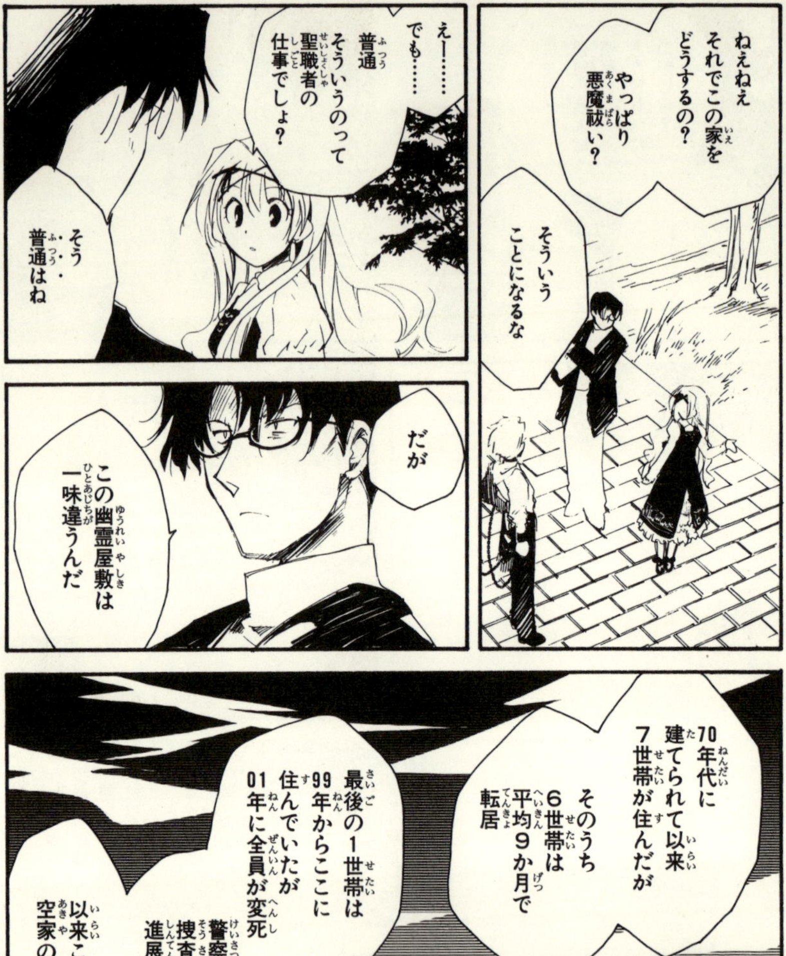
ねえねえ
それでこの家をどうするの？
やっぱり悪魔祓い？
そういうことになるな
え――……
でも……
普通そういうのって聖職者の仕事でしょ？
そう・・・普通はね
だが
この幽霊屋敷は一味違うんだ
70年代に建てられて以来7世帯が住んだが
そのうち6世帯は平均9か月で転居
最後の1世帯は99年からここに住んでいたが01年に全員が変死
警察が事件として捜査しているが進展はない
以来ここは空家のままだ

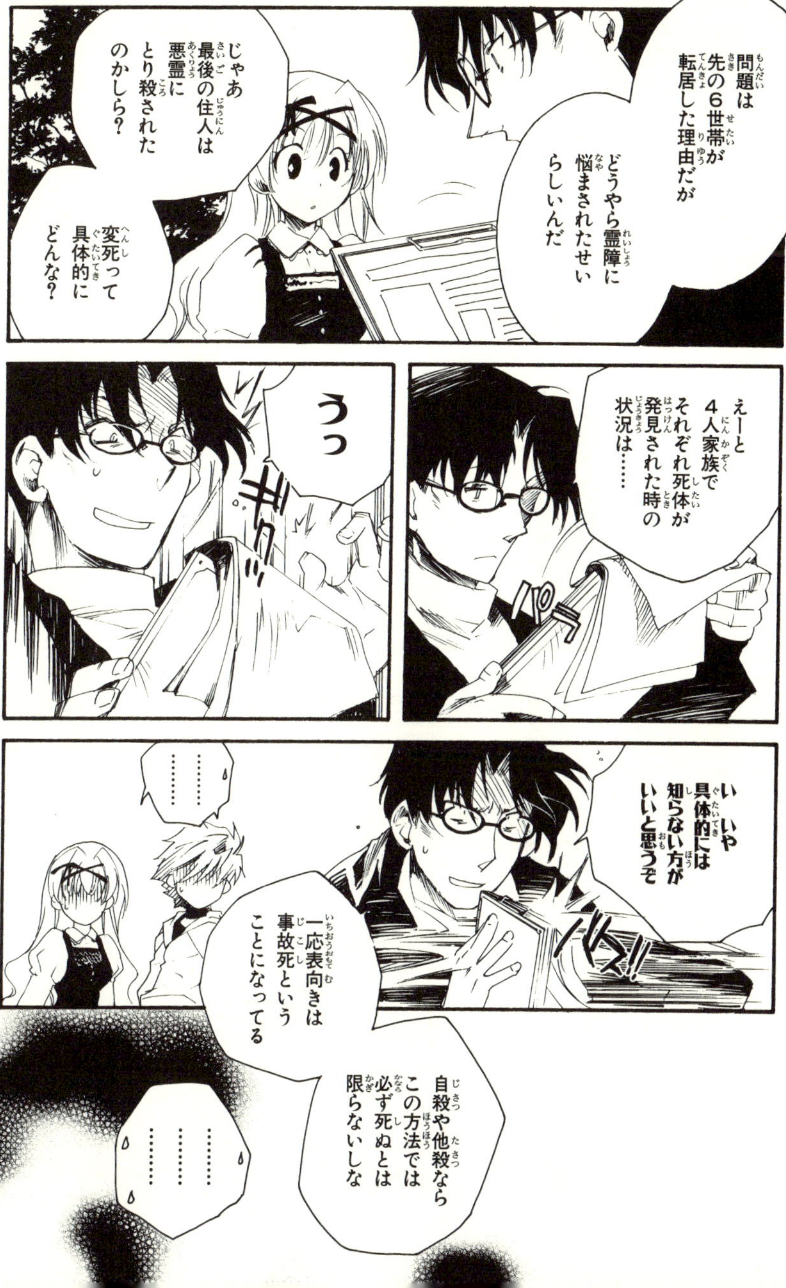
問題は先の6世帯が転居した理由だが
どうやら霊障に悩まされたせいらしいんだ
じゃあ最後の住人は悪霊にとり殺されたのかしら?
変死って具体的にどんな?
えーと4人家族でそれぞれ死体が発見された時の状況は……
パラ
うっ
ギクッ
い いや具体的には知らない方がいいと思うぞ
……
一応表向きは事故死ということになってる
自殺や他殺ならこの方法では必ず死ぬとは限らないしな
………

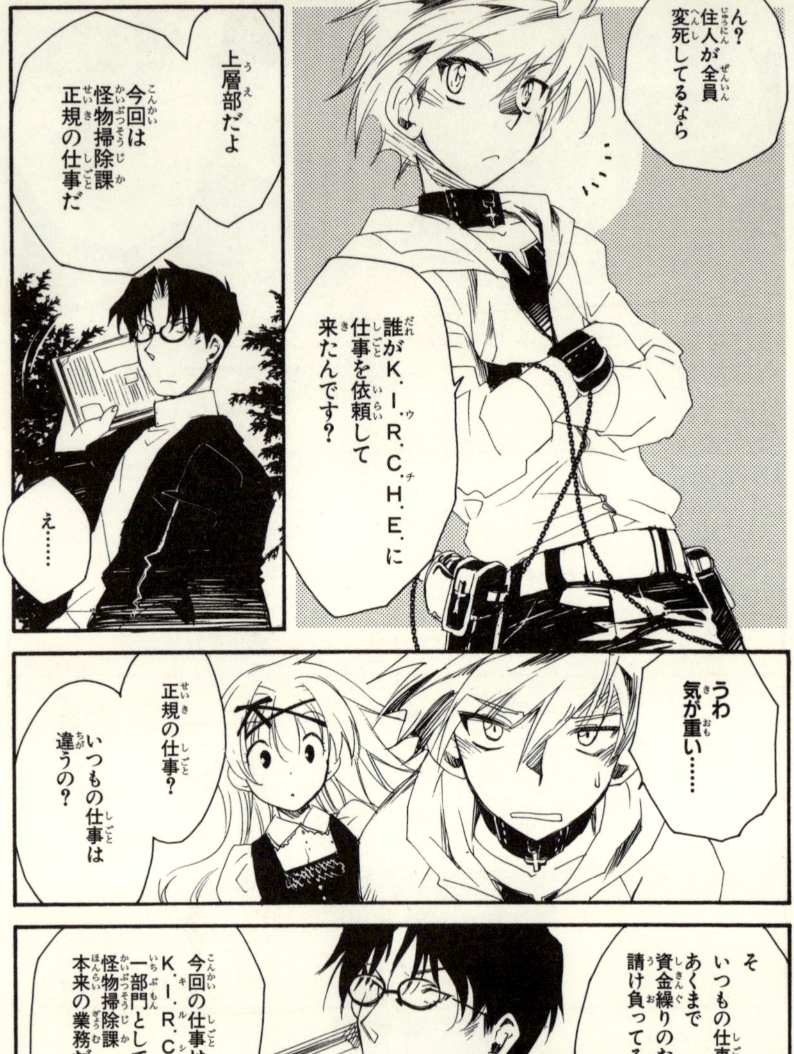
ん？
住人が全員変死してるなら
……
誰がK.I.R.C.H.E.に仕事を依頼して来たんです？
上層部だよ
今回は怪物掃除課正規の仕事だ
え……
うわ
気が重い……
正規の仕事？
いつもの仕事は違うの？
そ
いつもの仕事はあくまで資金繰りのために請け負ってる
今回の仕事はK.I.R.C.H.E.内の一部門として怪物掃除課本来の業務だよ

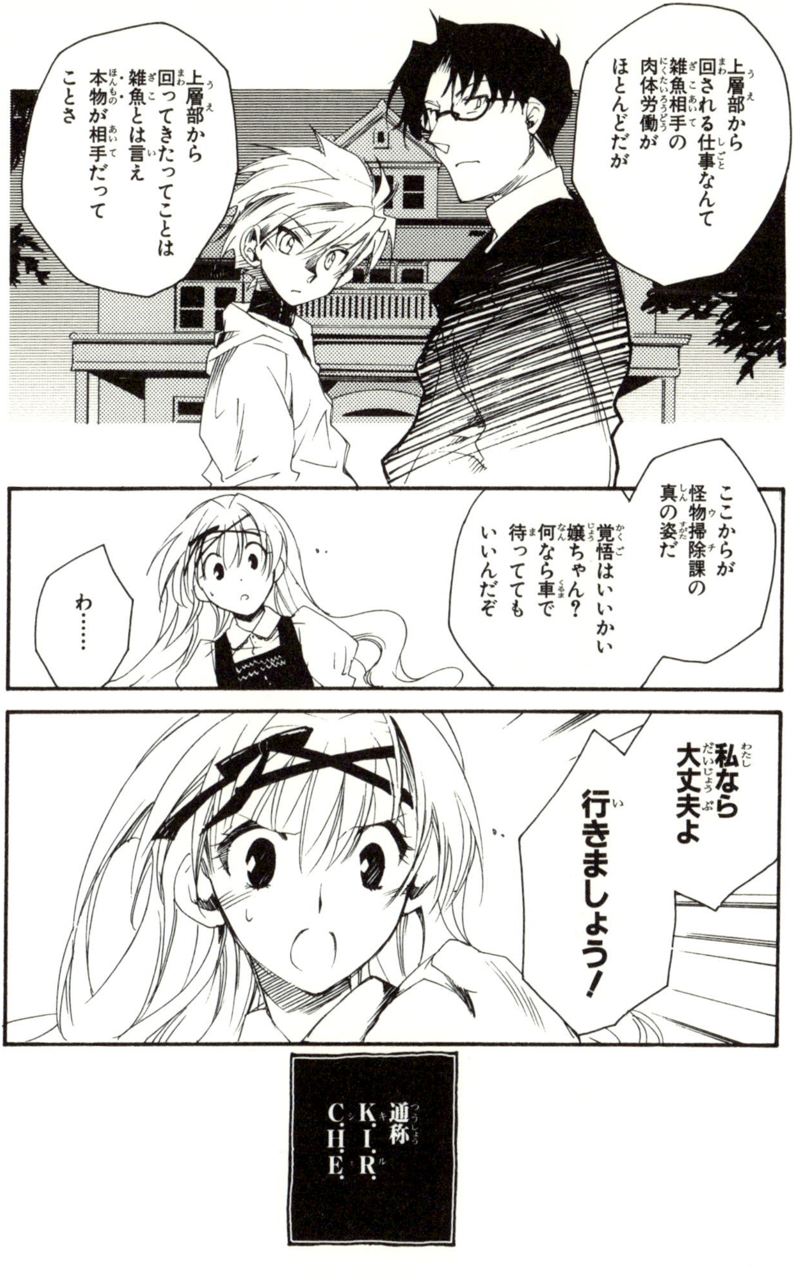
上層部から回される仕事なんて雑魚相手の肉体労働がほとんどだが
上層部から回ってきたってことは雑魚とは言え本物が相手だってことさ
ここからが怪物掃除課の真の姿だ
覚悟はいいかい嬢ちゃん？何なら車で待っててもいいんだぞ
わ……
私なら大丈夫よ
行きましょう！
通称K.I.R.C.H.E.

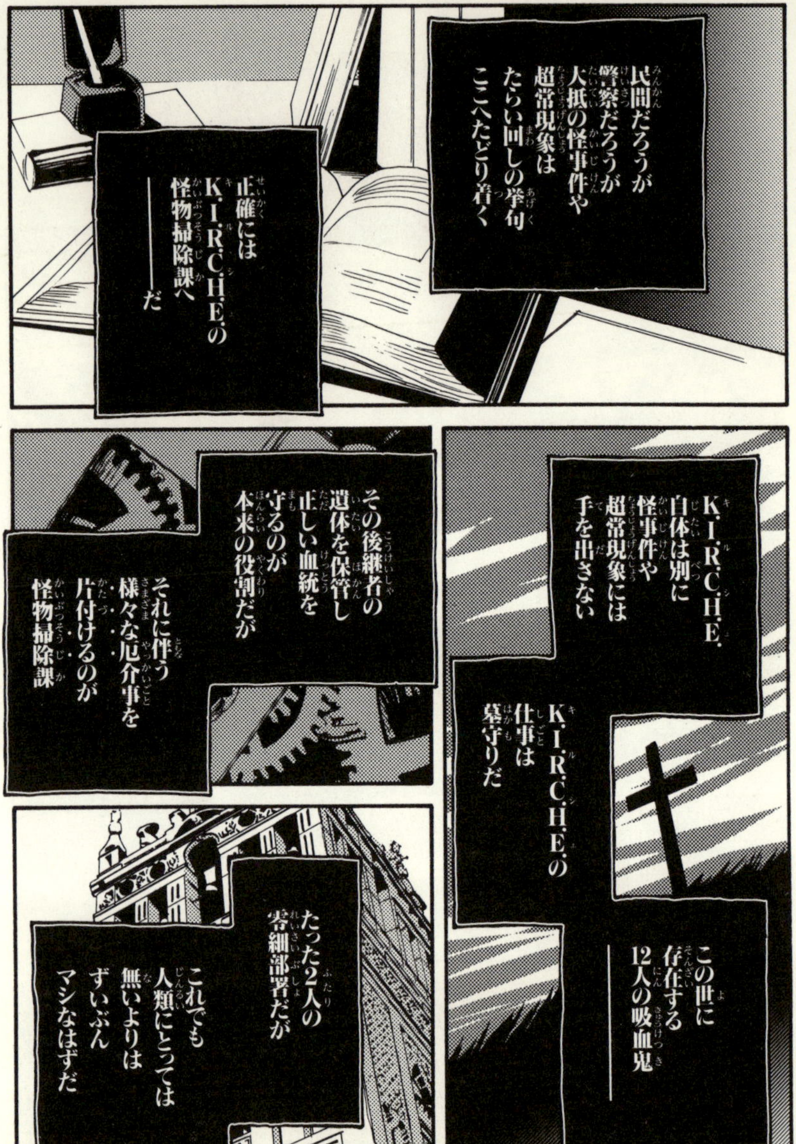
民間だろうが
警察だろうが
大抵の怪事件や
超常現象は
たらい回しの挙句
ここへたどり着く
正確には
K.I.R.C.H.E.の
怪物掃除課へ
——だ
K.I.R.C.H.E.
自体は別に
怪事件や
超常現象には
手を出さない
K.I.R.C.H.E.の
仕事は
墓守りだ
この世に
存在する
12人の吸血鬼
——
その後継者の
遺体を保管し
正しい血統を
守るのが
本来の役割だが
それに伴う
様々な厄介事を
片付けるのが
怪物掃除課
たった2人の
零細部署だが
これでも
人類にとっては
無いよりは
ずいぶん
マシなはずだ

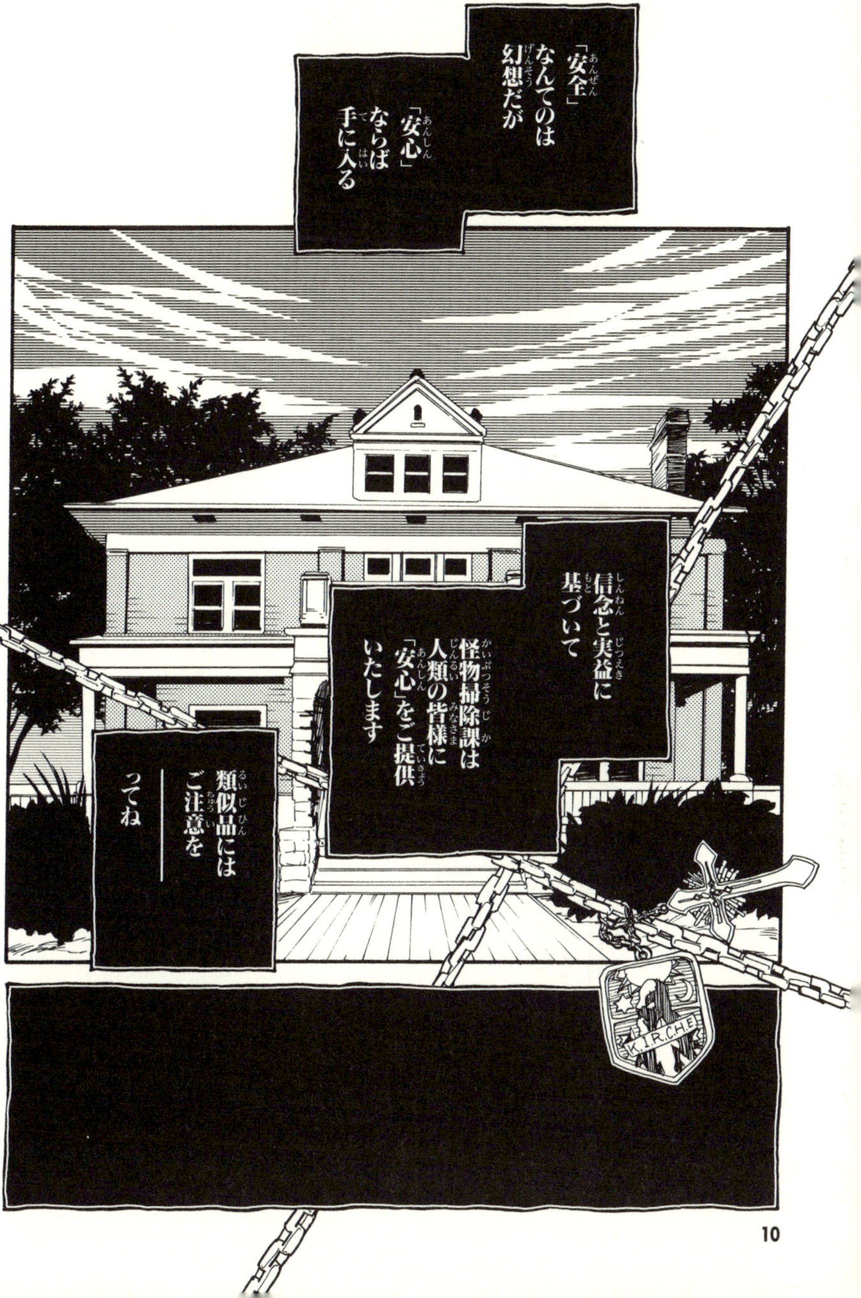
「安全」なんてのは
幻想だが
「安心」ならば
手に入る
信念と実益に
基づいて
怪物掃除課は
人類の皆様に
「安心」をご提供
いたします
類似品には
ご注意を
――ってね
K.I.R.C.H.E

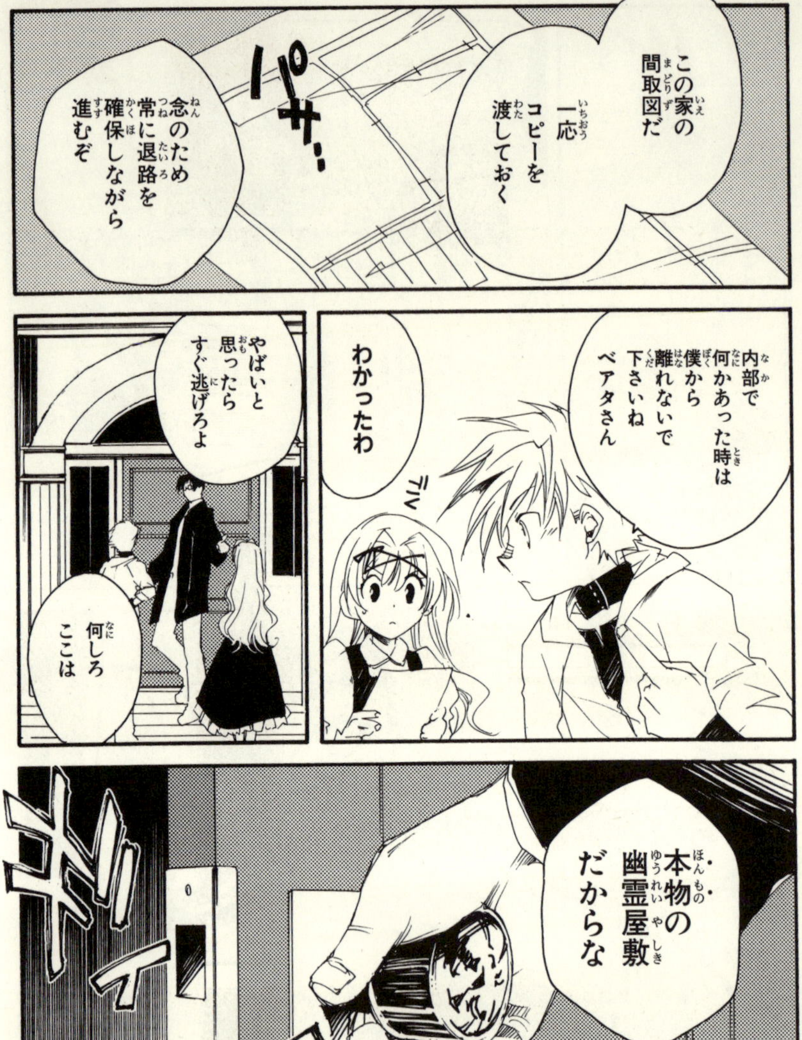
この家の間取図だ
一応コピーを渡しておく
パサ…
念のため常に退路を確保しながら進むぞ
内部で何かあった時は僕から離れないで下さいねベアタさん
わかったわ
やばいと思ったらすぐ逃げろよ
何しろここは
本物の幽霊屋敷だからな

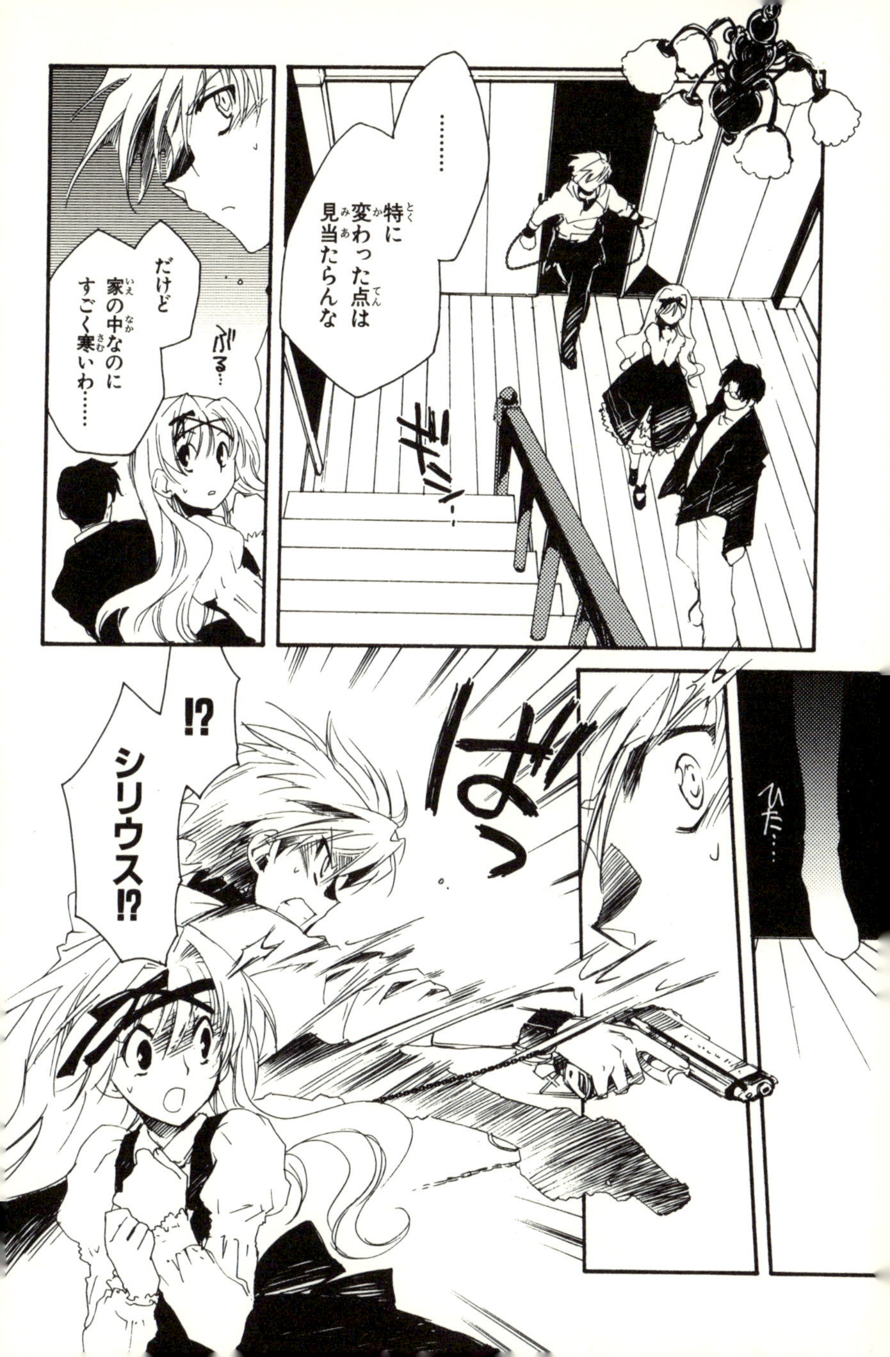
……
特に変わった点は見当たらんな
ギシッ
ぶる…
だけど家の中なのにすごく寒いわ……
ぱっ
ひた…
!?
シリウス!?

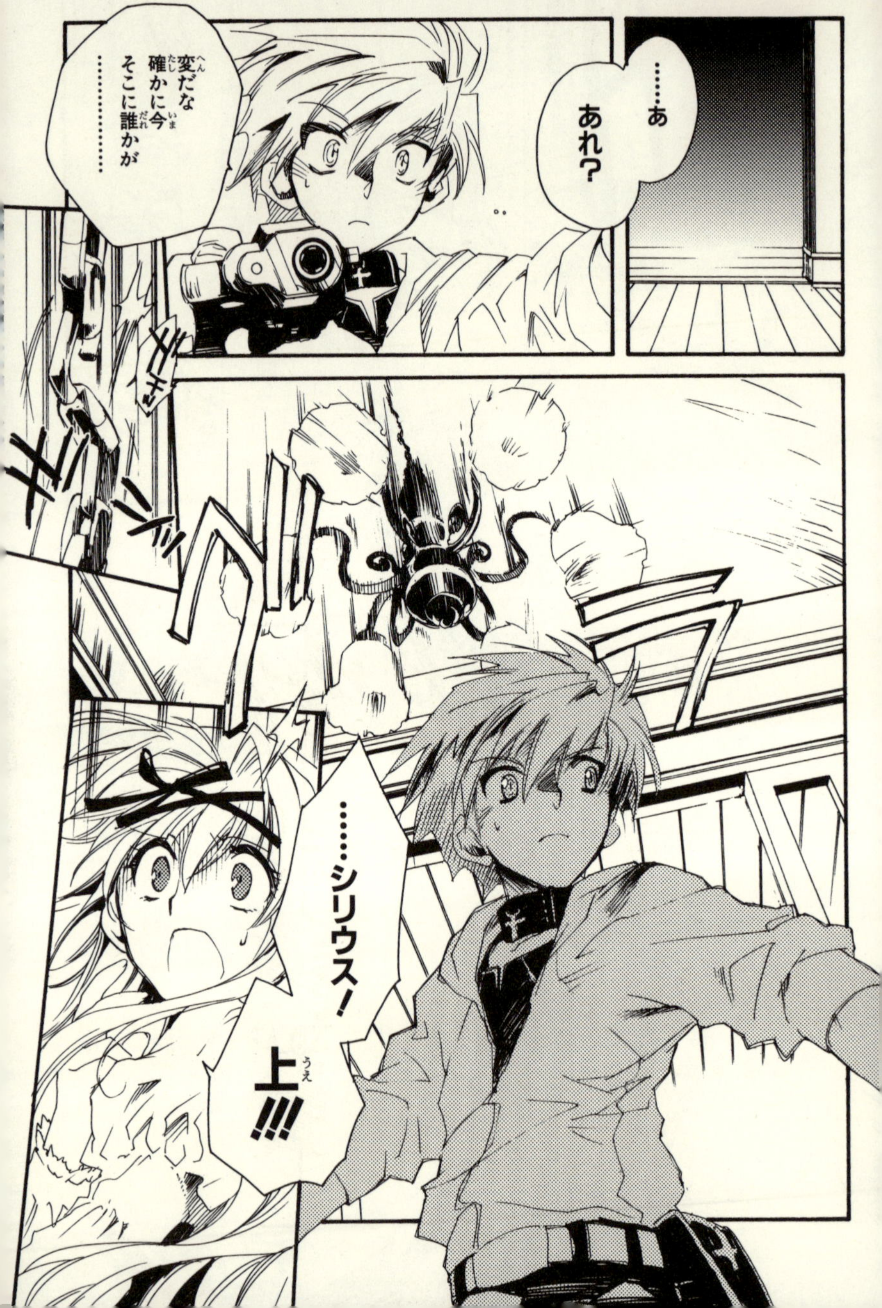
……あ
あれ？
変だな
確かに今
そこに誰かが
……
ギシッ
……シリウス！
上!!!

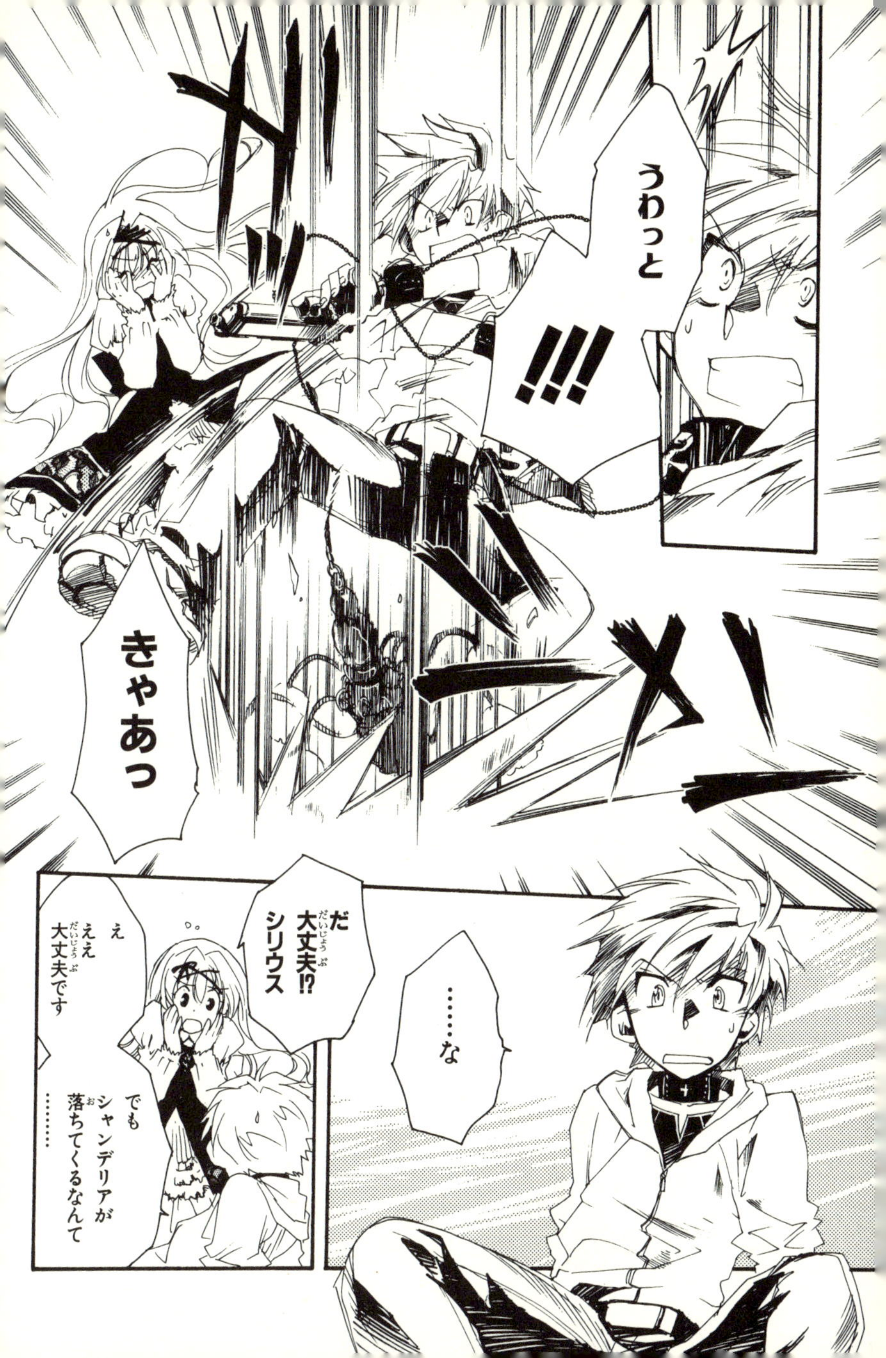
うわっと!!!!
きゃあっ
……な
だ
大丈夫!?
シリウス
え
ええ
大丈夫です
でも
シャンデリアが
落ちてくるなんて
………

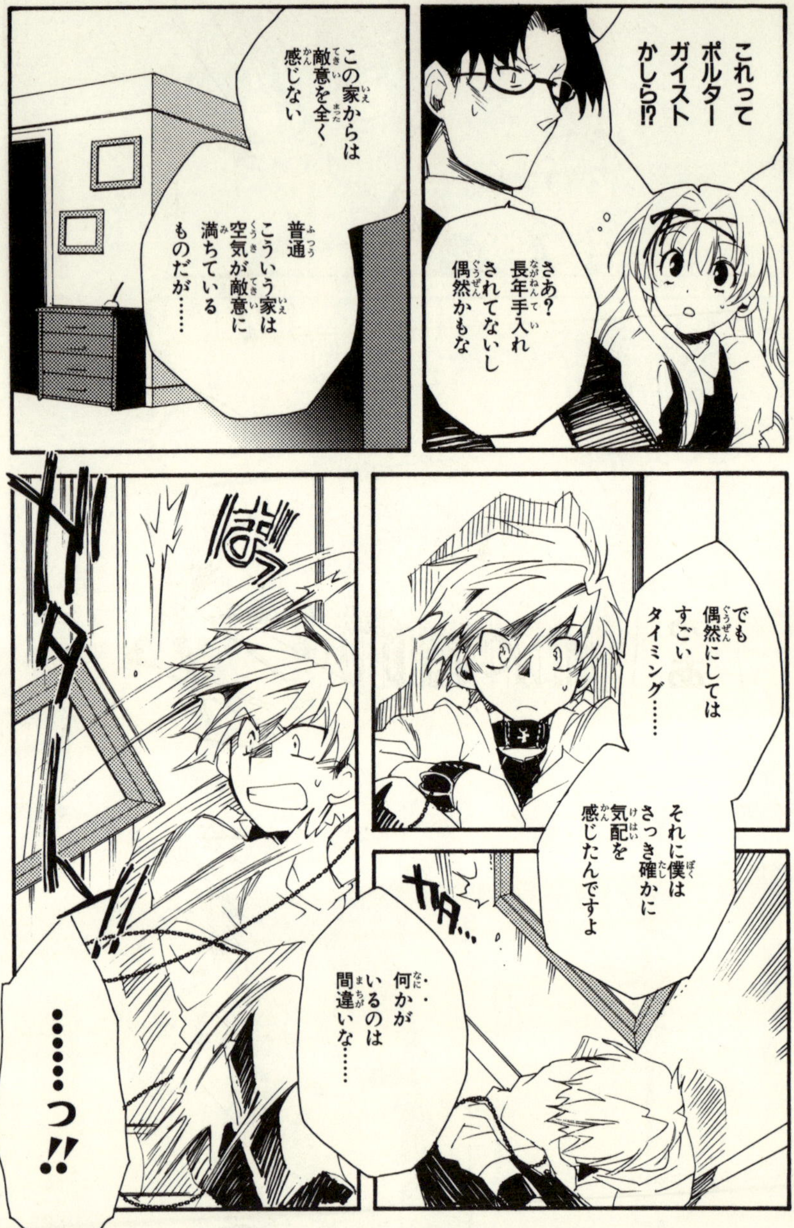
これってポルターガイストかしら!?
さあ? 長年手入れされてないし偶然かもな
この家からは敵意を全く感じない
普通こういう家は空気が敵意に満ちているものだが……
でも偶然にしてはすごいタイミング……
それに僕はさっき確かに気配を感じたんですよ
カタ…
何かがいるのは間違いな……
ばっ
ガターン!!
……っ!!

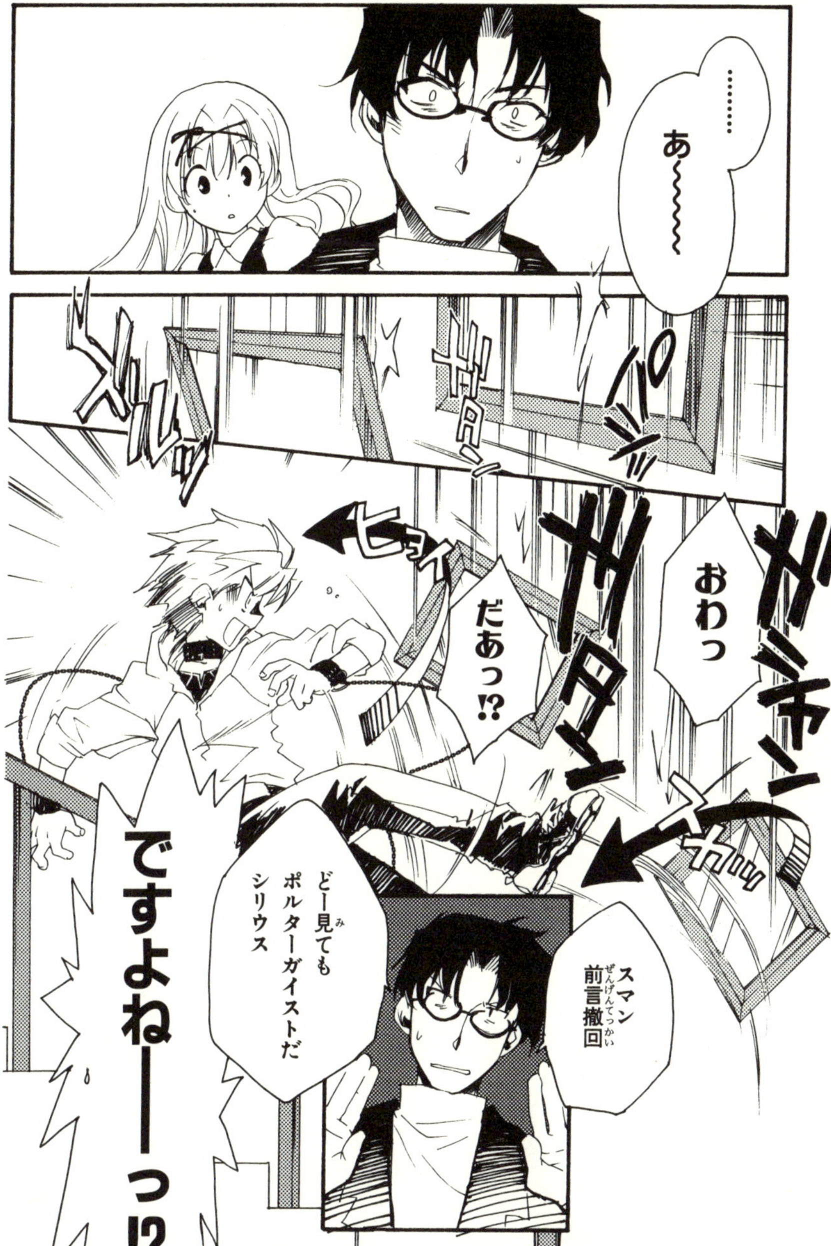
……あ～～～
おわっ
だあっ!?
ヒョイ
ズルッ
どー見ても ポルターガイストだ シリウス
スマン 前言撤回
ですよねーーっ!?

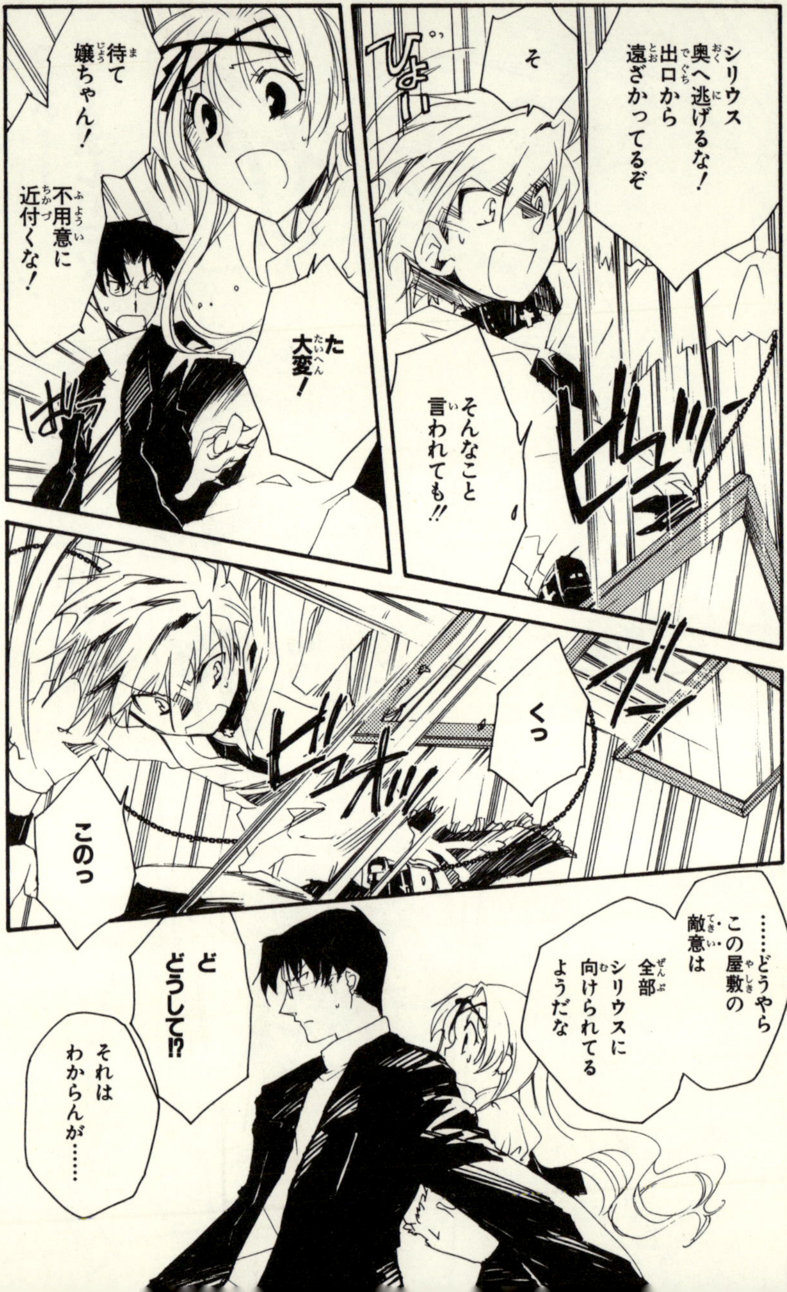
シリウス
奥へ逃げるな!
出口から
遠ざかってるぞ
そ
そんなこと
言われても!!
ビュッ
待て
嬢ちゃん!
不用意に
近付くな!
た
大変!
くっ
ビュオッ
このっ
……どうやら
この屋敷の
敵意は
全部
シリウスに
向けられてる
ようだな
ど
どうして!?
それは
わからんが……

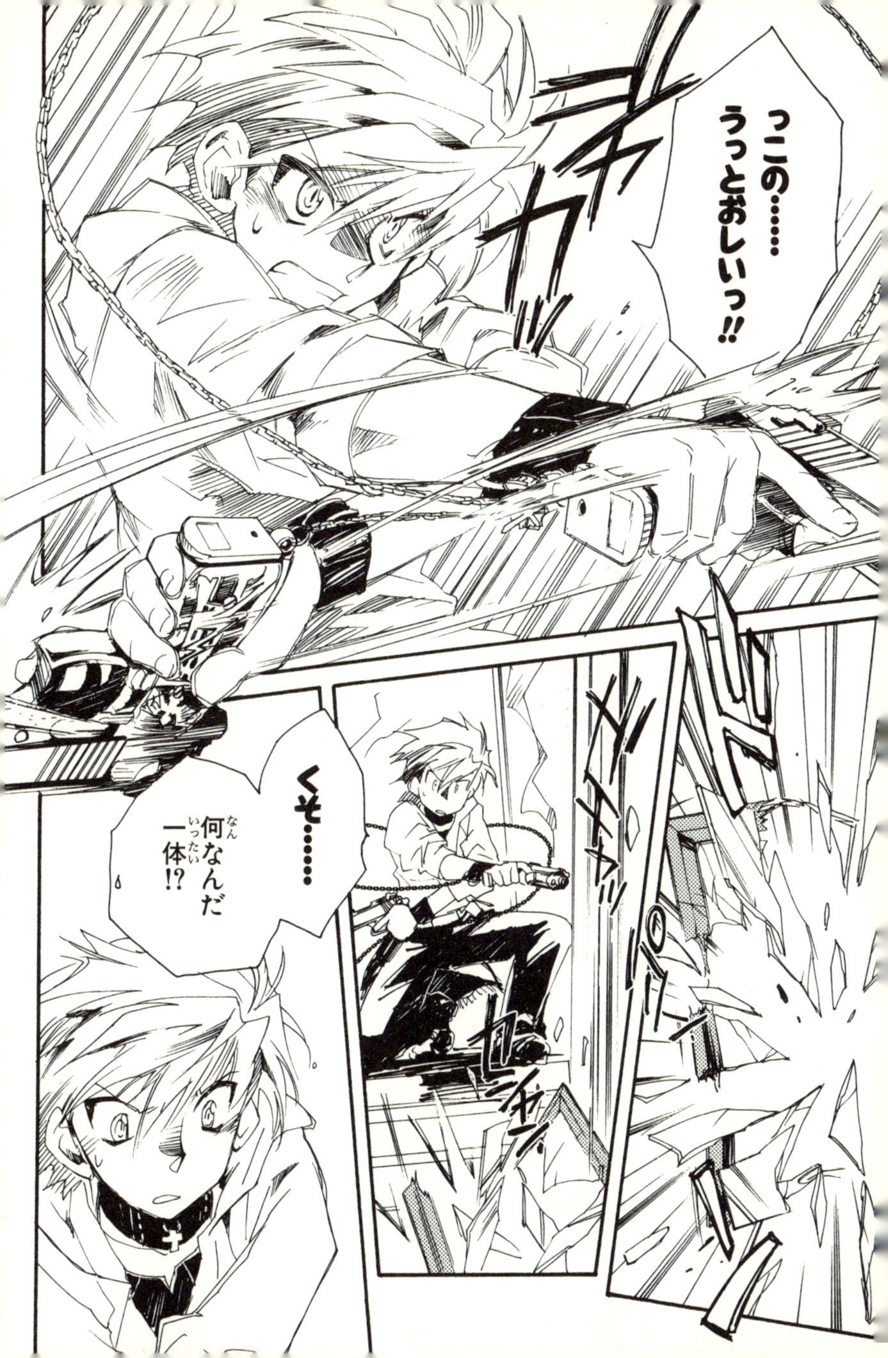
っこの……うっとおしいっ!!
くそ……
何なんだ一体!?

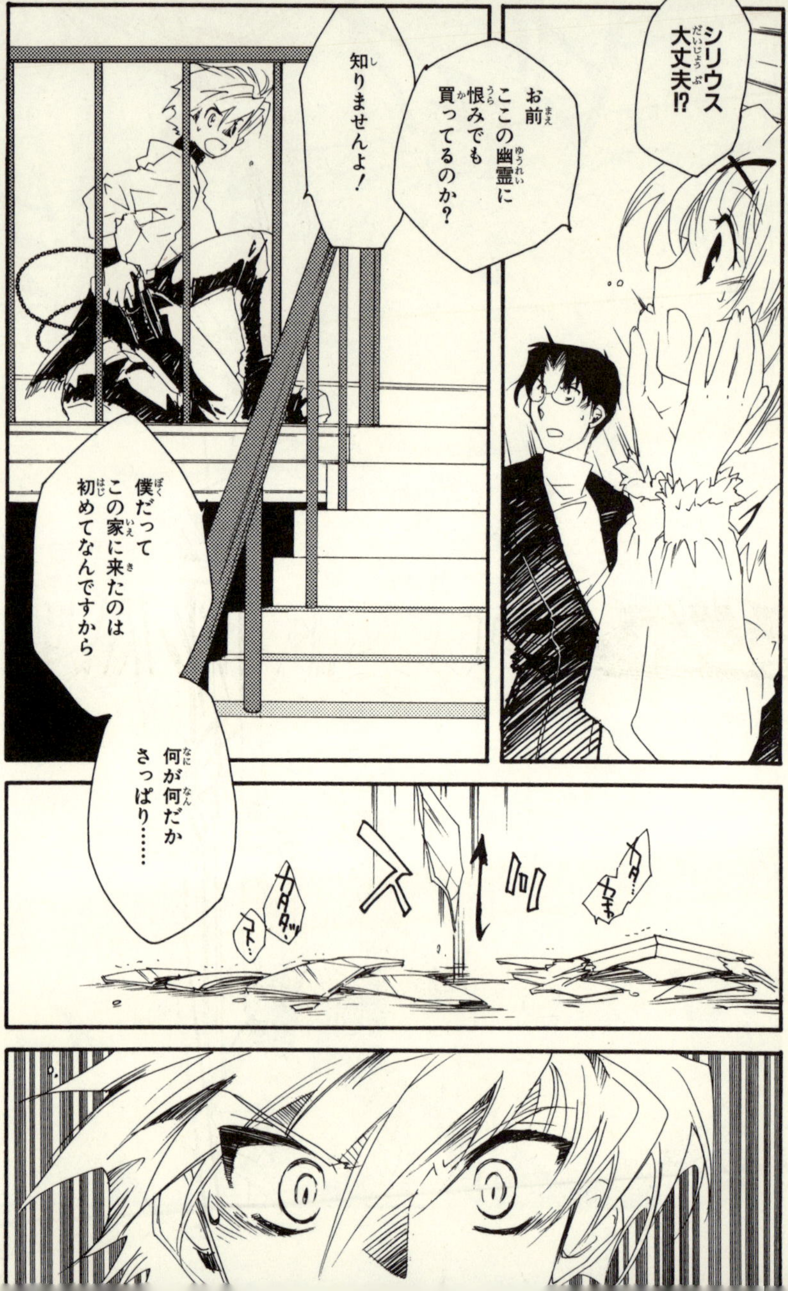
シリウス大丈夫!?
お前ここの幽霊に恨みでも買ってるのか?
知りませんよ!
僕だってこの家に来たのは初めてなんですから
何が何だかさっぱり……
カタ…

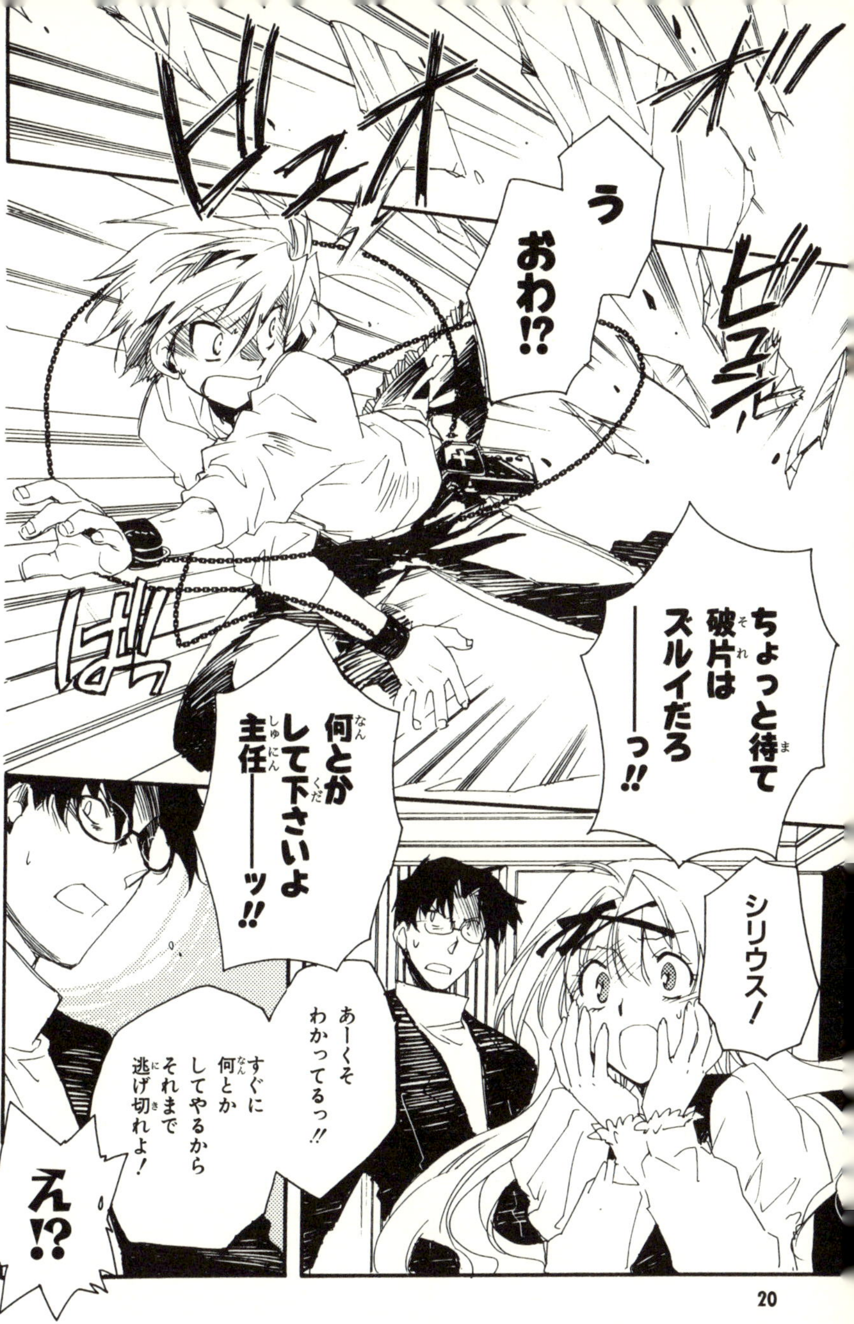
う
おわ!?
ちょっと待て
破片はズルイだろ——っ!!
はっ
何とかして下さいよ主任——ッ!!
シリウス!
あーくそ わかってるっ!!
すぐに何とかしてやるから それまで逃げ切れよ!
え!?

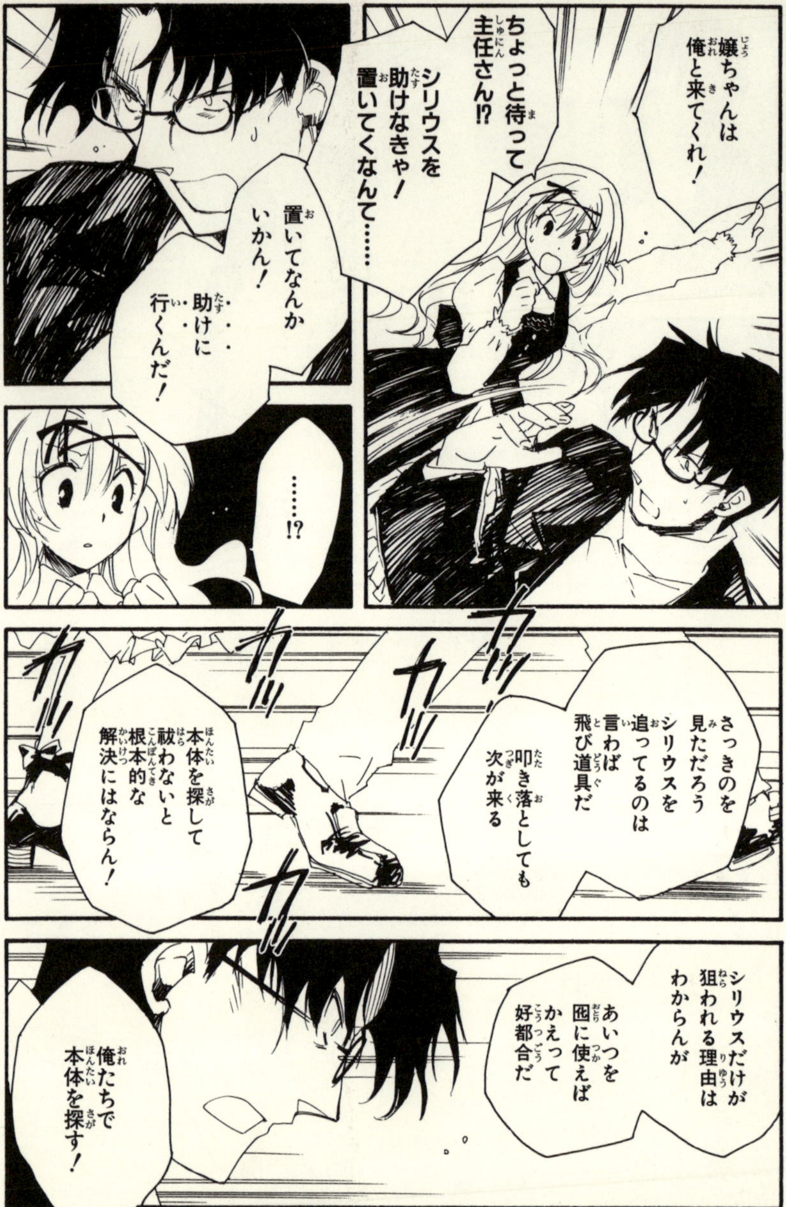
嬢ちゃんは俺と来てくれ！
ちょっと待って主任さん!?
シリウスを助けなきゃ！置いてくなんて……
置いてなんかいかん！
……助けに行くんだ！
……!?
カッ
カッ
カッ
カッ
さっきのを見ただろう シリウスを追ってるのは言わば飛び道具だ
叩き落としても次が来る
本体を探して祓わないと根本的な解決にはならん！
カッ
シリウスだけが狙われる理由はわからんが
あいつを囮に使えばかえって好都合だ
俺たちで本体を探す！

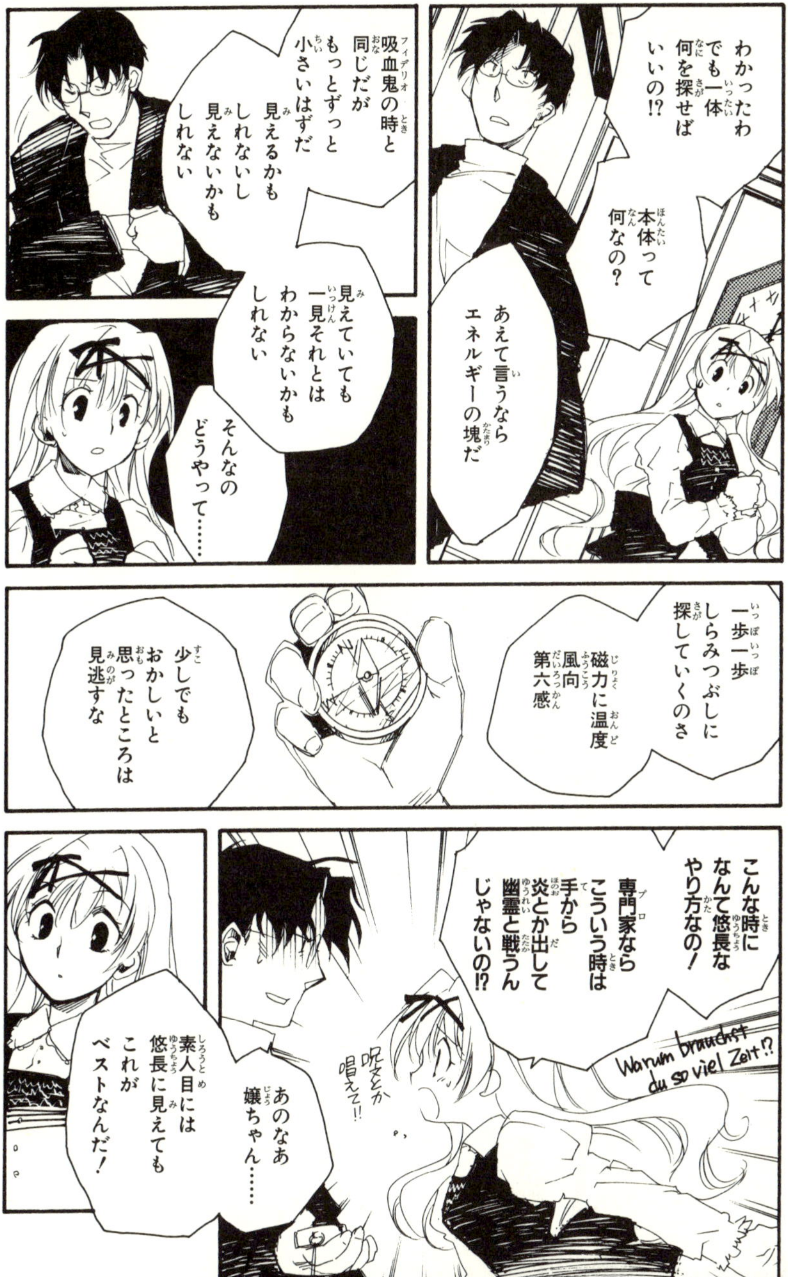

わかったわ
でも一体
何を探せば
いいの!?
本体って
何なの?
あえて言うなら
エネルギーの塊だ
吸血鬼の時と
同じだが
もっとずっと
小さいはずだ
見えるかも
しれないし
見えないかも
しれない
見えていても
一見それとは
わからないかも
しれない
そんなの
どうやって……
一歩一歩
しらみつぶしに
探していくのさ
磁力に温度
風向
第六感
少しでも
おかしいと
思ったところは
見逃すな
こんな時に
なんて悠長な
やり方なの!
専門家なら
こういう時は
手から
炎とか出して
幽霊と戦うん
じゃないの!?
Warum brauchst du so viel Zeit!?
呪文とか
唱えて!!
あのなあ
嬢ちゃん……
素人目には
悠長に見えても
これが
ベストなんだ!

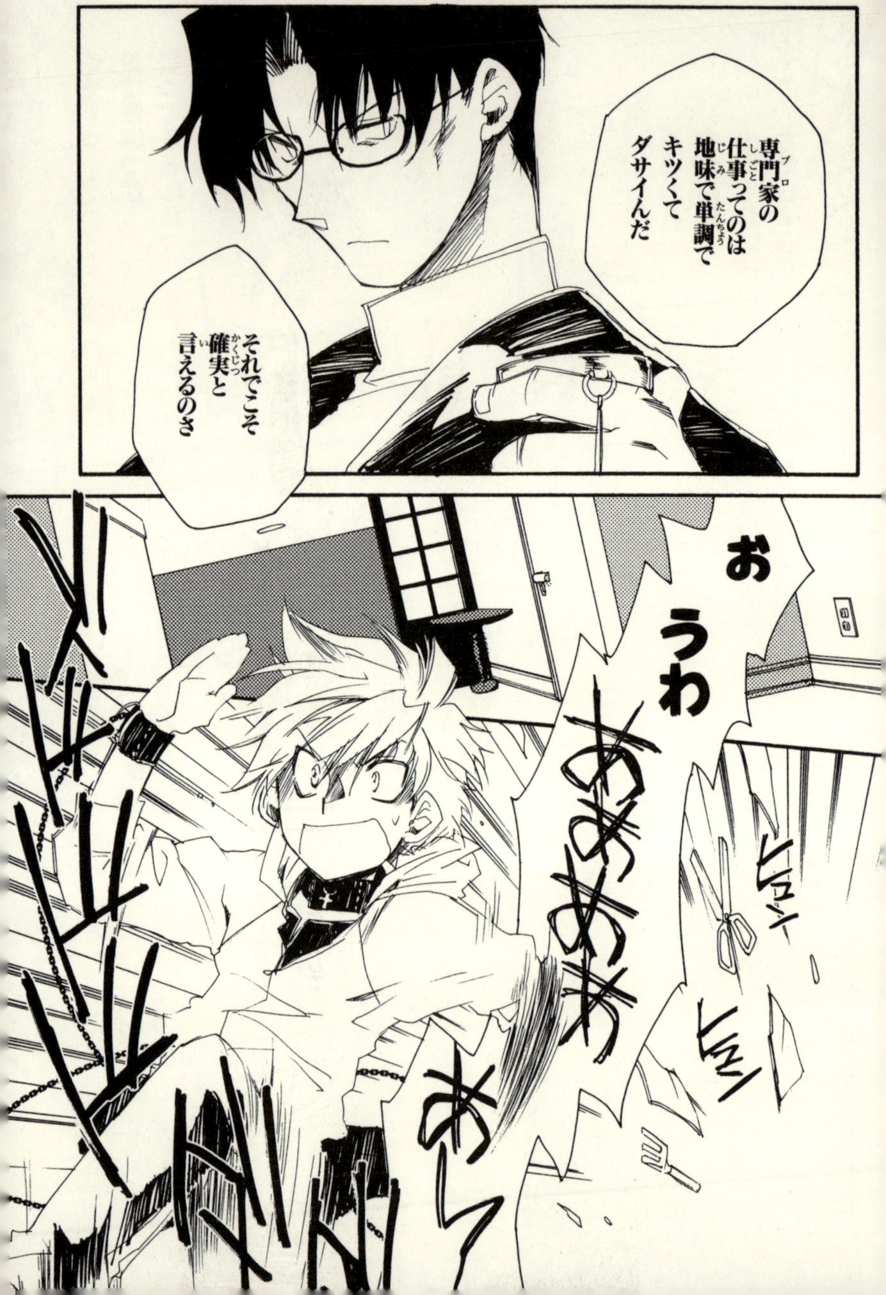
専門家の仕事ってのは地味で単調でキツくてダサイんだ
それでこそ確実と言えるのさ
おうわああああ
ヒュン
ヒュン

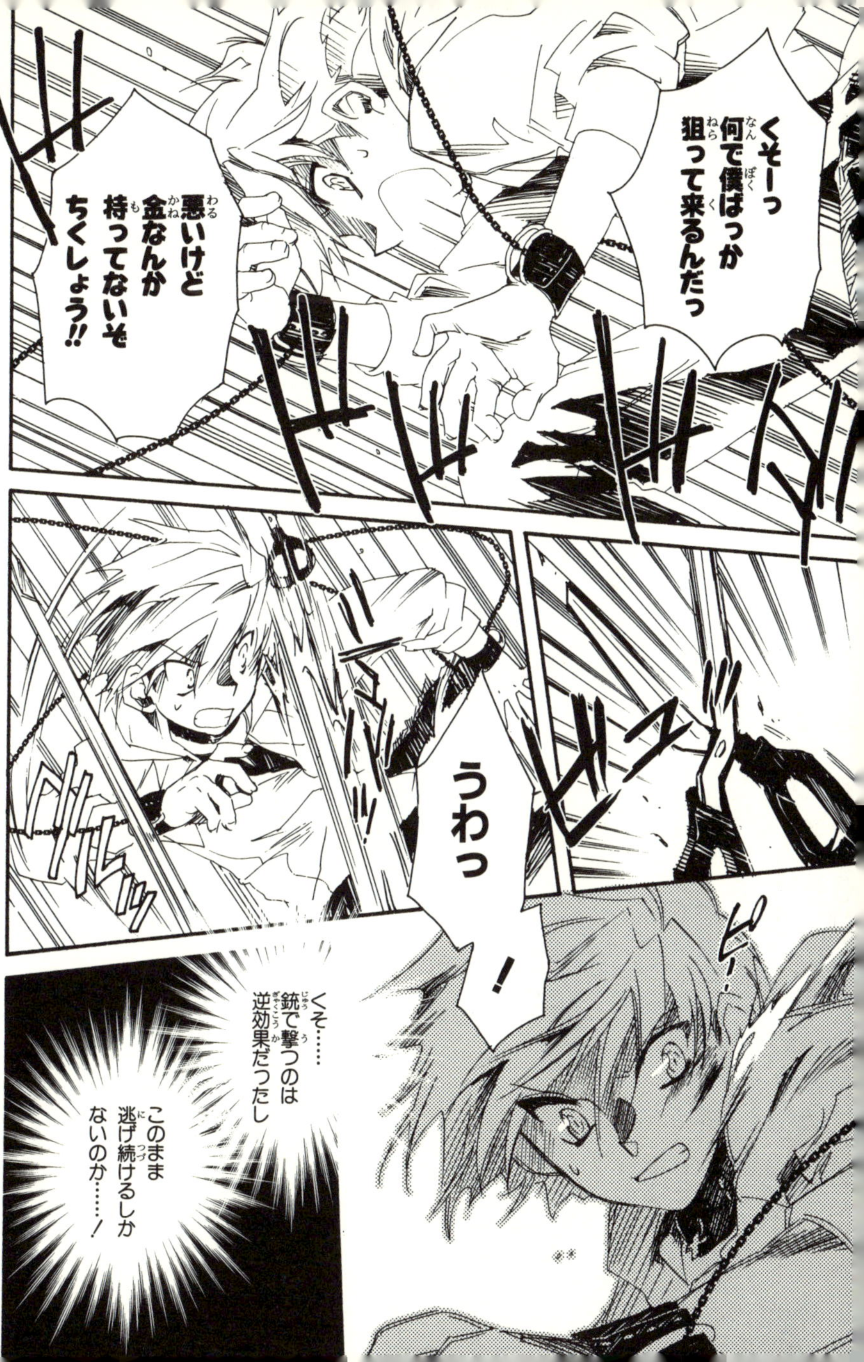
くそーっ
何で僕ばっか狙って来るんだっ
悪いけど金なんか持ってないぞちくしょう!!
うわっ
！
くそ……銃で撃つのは逆効果だったし
このまま逃げ続けるしかないのか……！

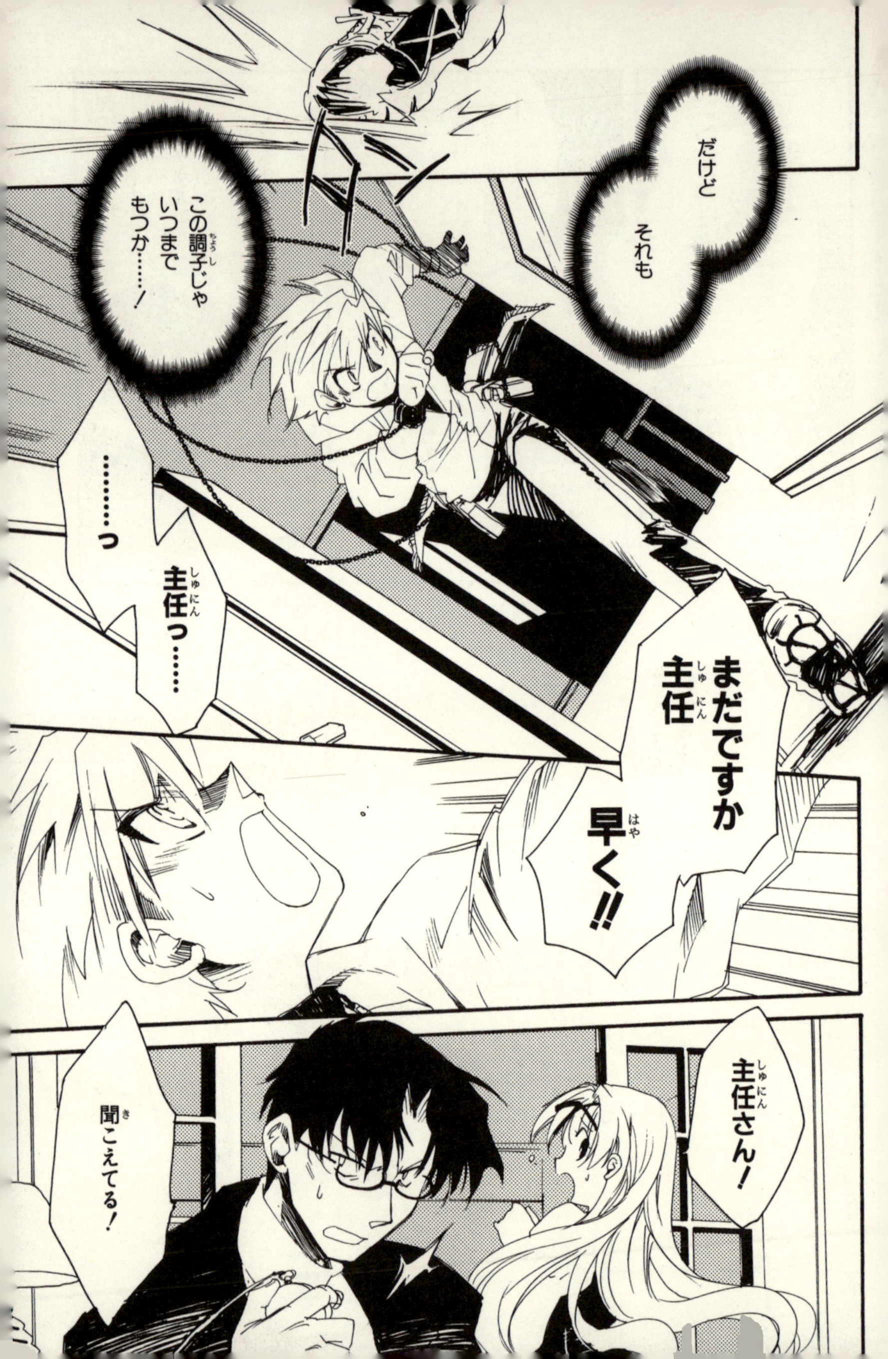
だけど
それも
この調子じゃ
いつまで
もつか……！
……っ
主任っ……
まだですか
主任
早く!!
主任さん！
聞こえてる！

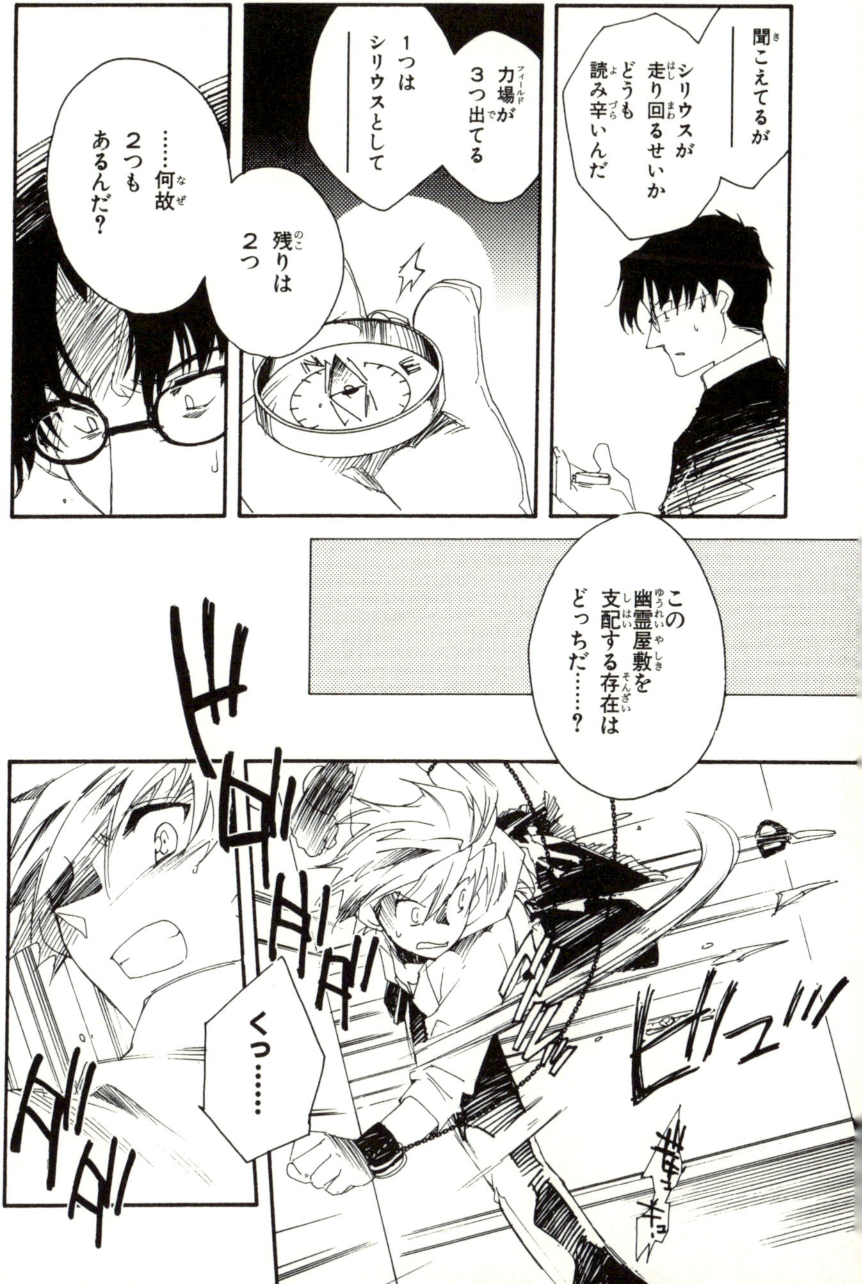
聞こえてるが
シリウスが走り回るせいかどうも読み辛いんだ
力場が3つ出てる
1つはシリウスとして
残りは2つ
……何故2つもあるんだ?
この幽霊屋敷を支配する存在はどっちだ……?
くっ……

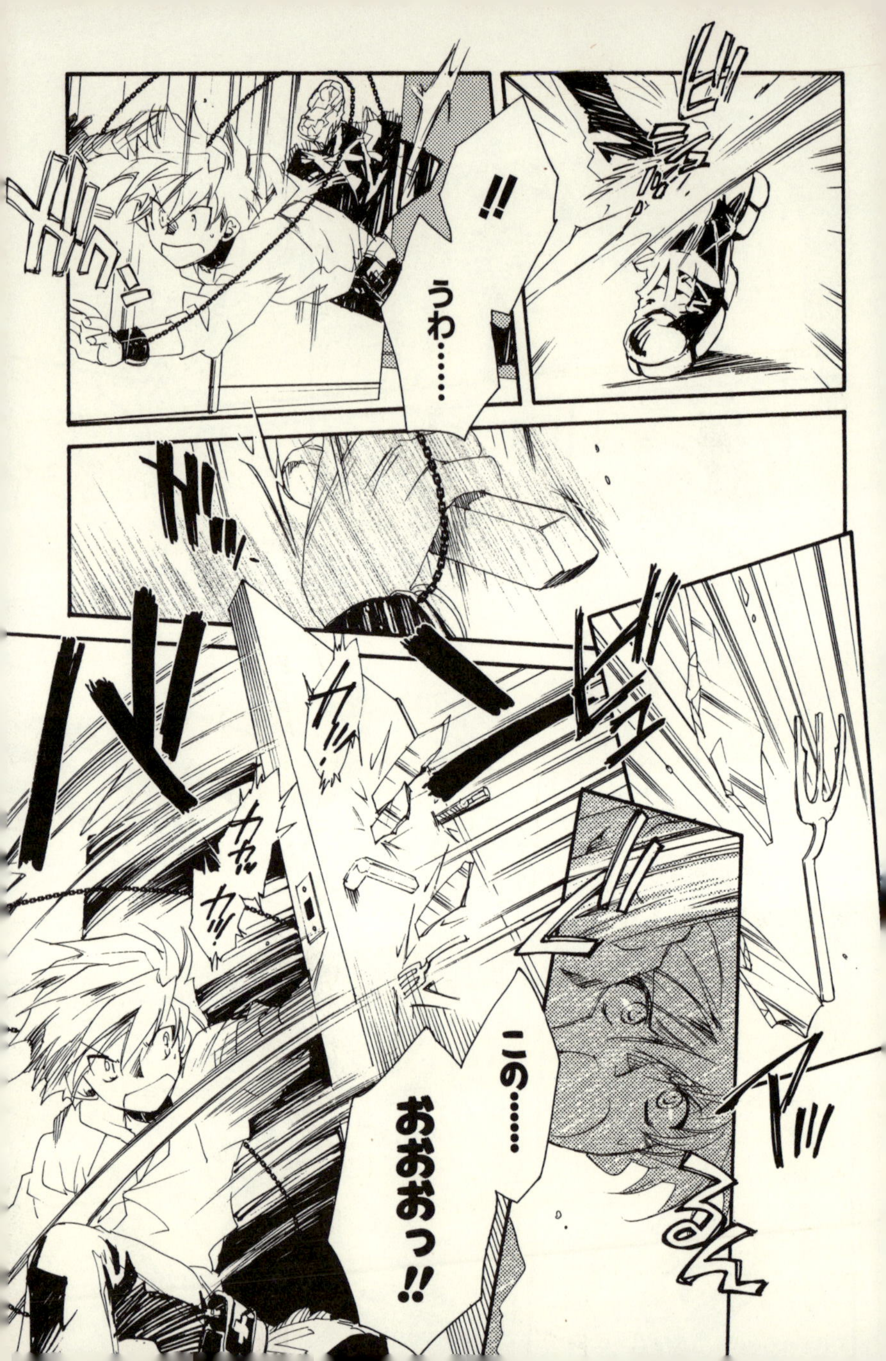
!!
うわ……
この……
おおおっ!!

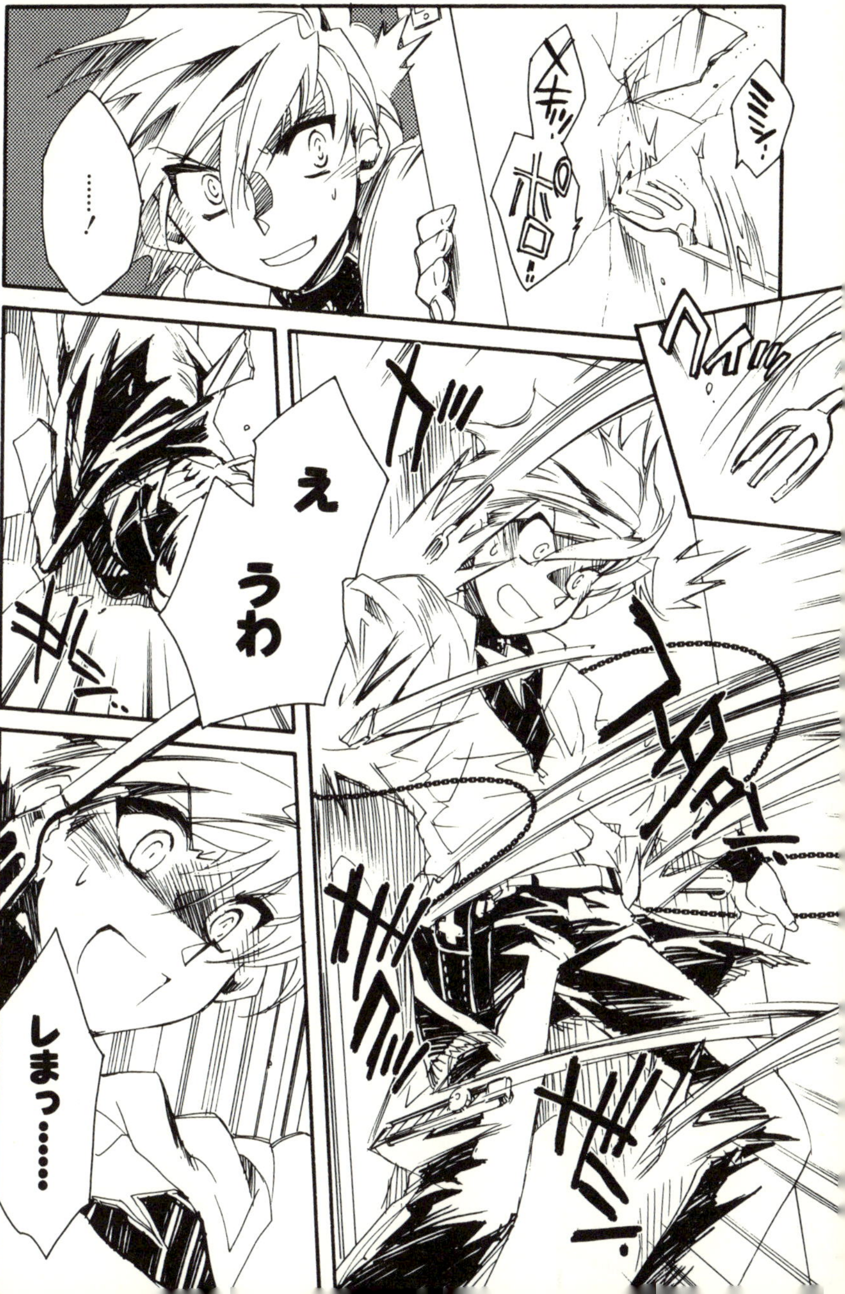
ミシッ…
メキッ
ポロ…!!
……!
ペイッ
ガッ
え
うわ
ギッ…
しまっ……

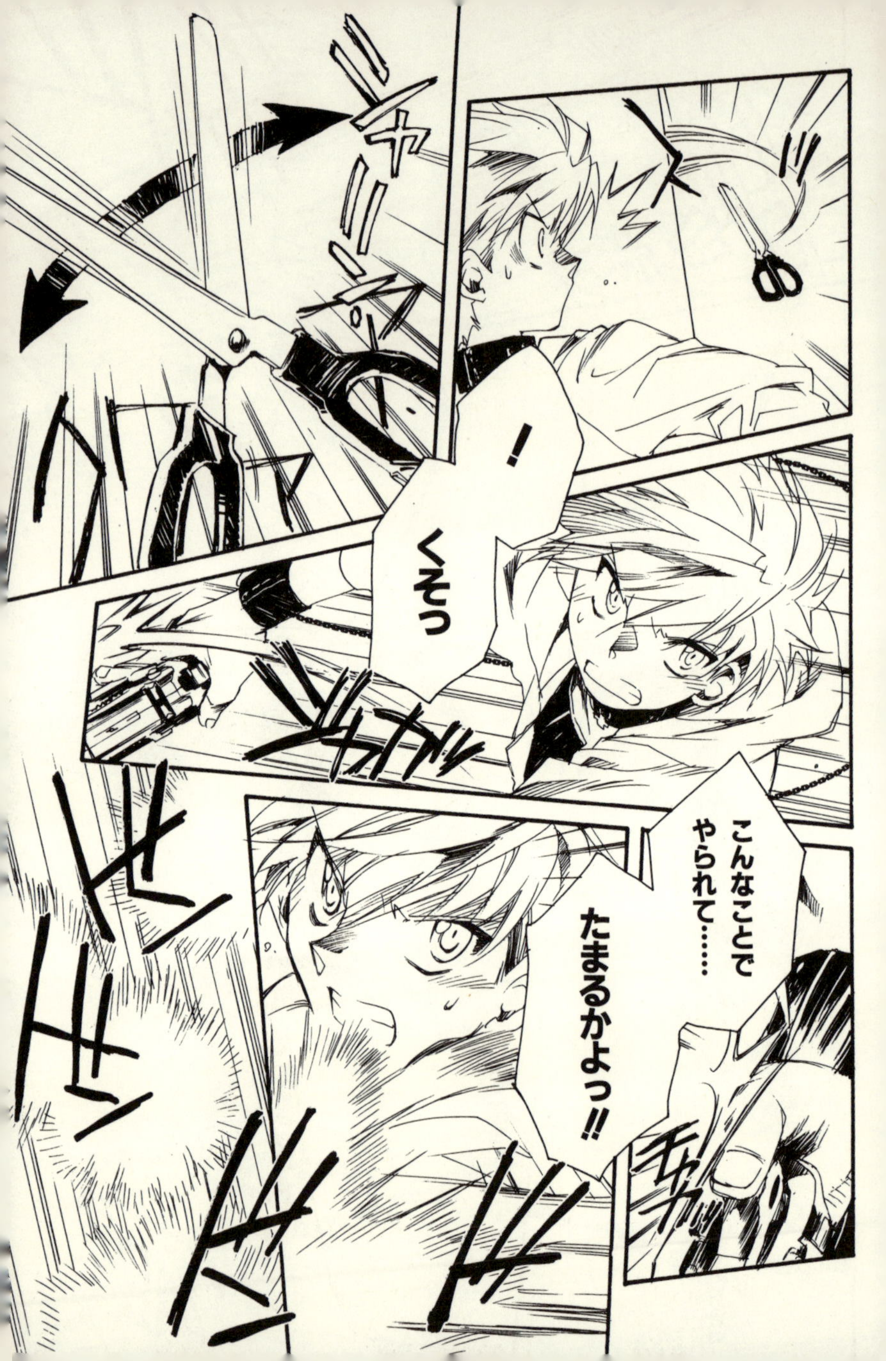
！
くそっ
こんなことでやられて……
たまるかよっ!!

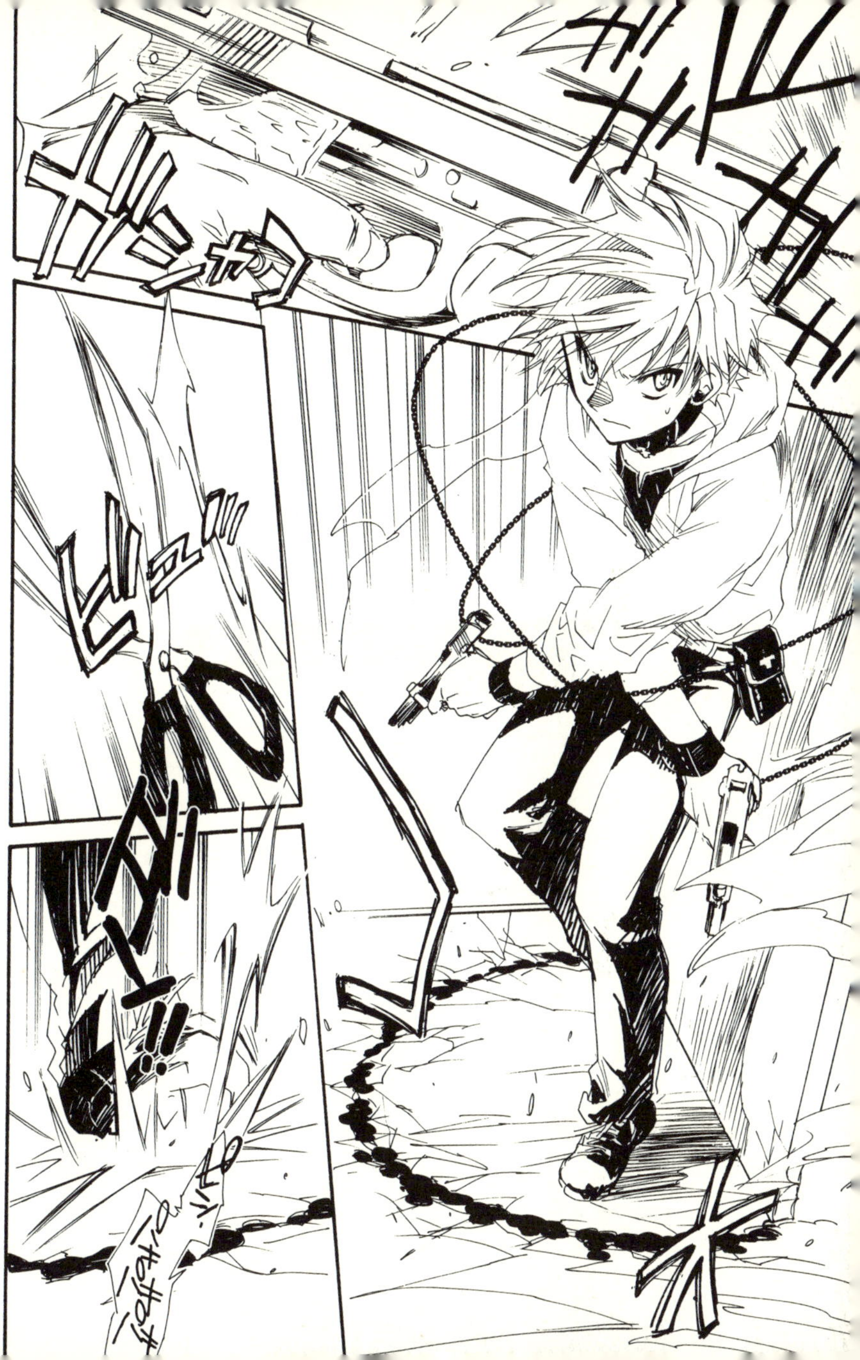
ガシャン
ヒュッ

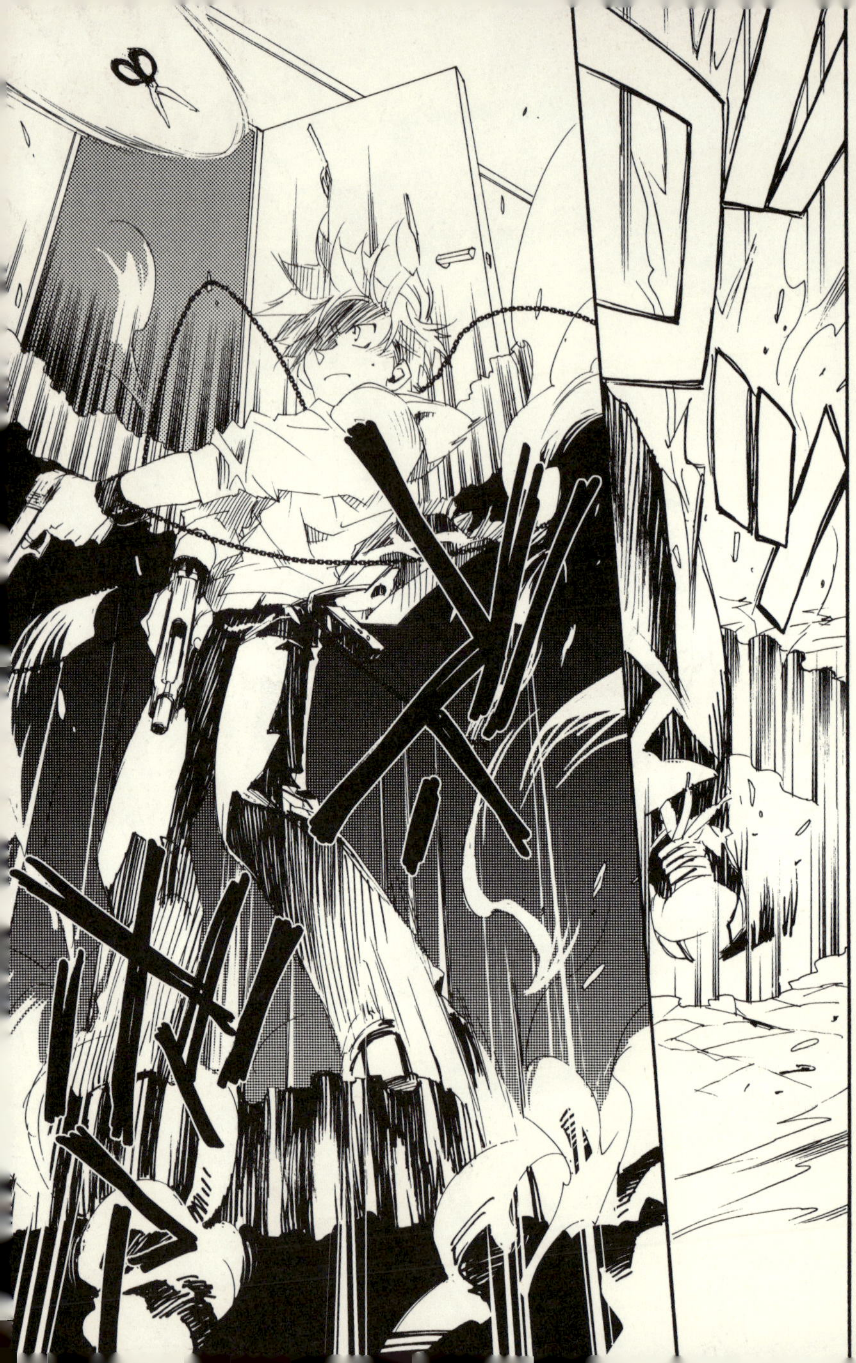

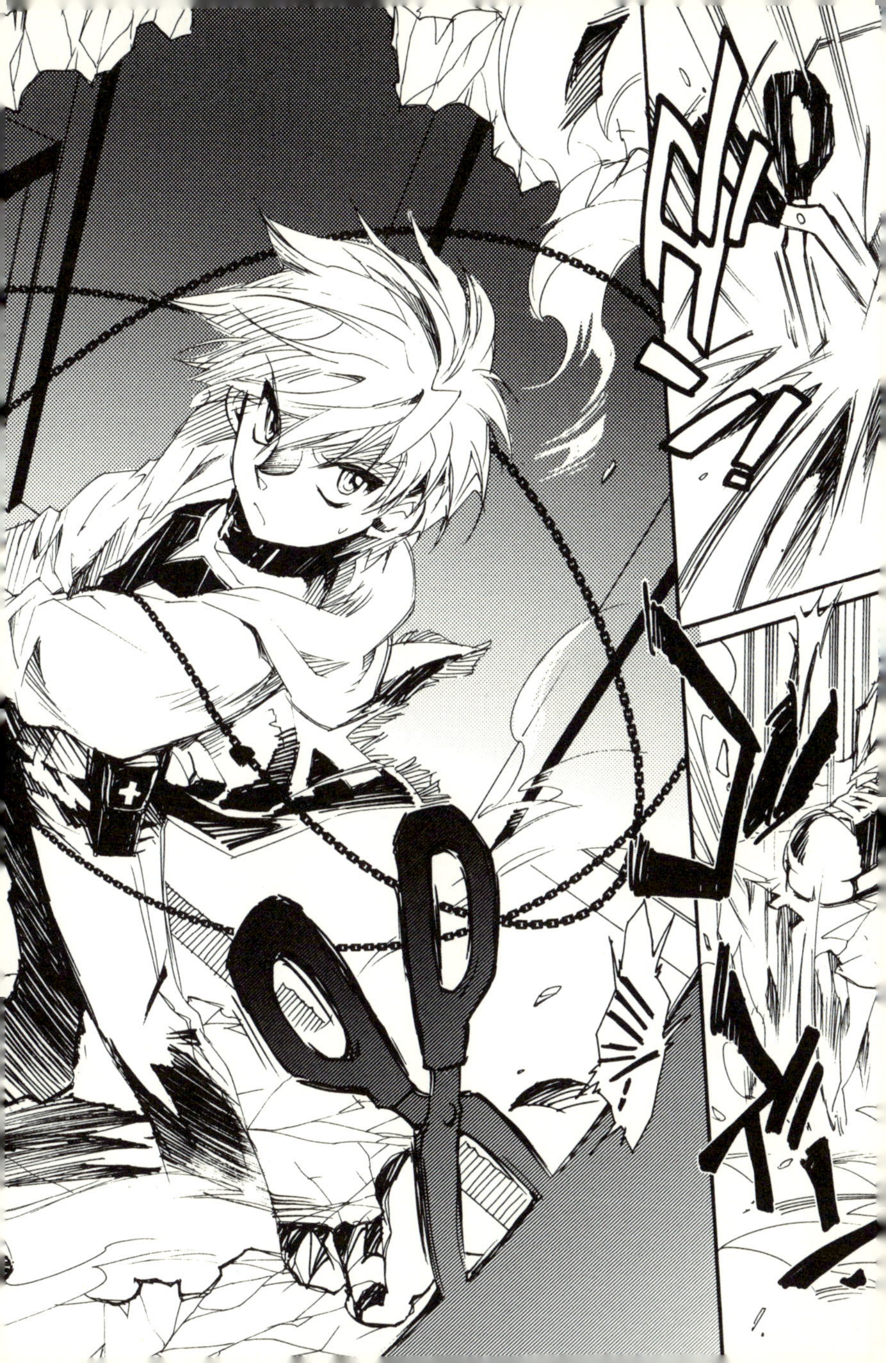

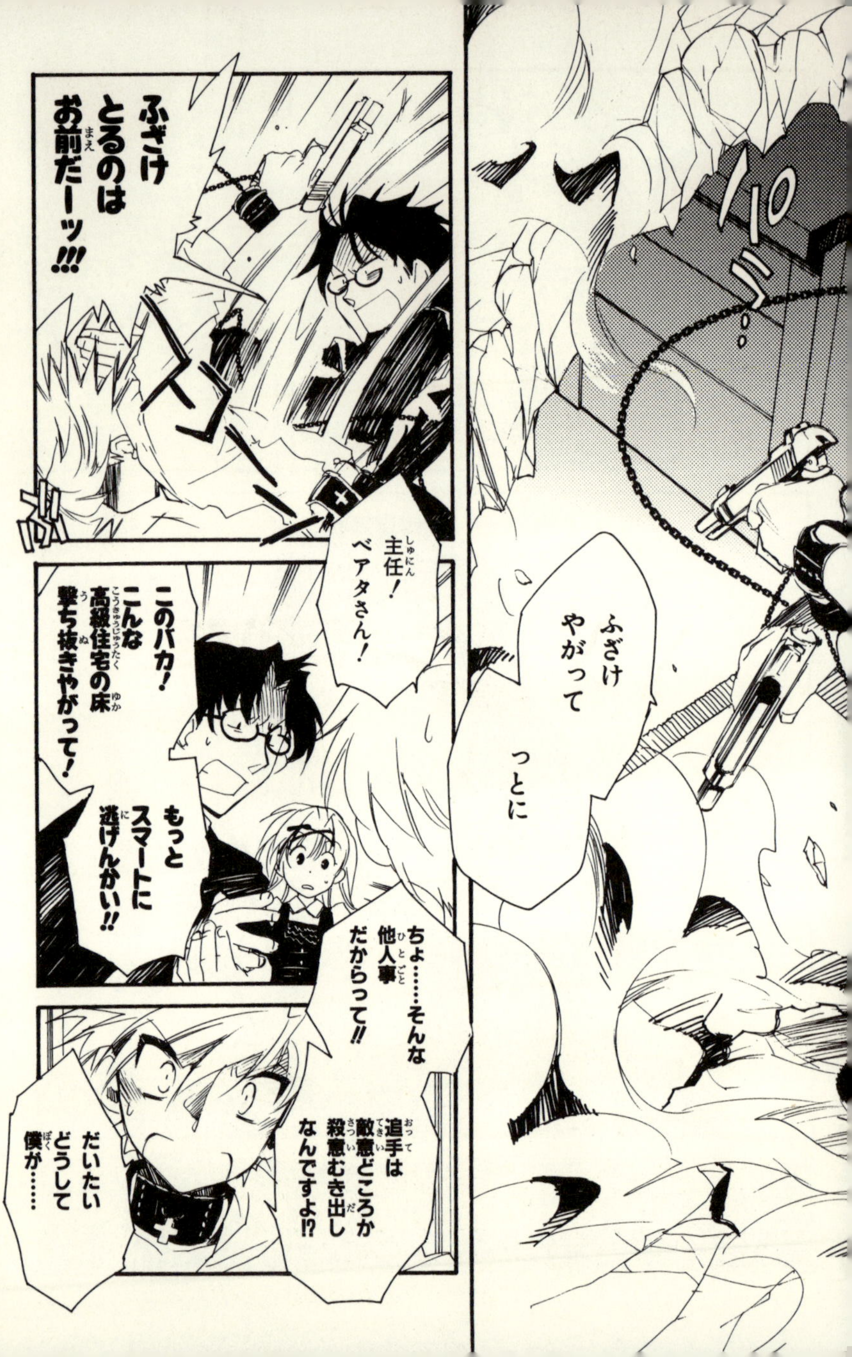
ふざけやがって
っとに
ふざけとるのはお前だーッ!!!
主任!ベアタさん!
このバカ!こんな高級住宅の床撃ち抜きやがって!
もっとスマートに逃げんかい!!
ちょ……そんな他人事だからって!!
追手は敵意どころか殺意むき出しなんですよ!?
だいたいどうして僕が……

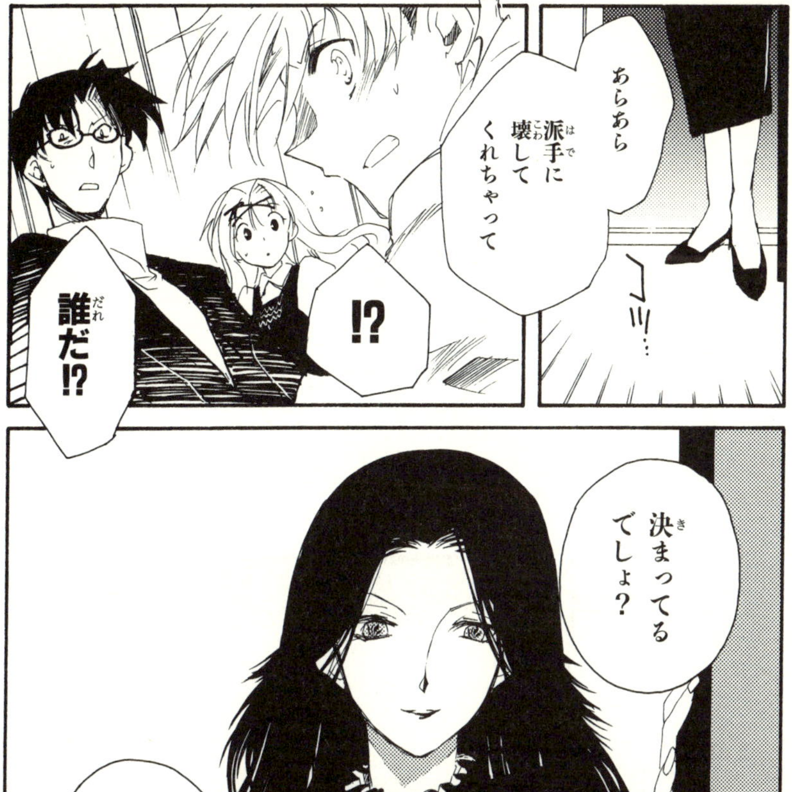

BY HANAMARU NANTO

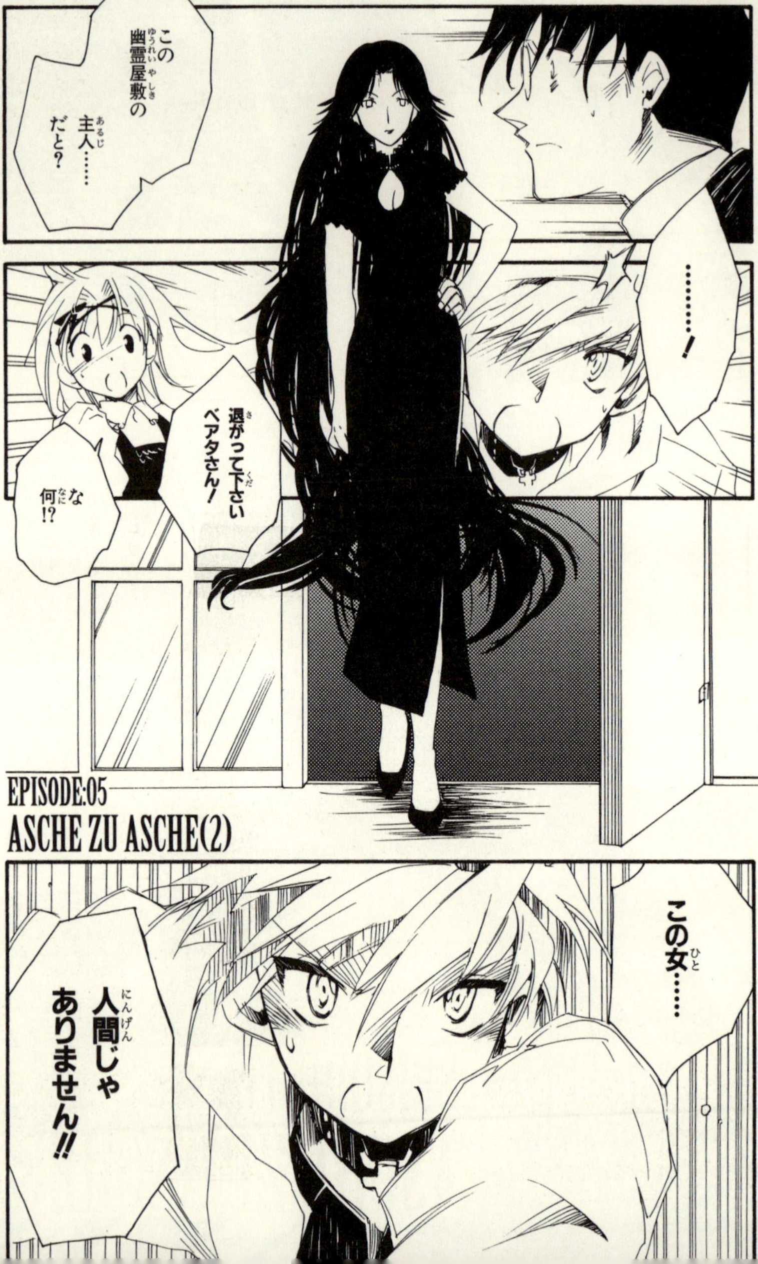
この幽霊屋敷の主人……だと?
……!
退がって下さいベアタさん!
な何!?
EPISODE:05
ASCHE ZU ASCHE(2)
この女……
人間じゃありません!!

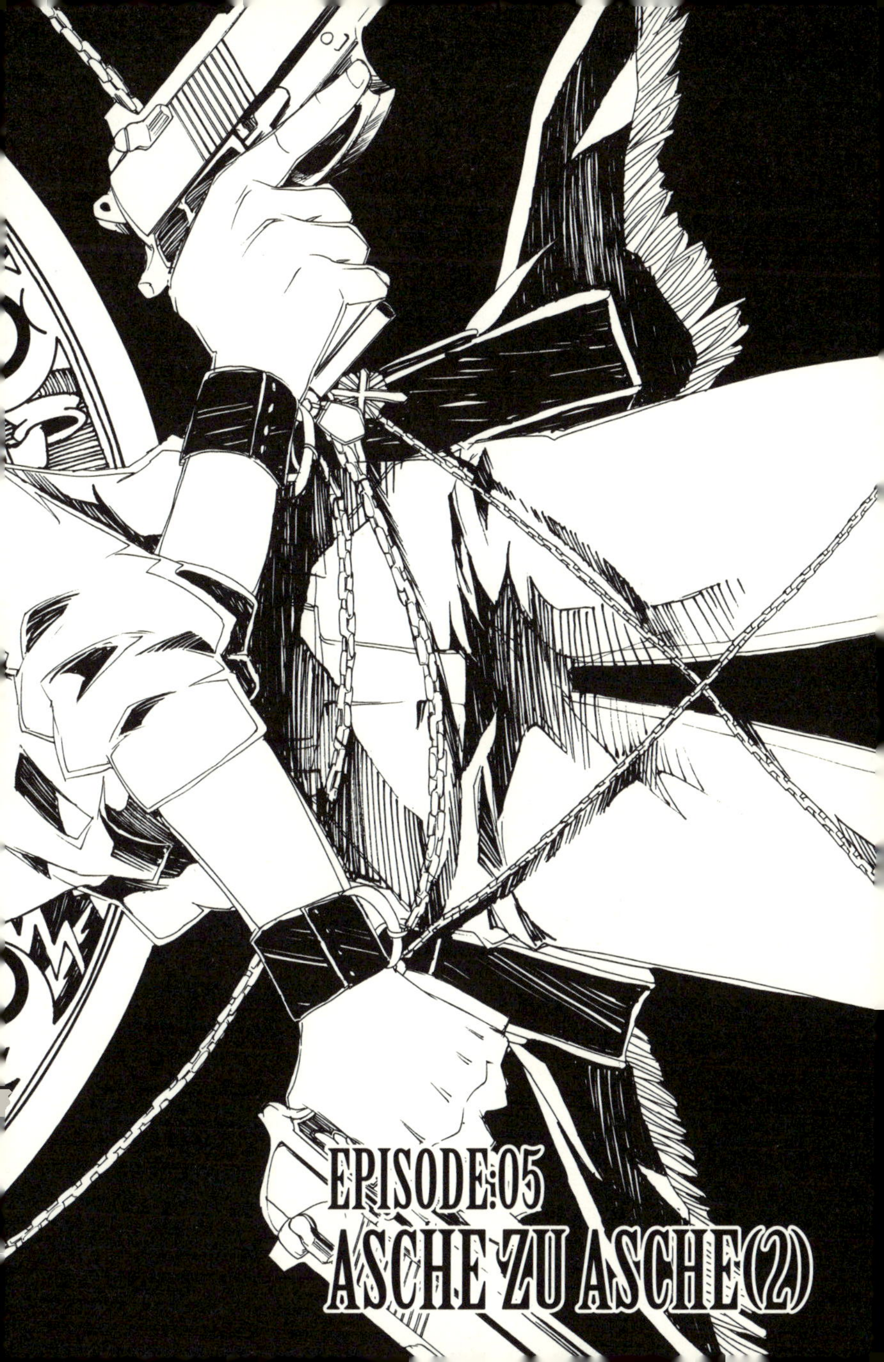
EPISODE:05
ASCHE ZU ASCHE(2)

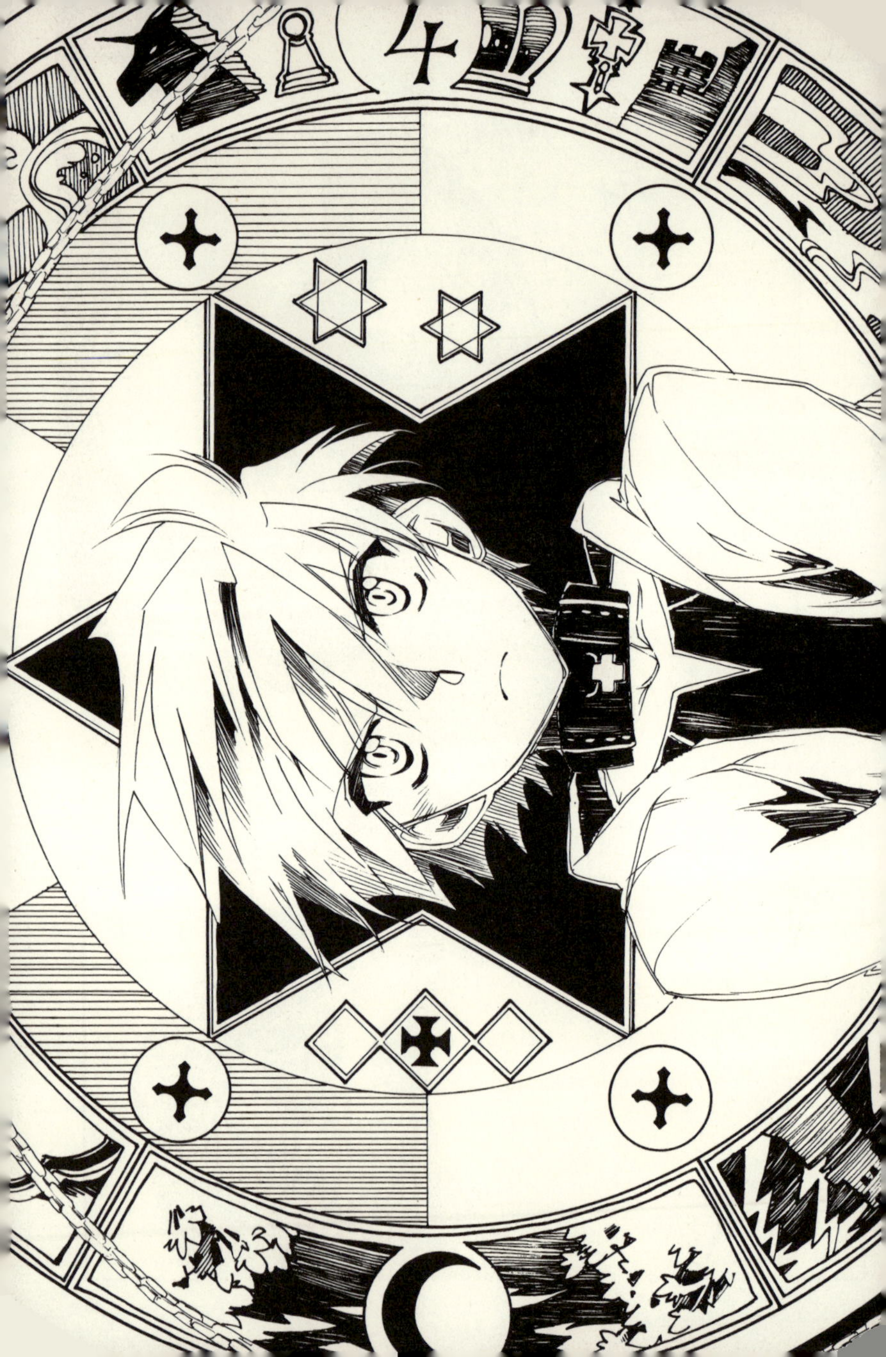
4

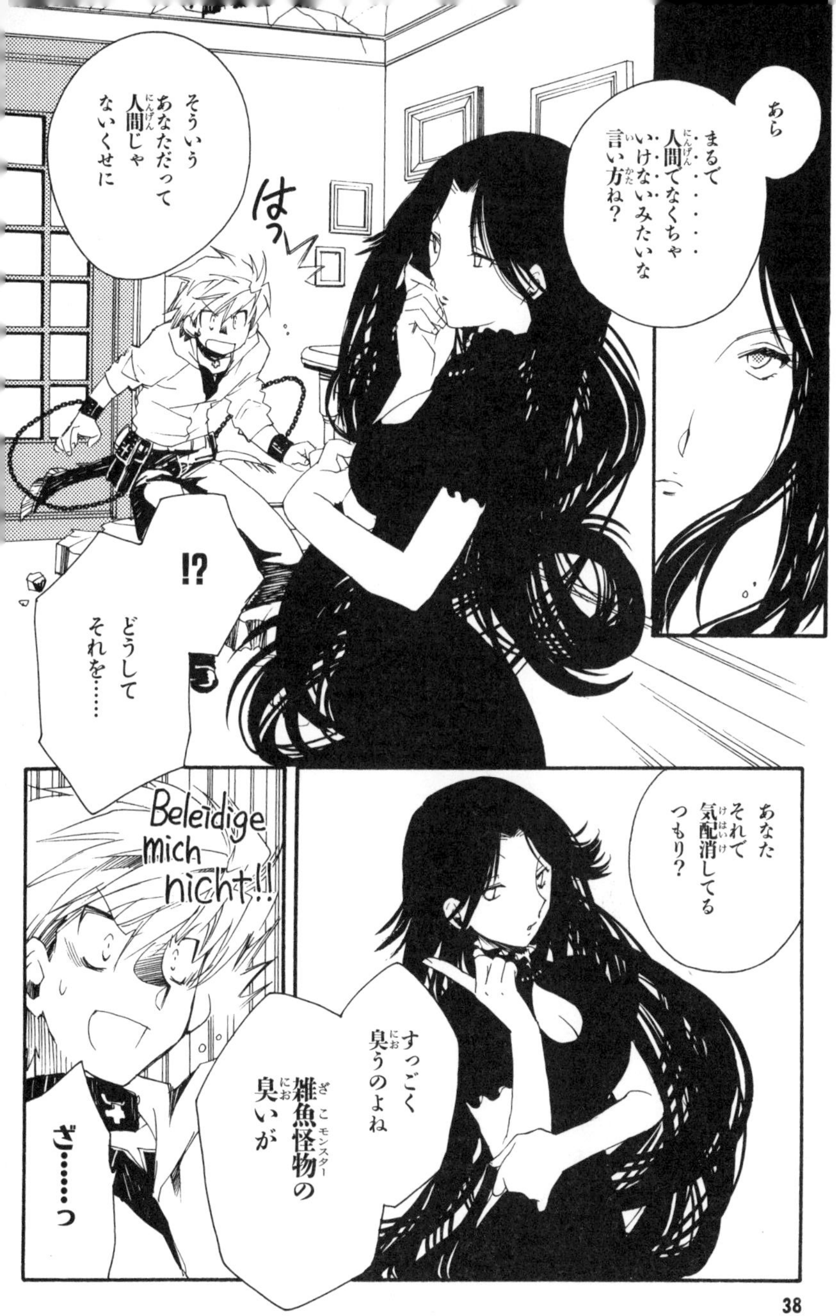
あら
まるで……人間でなくちゃいけないみたいな言い方ね？
そういうあなただって人間じゃないくせに
はっ
!?
どうしてそれを……
あなたそれで気配消してるつもり？
すっごく臭うのよね
雑魚怪物の臭いが
Beleidige mich nicht!!
ざ……っ

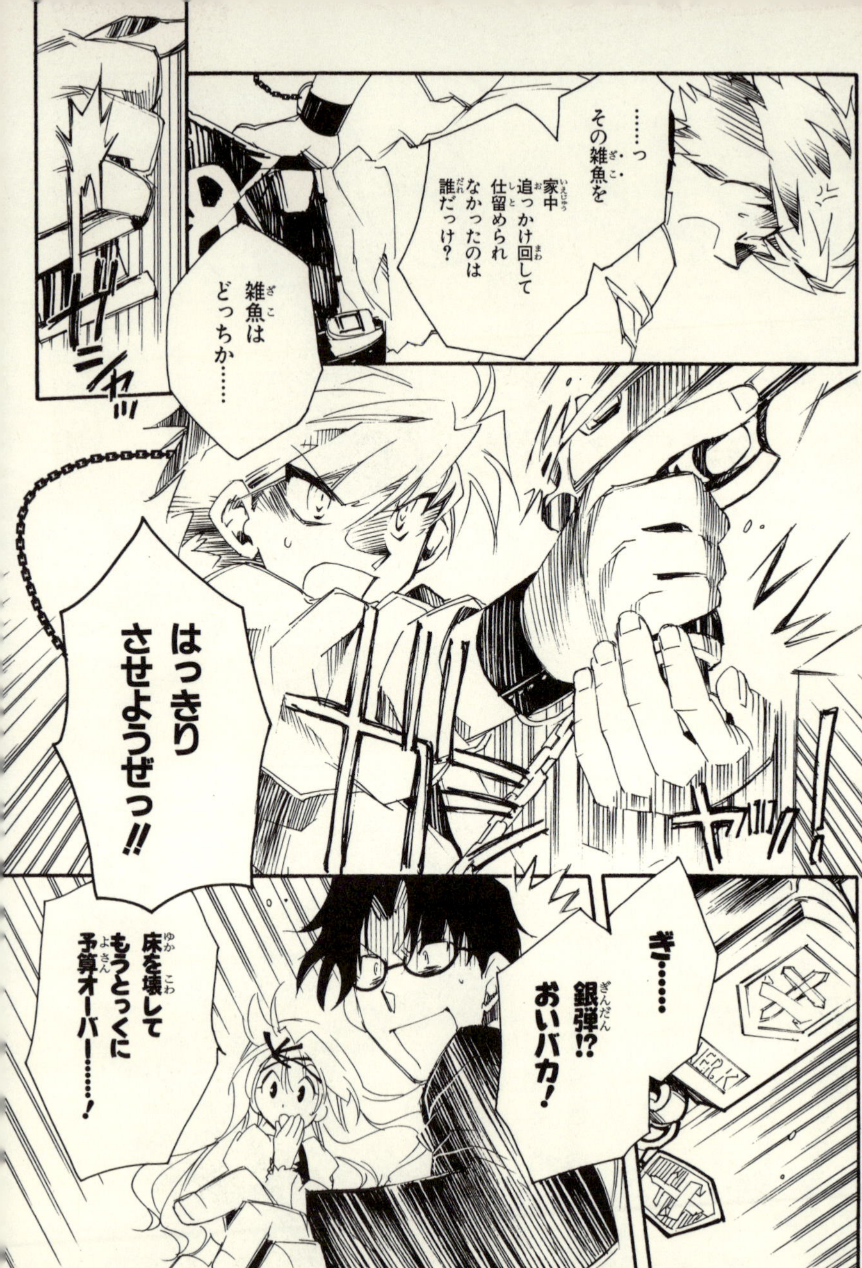

……っ
その雑魚を家中追っかけ回して仕留められなかったのは誰だっけ？
雑魚はどっちか……
シャッ
はっきりさせようぜっ!!
ジャカッ！
ぎ……銀弾!? おいバカ！
床を壊してもうとっくに予算オーバー……！

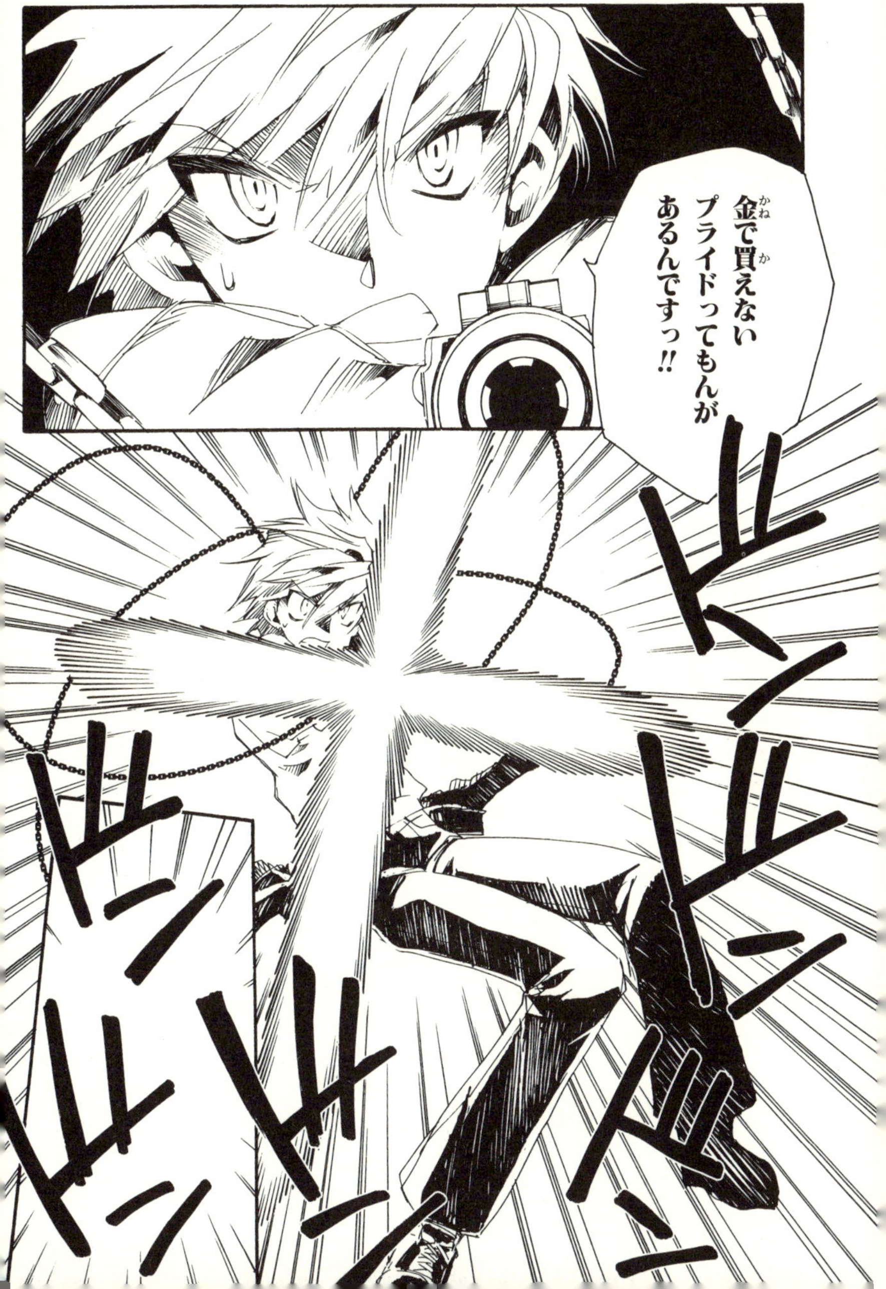
金で買えない
プライドってもんが
あるんですっ!!

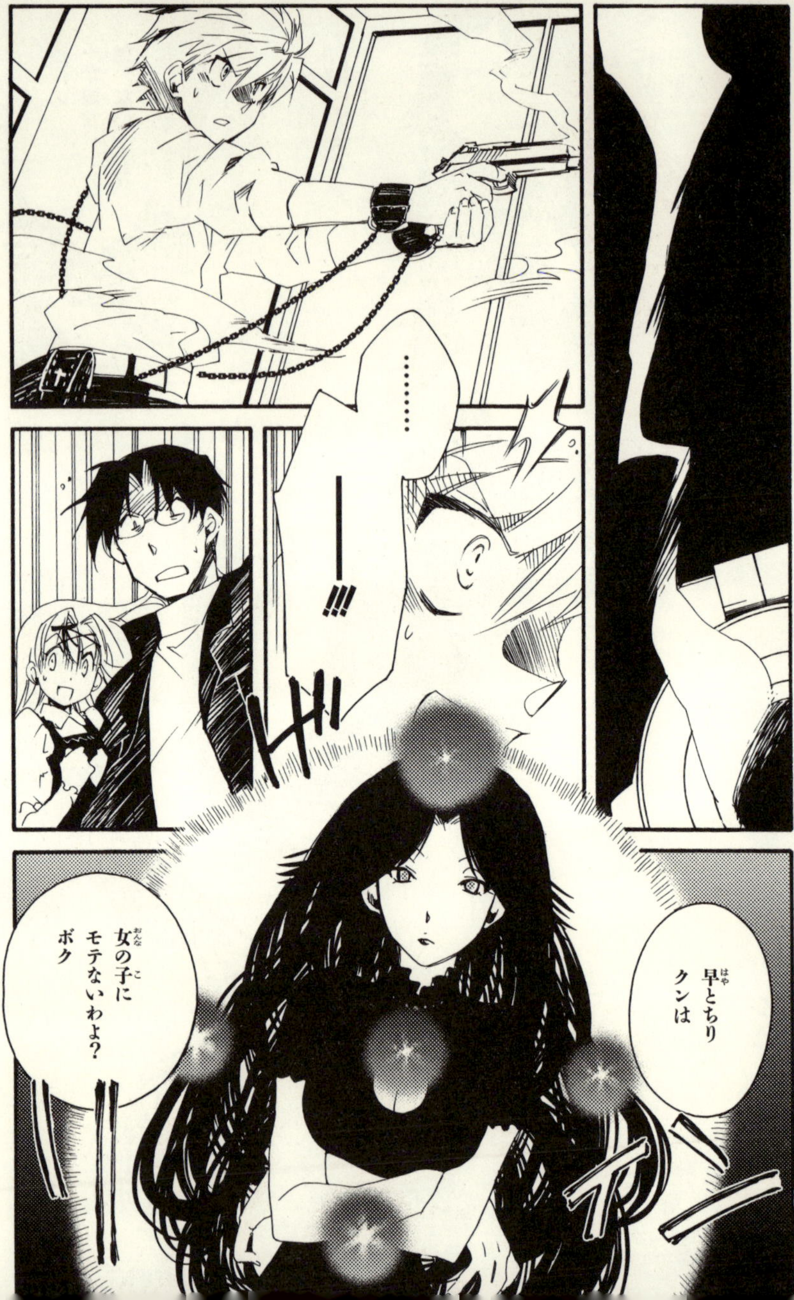
……ー!!!
早とちりクンは
女の子にモテないわよ？ボク

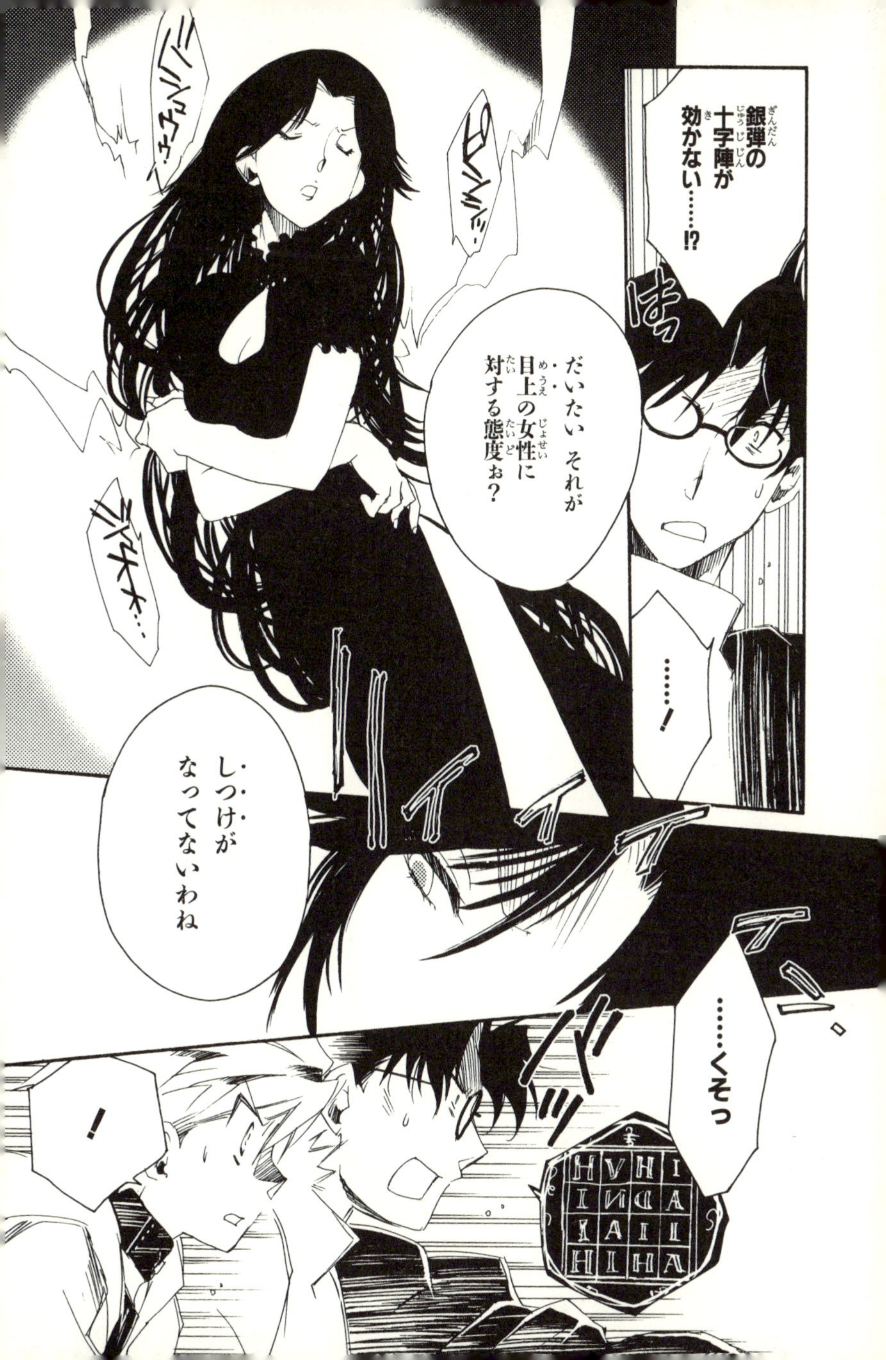
銀弾の十字陣が効かない……!?
はっ
だいたい それが目上の女性に対する態度ぉ?
……!
しつけがなってないわね
……くそっ
!

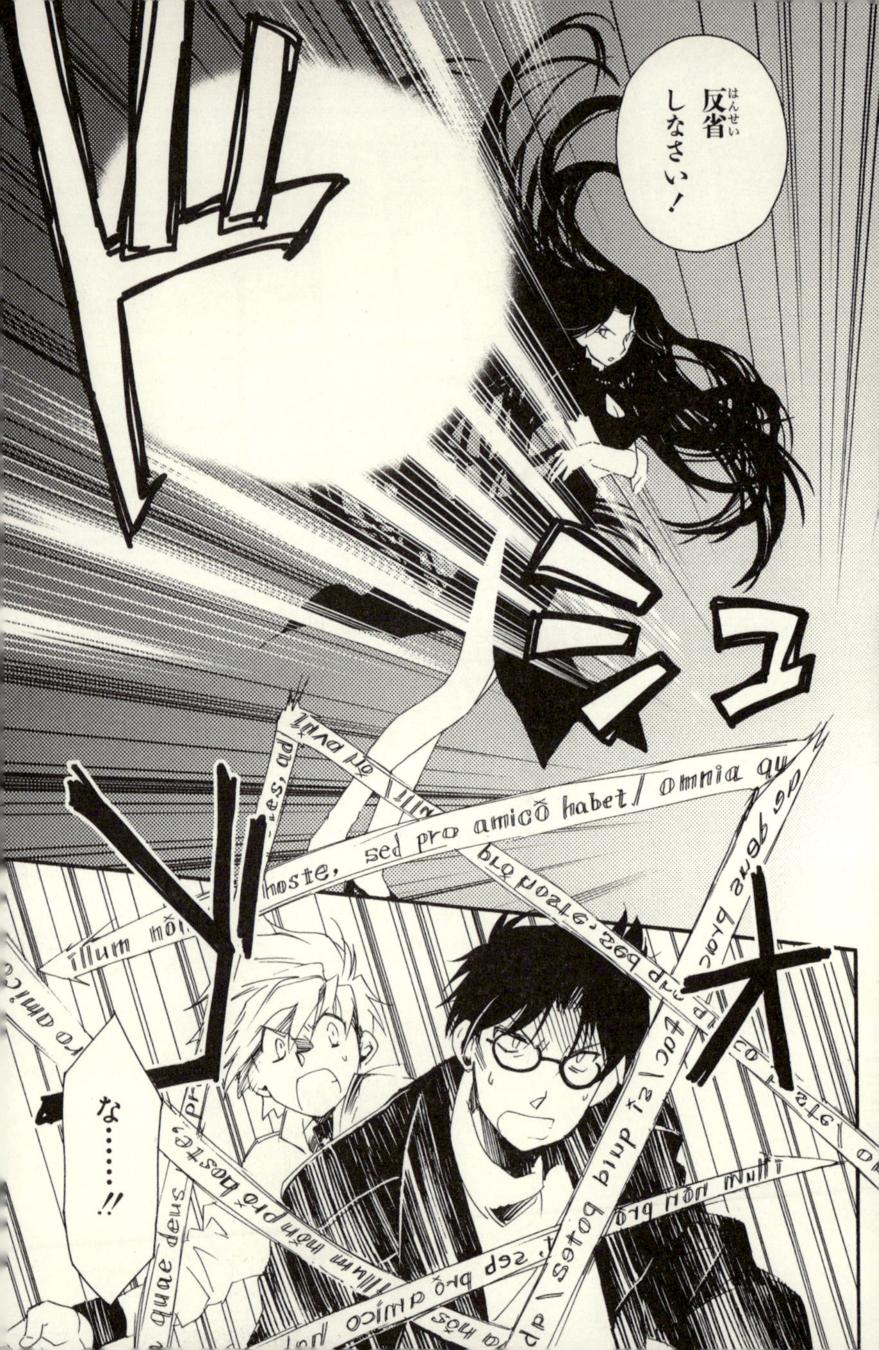
反省(はんせい)しなさい！
ドシュ
ドオ
な……!!
hoste, sed pro amicō habet / omnia qu
illum nōn

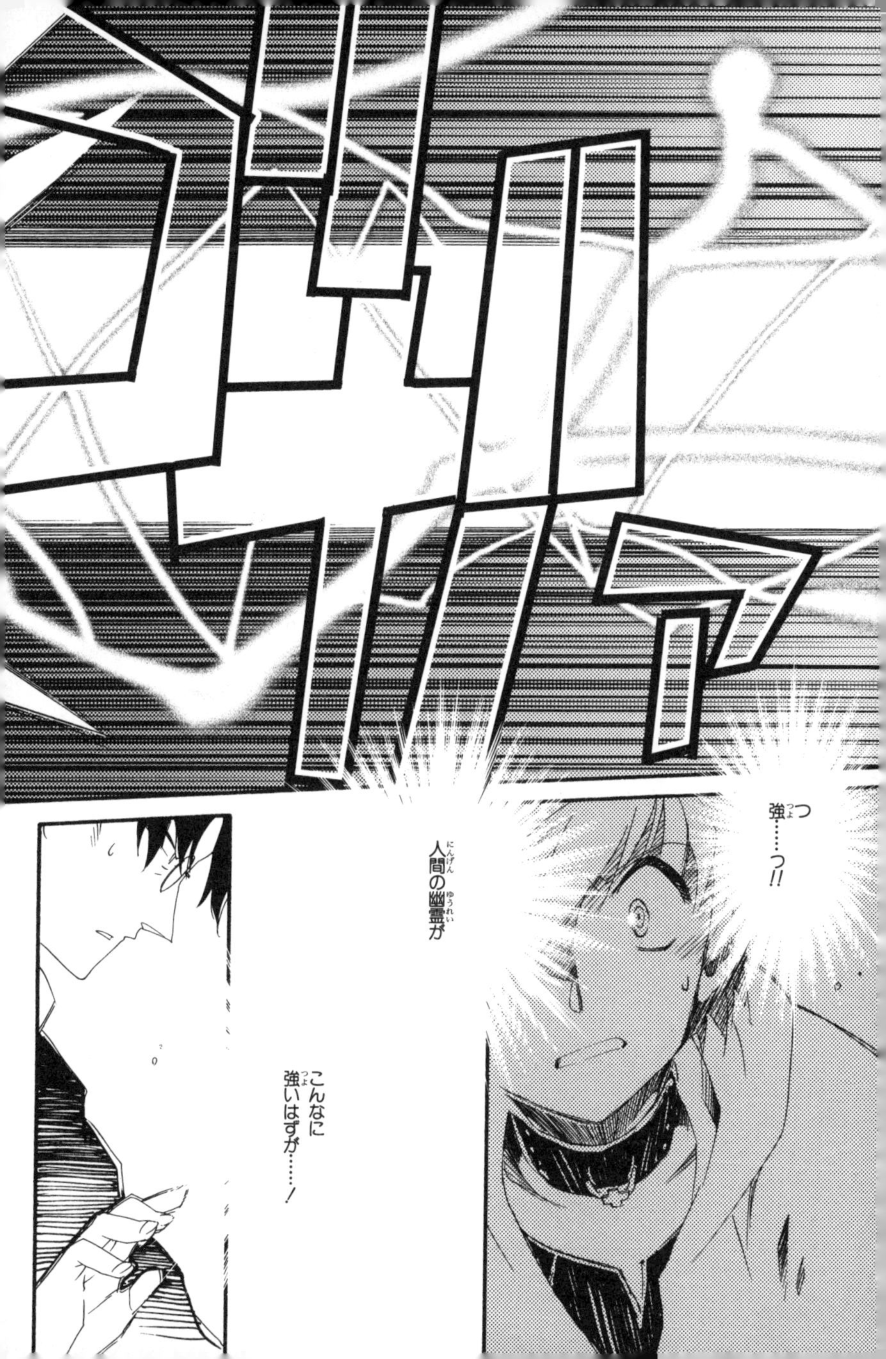
つ
強……っ!!
人間の幽霊が
こんなに強いはずが……!

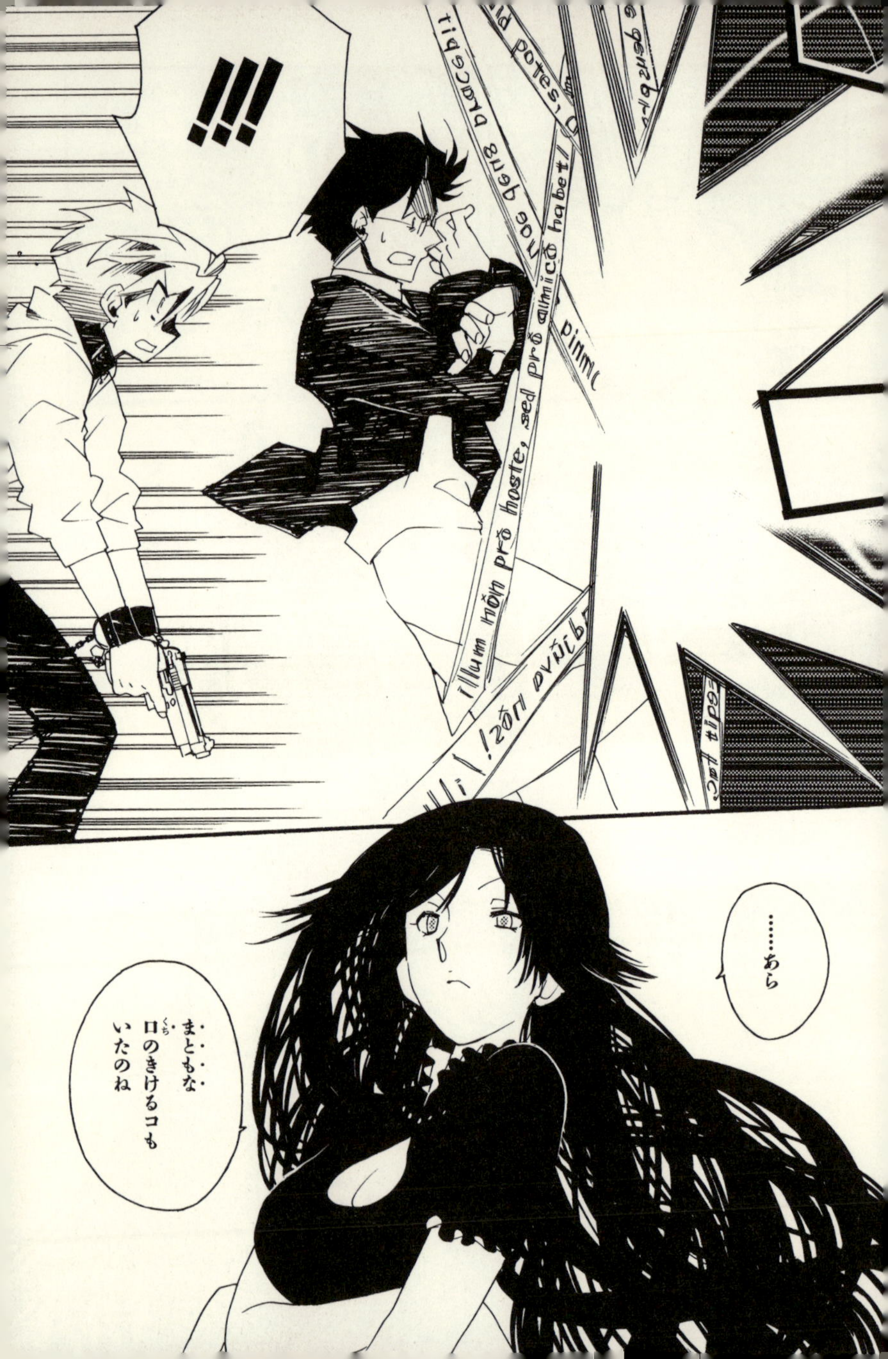

!!!
illum nōn prō hoste, sed prō amīcō habet!
……あら
まともな口(くち)のきけるコもいたのね

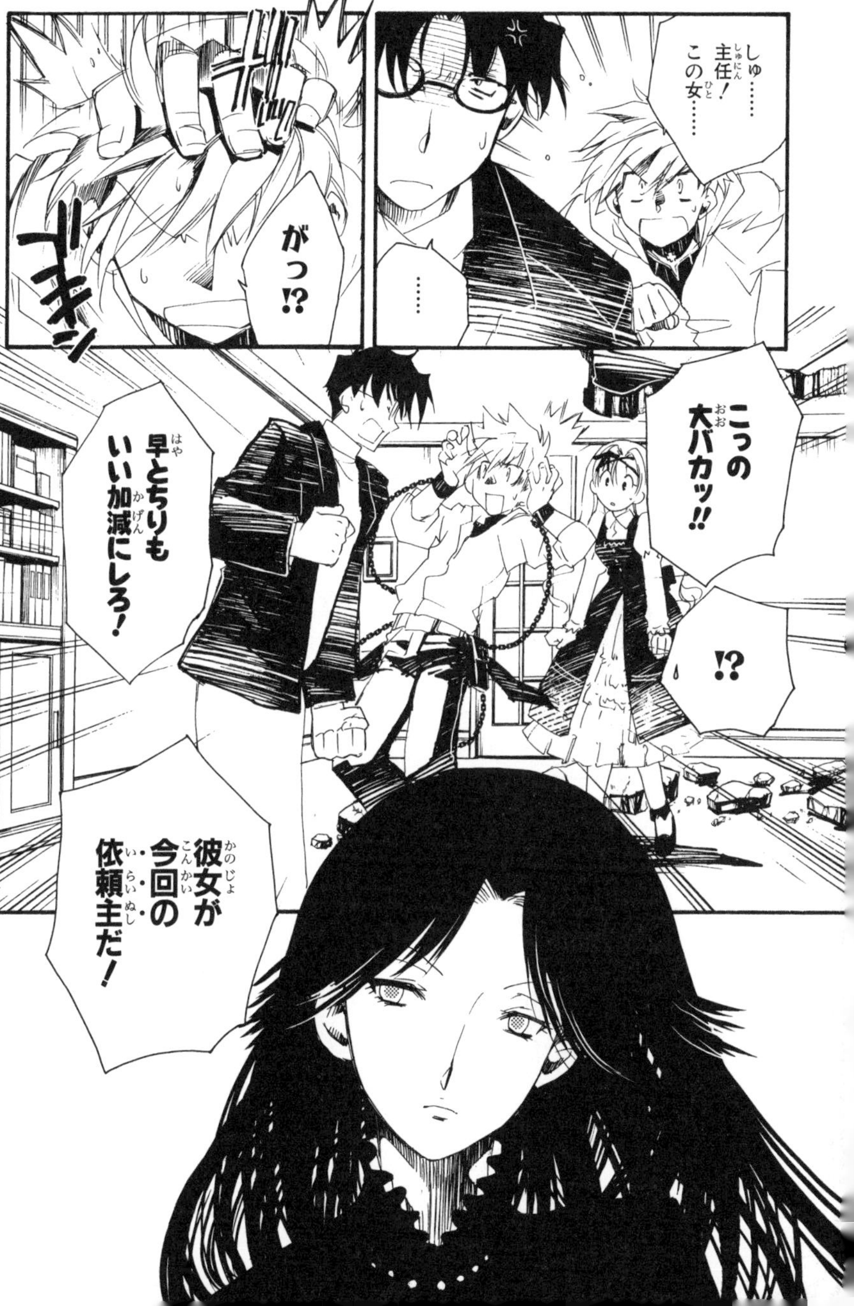
しゅ……主任！この女……
……
がっ!?
こっの大バカッ!!
!?
早とちりもいい加減にしろ！
彼女が今回の依頼主だ！

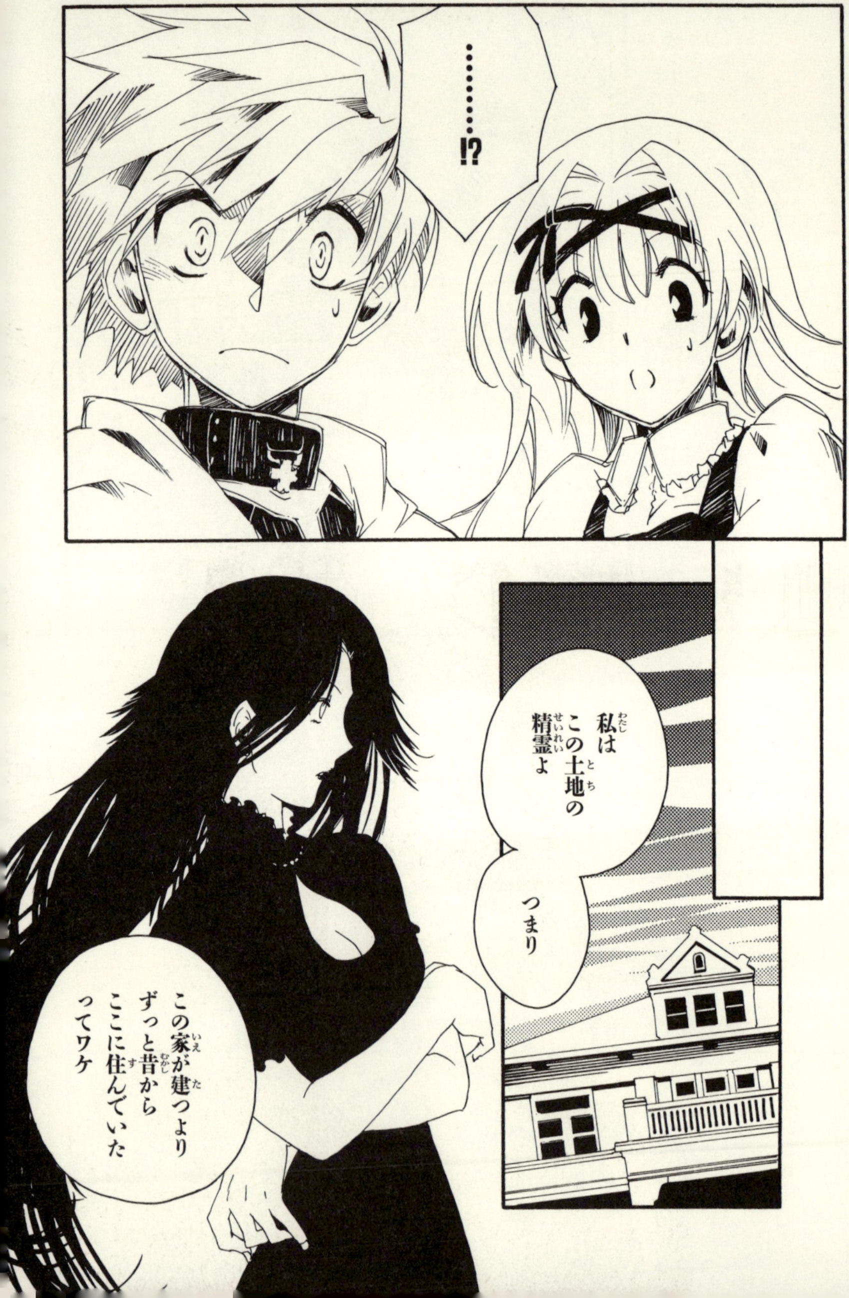
……!?
私はこの土地の精霊よ
つまり
この家が建つよりずっと昔からここに住んでいたってワケ

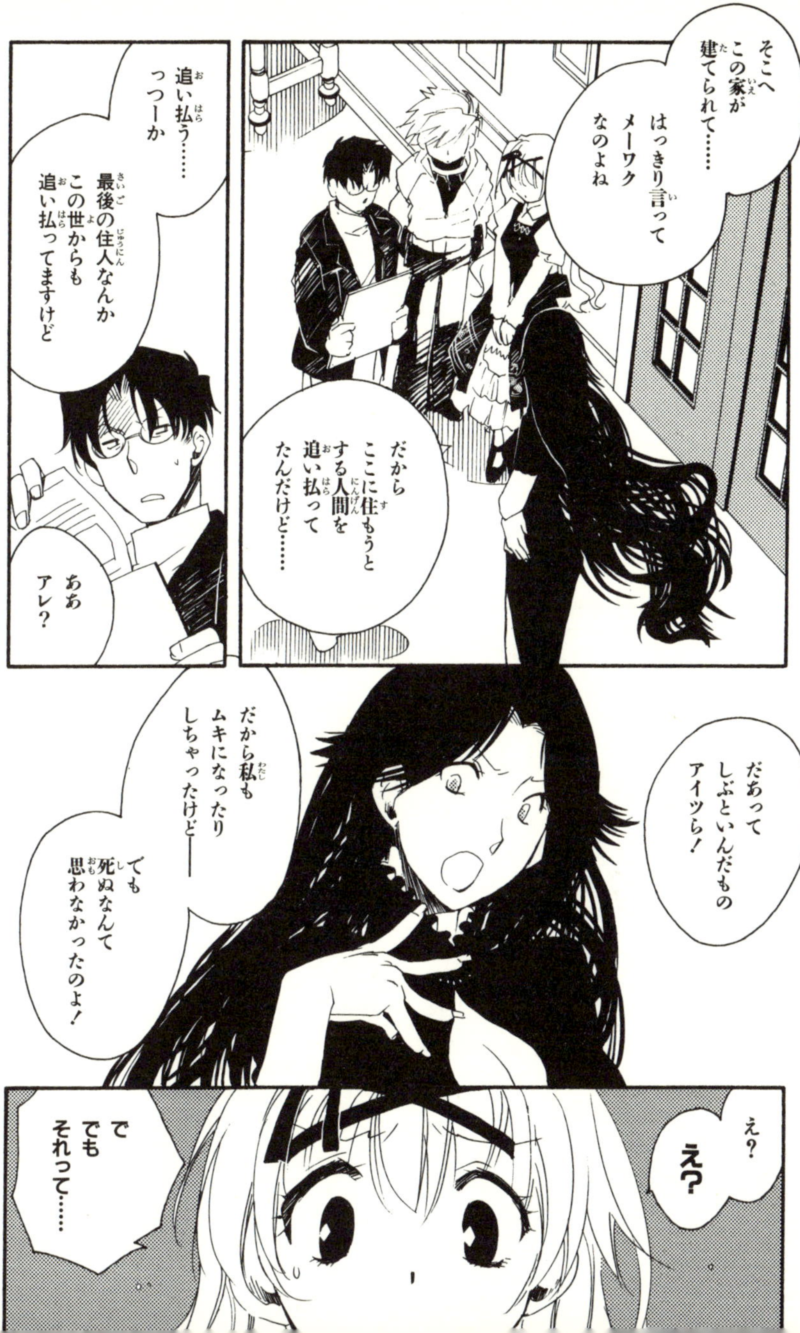
そこへこの家が建てられて……
はっきり言ってメーワクなのよね
だからここに住もうとする人間を追い払ってたんだけど……
追い払う……っつーか
最後の住人なんかこの世からも追い払ってますけど
ああアレ？
だあってしぶといんだものアイツら！
だから私もムキになったりしちゃったけど——
でも死ぬなんて思わなかったのよ！
え？
え？
で でもそれって……

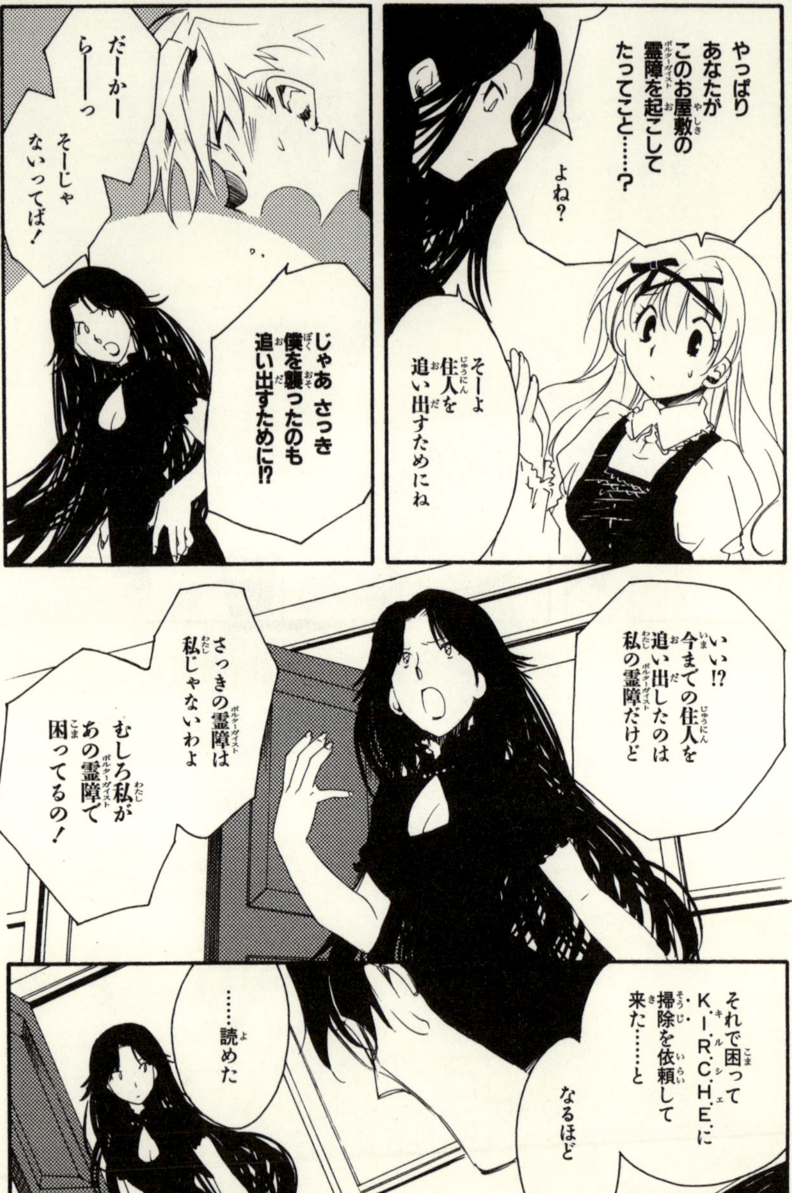
やっぱり あなたがこのお屋敷の霊障を起こしてたってこと……?
よね?
そーよ 住人を追い出すためにね
じゃあ さっき僕を襲ったのも追い出すために!?
だーかーらー──っ そーじゃないってば!
いい!? 今までの住人を追い出したのは私の霊障だけど
さっきの霊障は私じゃないわよ
むしろ私があの霊障で困ってるの!
それで困ってK.I.R.C.H.E.に掃除を依頼して来た……と
なるほど
……読めた

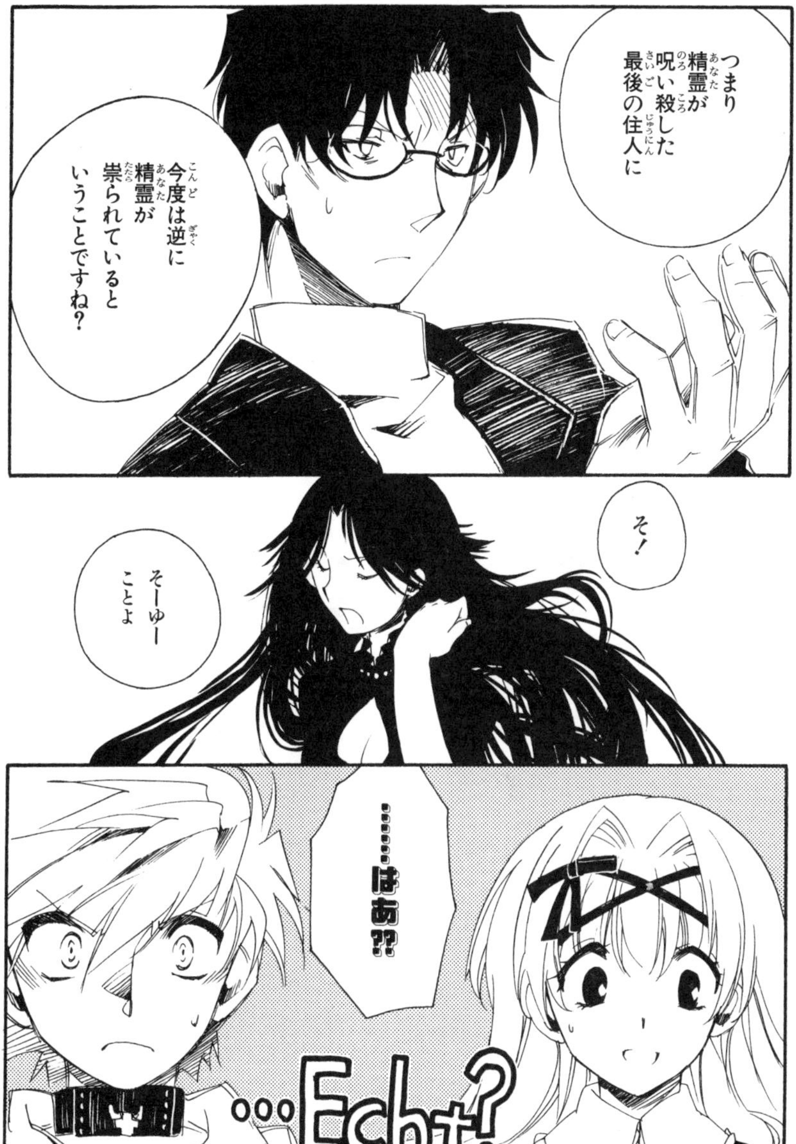
つまり精霊が呪い殺した最後の住人に
今度は逆に精霊が祟られているということですね？
そ！
そーゆーことよ
……はあ??
...Echt?

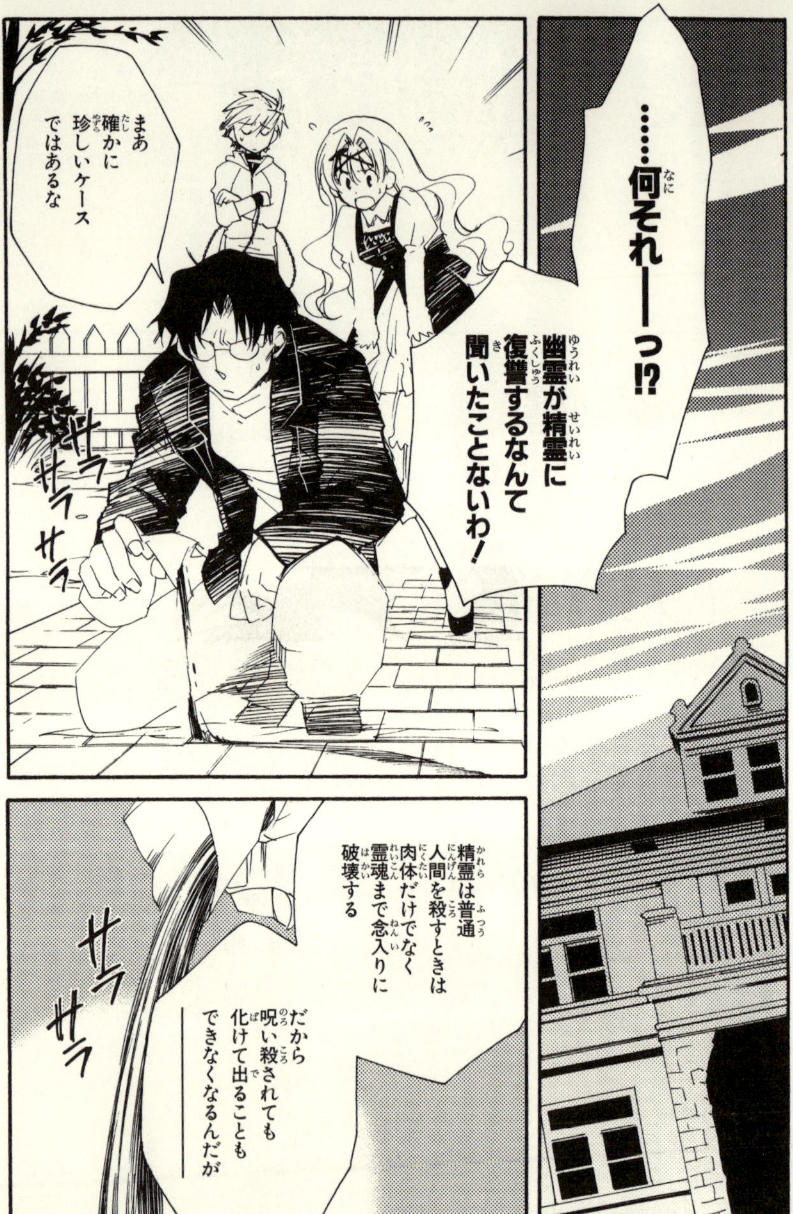
……何それーーっ!?
幽霊が精霊に復讐するなんて聞いたことないわ!
まあ確かに珍しいケースではあるな
サラ サラ サラ
精霊は普通人間を殺すときは肉体だけでなく霊魂まで念入りに破壊する
だから呪い殺されても化けて出ることもできなくなるんだが
サラ サラ

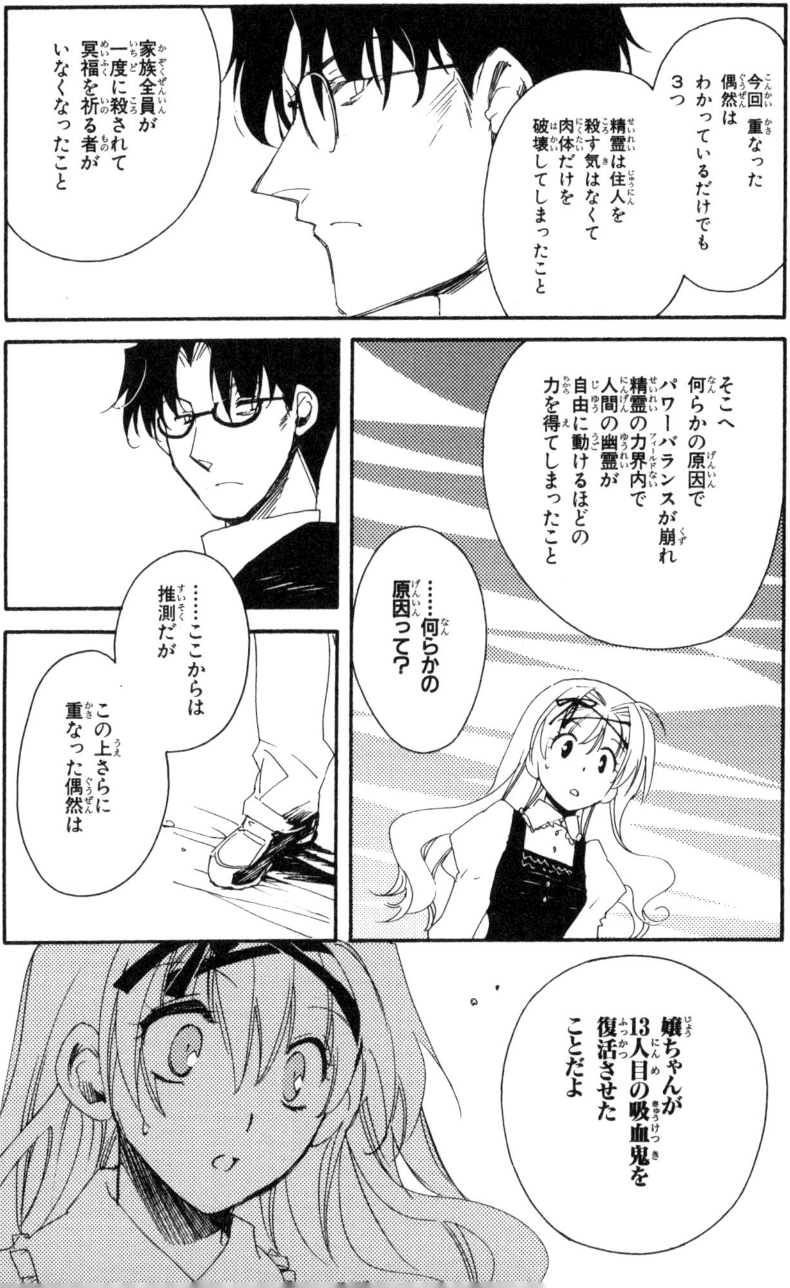
今回 重なった偶然は わかっているだけでも 3つ
精霊は住人を殺す気はなくて肉体だけを破壊してしまったこと
家族全員が一度に殺されて冥福を祈る者がいなくなったこと
そこへ何らかの原因でパワーバランスが崩れ精霊の力界内で人間の幽霊が自由に動けるほどの力を得てしまったこと
……何らかの原因って?
……ここからは推測だが
この上さらに重なった偶然は
嬢ちゃんが13人目の吸血鬼を復活させたことだよ

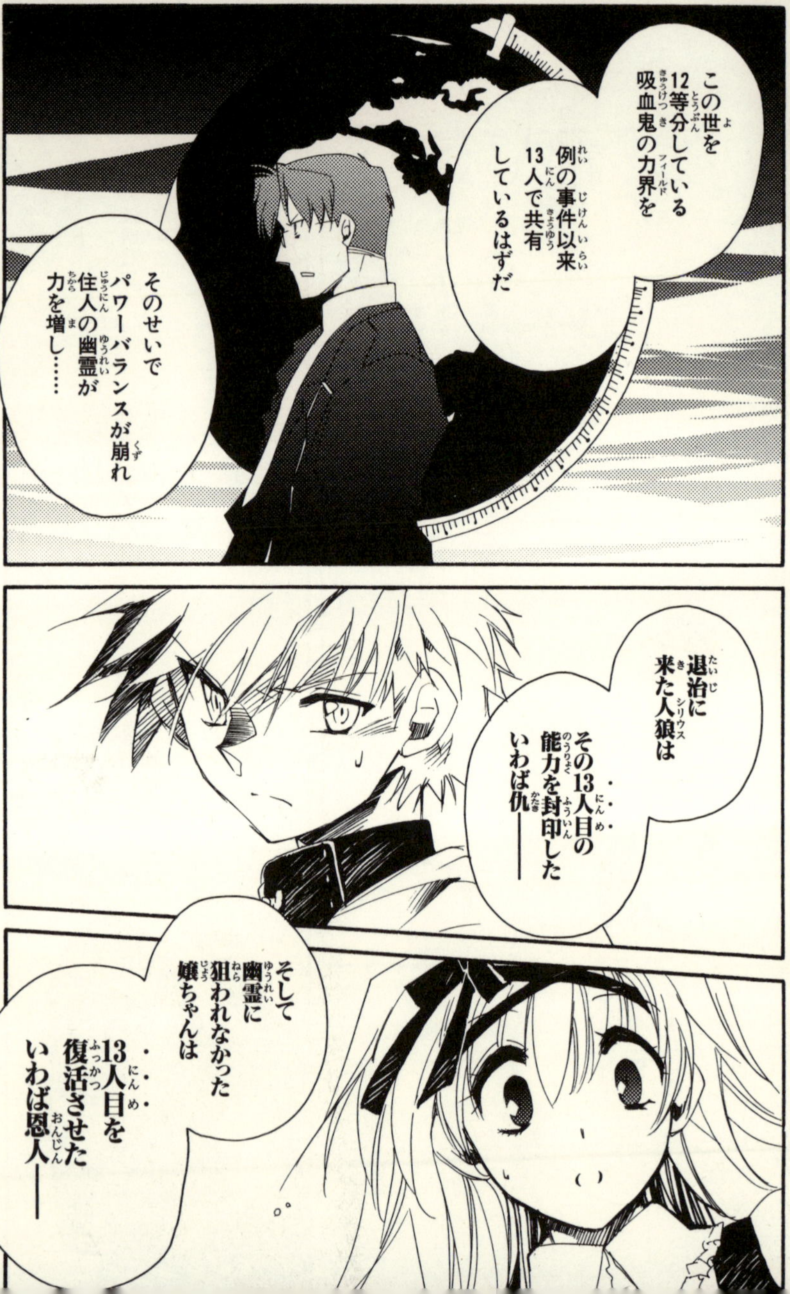
この世を12等分している吸血鬼の力界を
例の事件以来13人で共有しているはずだ
そのせいでパワーバランスが崩れ住人の幽霊が力を増し……
退治に来た人狼は
その13人目の能力を封印したいわば仇——
そして幽霊に狙われなかった嬢ちゃんは
13人目を復活させたいわば恩人——

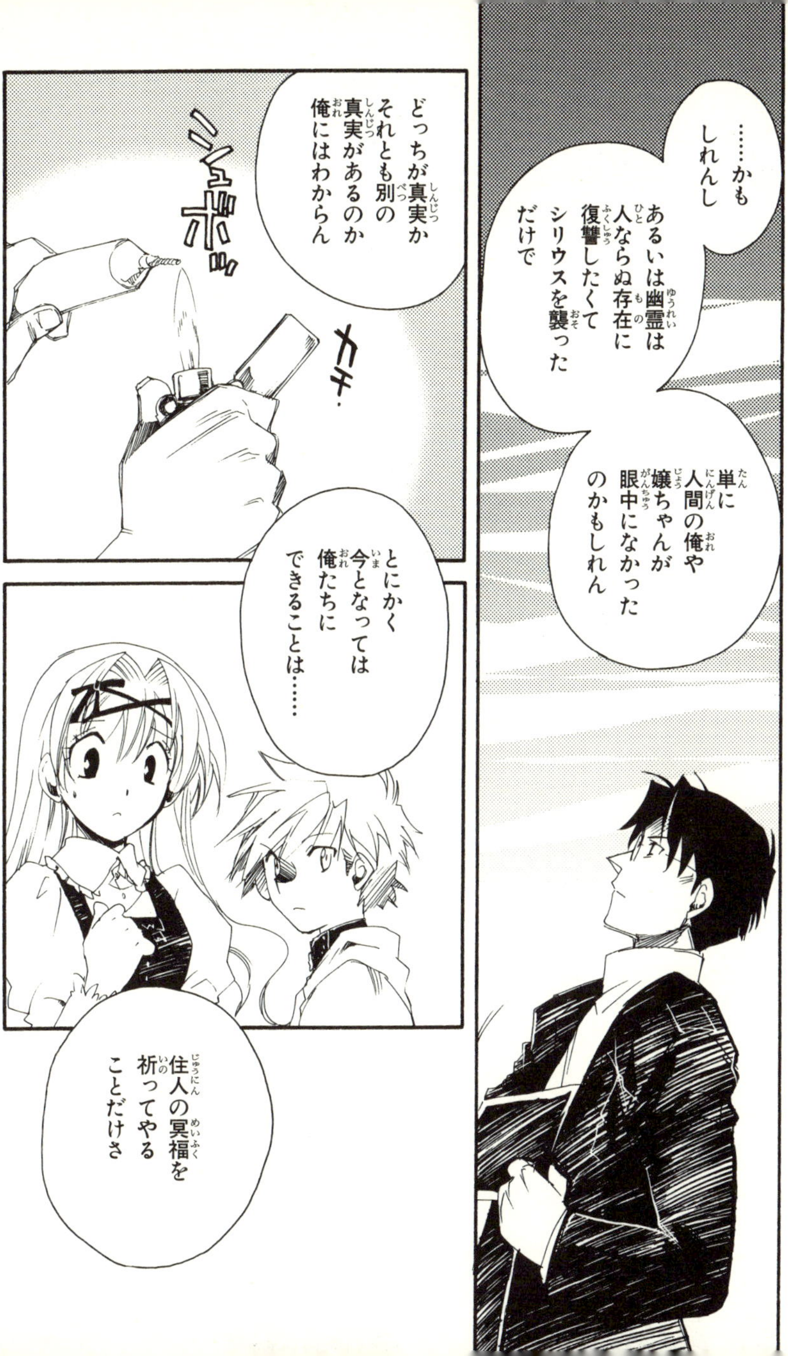
……かもしれんし
あるいは幽霊は人ならぬ存在に復讐したくてシリウスを襲っただけで
単に人間の俺や嬢ちゃんが眼中になかったのかもしれん
どっちが真実かそれとも別の真実があるのか俺にはわからん
シュボッ
カチ
とにかく今となっては俺たちにできることは……
住人の冥福を祈ってやることだけさ

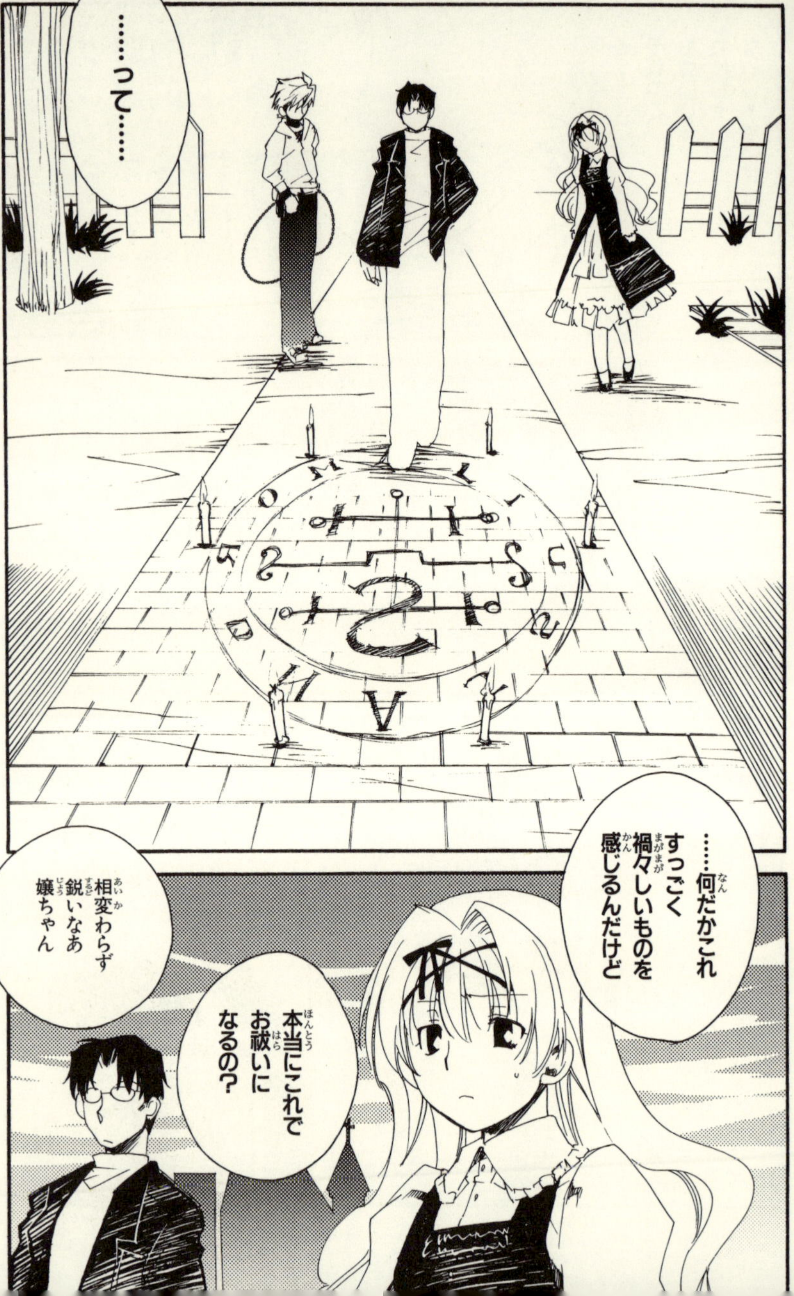
……って……
……何だかこれすっごく禍々しいものを感じるんだけど
本当にこれでお祓いになるの?
相変わらず鋭いなあ嬢ちゃん

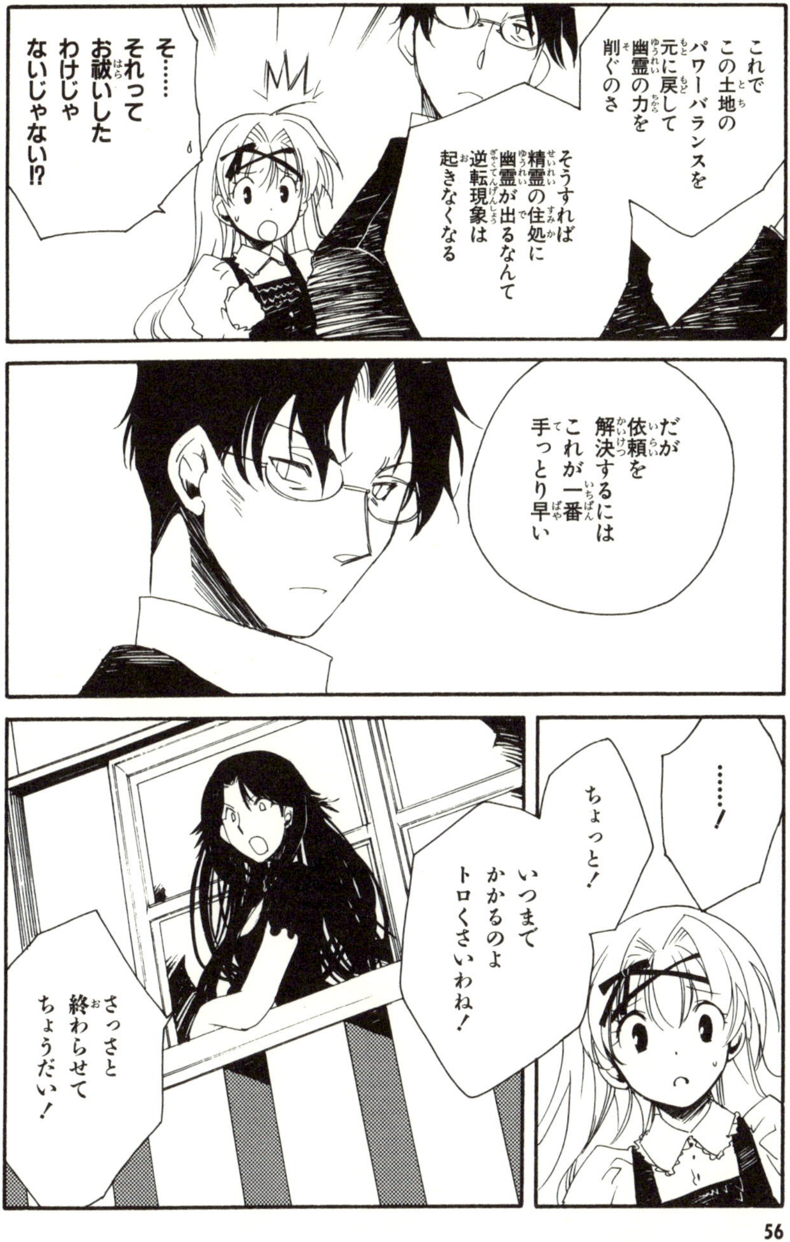
これで この土地の パワーバランスを 元に戻して 幽霊の力を 削ぐのさ
そうすれば 精霊の住処に 幽霊が出るなんて 逆転現象は 起きなくなる
そ…… それって お祓いした わけじゃ ないじゃない!?
だが 依頼を 解決するには これが一番 手っとり早い
……!
ちょっと! いつまで かかるのよ トロくさいわね!
さっさと 終わらせて ちょうだい!

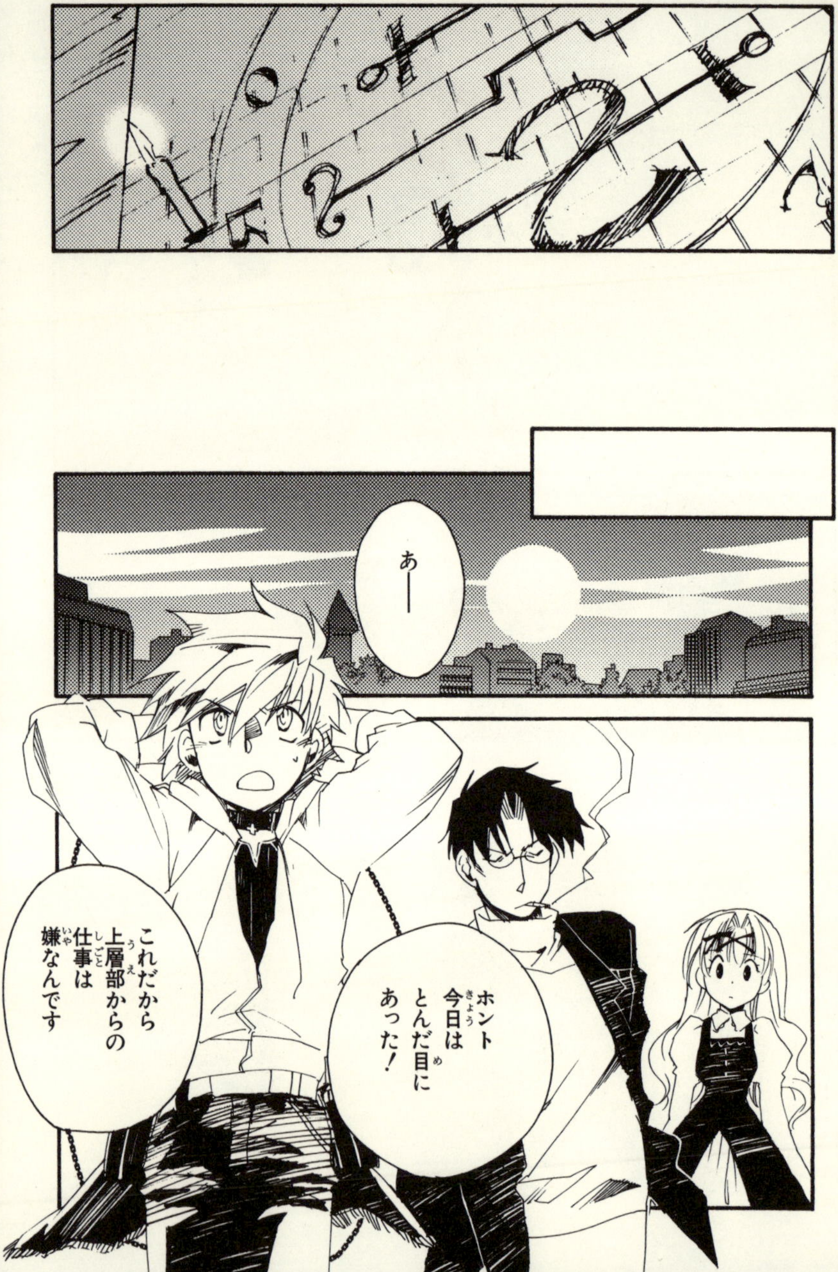
あ――
ホント今日はとんだ目にあった！
これだから上層部からの仕事は嫌なんです

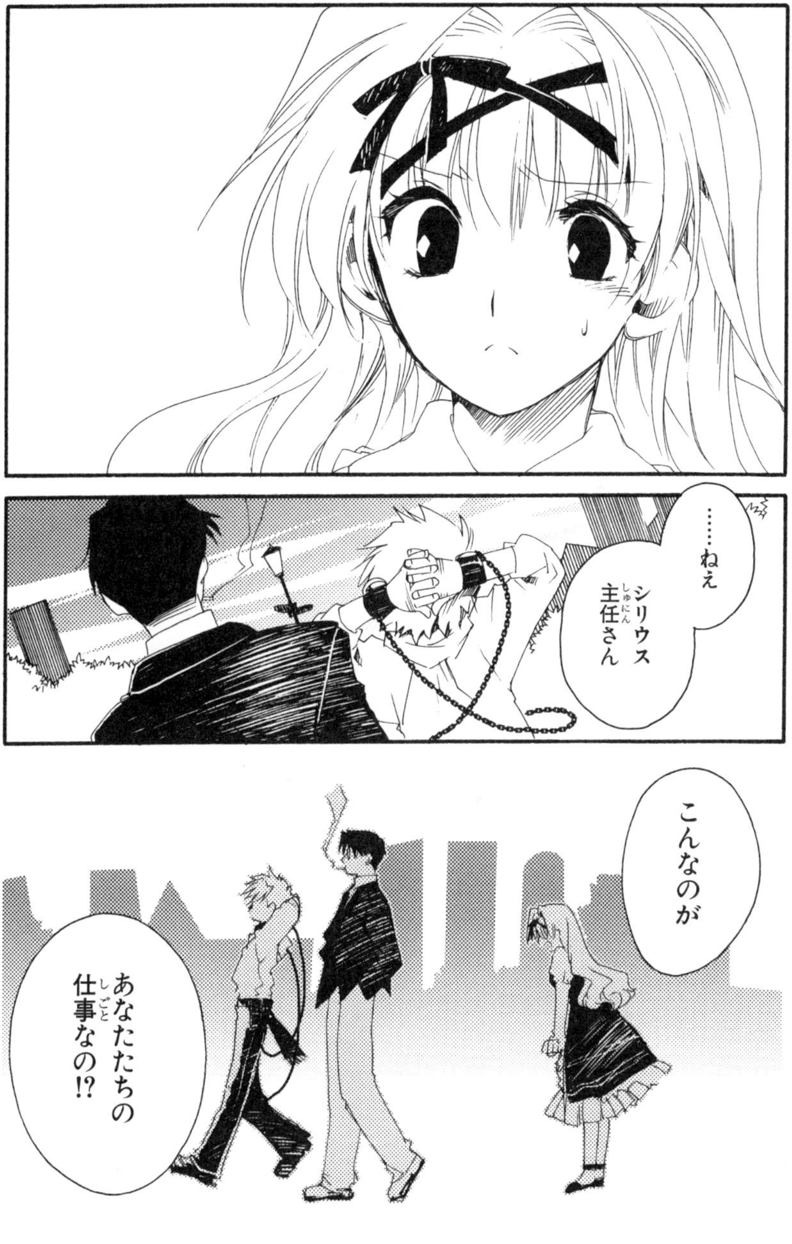
……ねえ
シリウス主任さん
こんなのが
あなたたちの仕事なの!?

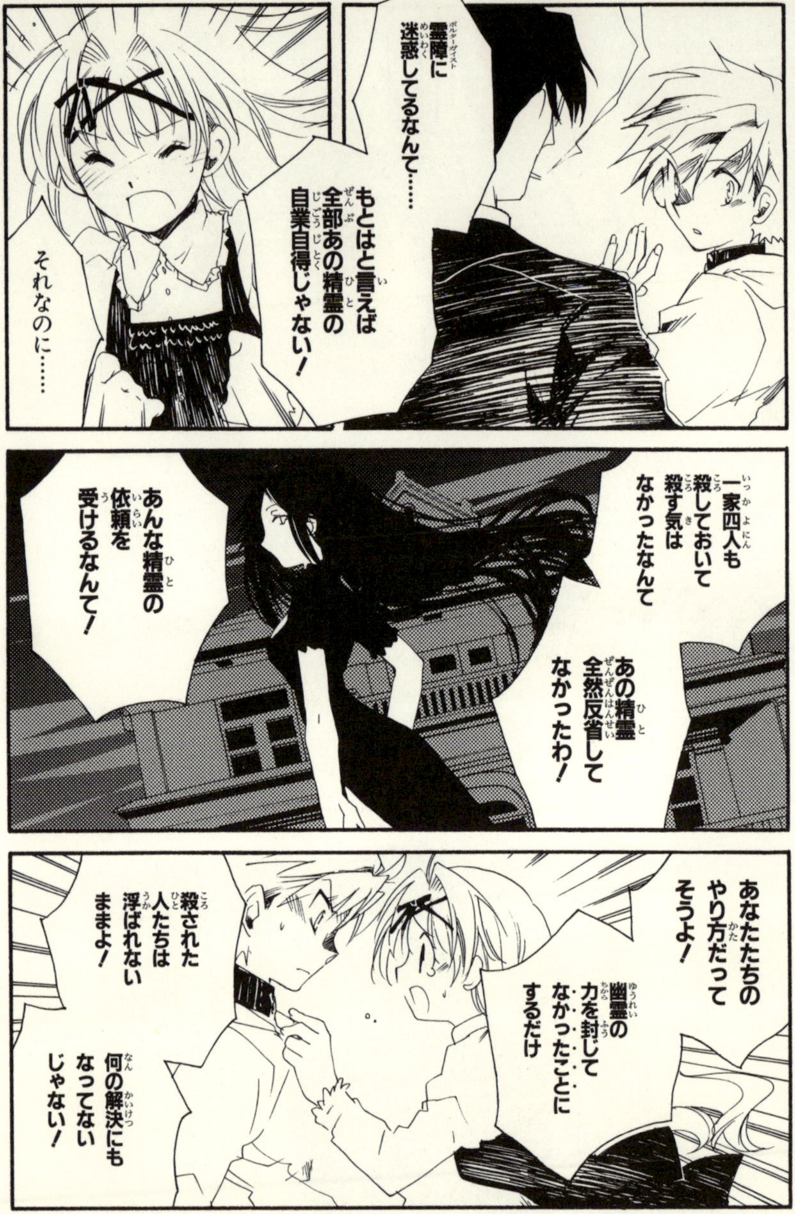
霊障に迷惑してるなんて……
もとはと言えば全部あの精霊の自業自得じゃない！
それなのに……
一家四人も殺しておいて殺す気はなかったなんて
あの精霊全然反省してなかったわ！
あんな精霊の依頼を受けるなんて！
あなたたちのやり方だってそうよ！
幽霊の力を封じてなかったことにするだけ
殺された人たちは浮ばれないままよ！
何の解決にもなってないじゃない！

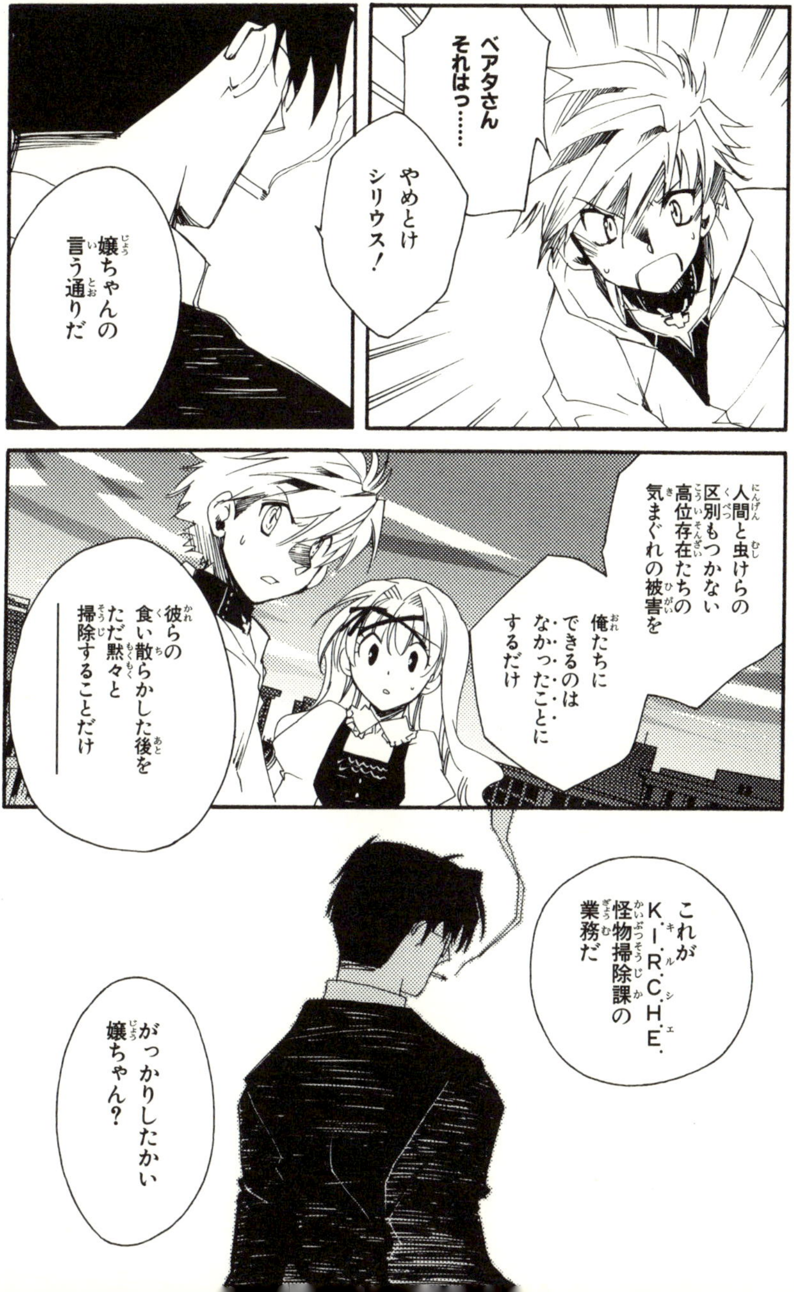
ベアタさん それはっ……
やめとけ シリウス！
嬢ちゃんの言う通りだ
人間と虫けらの区別もつかない高位存在たちの気まぐれの被害を
俺たちにできるのはなかったことにするだけ
彼らの食い散らかした後をただ黙々と掃除することだけ――
これがK.I.R.C.H.E.怪物掃除課の業務だ
がっかりしたかい嬢ちゃん？

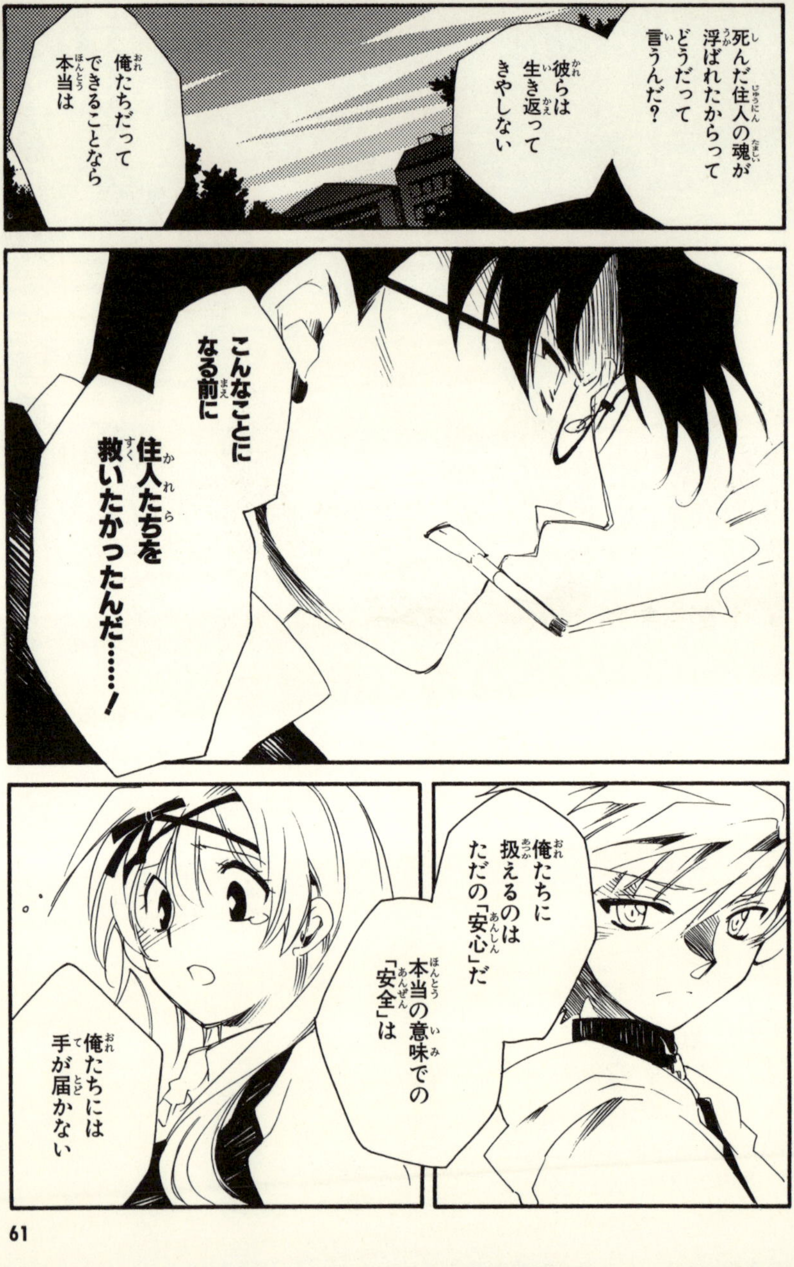
死んだ住人の魂が浮ばれたからってどうだって言うんだ？
彼らは生き返ってきやしない
俺たちだってできることなら本当は
こんなことになる前に
住人たちを救いたかったんだ……！
俺たちに扱えるのはただの「安心」だ
本当の意味での「安全」は
俺たちには手が届かない

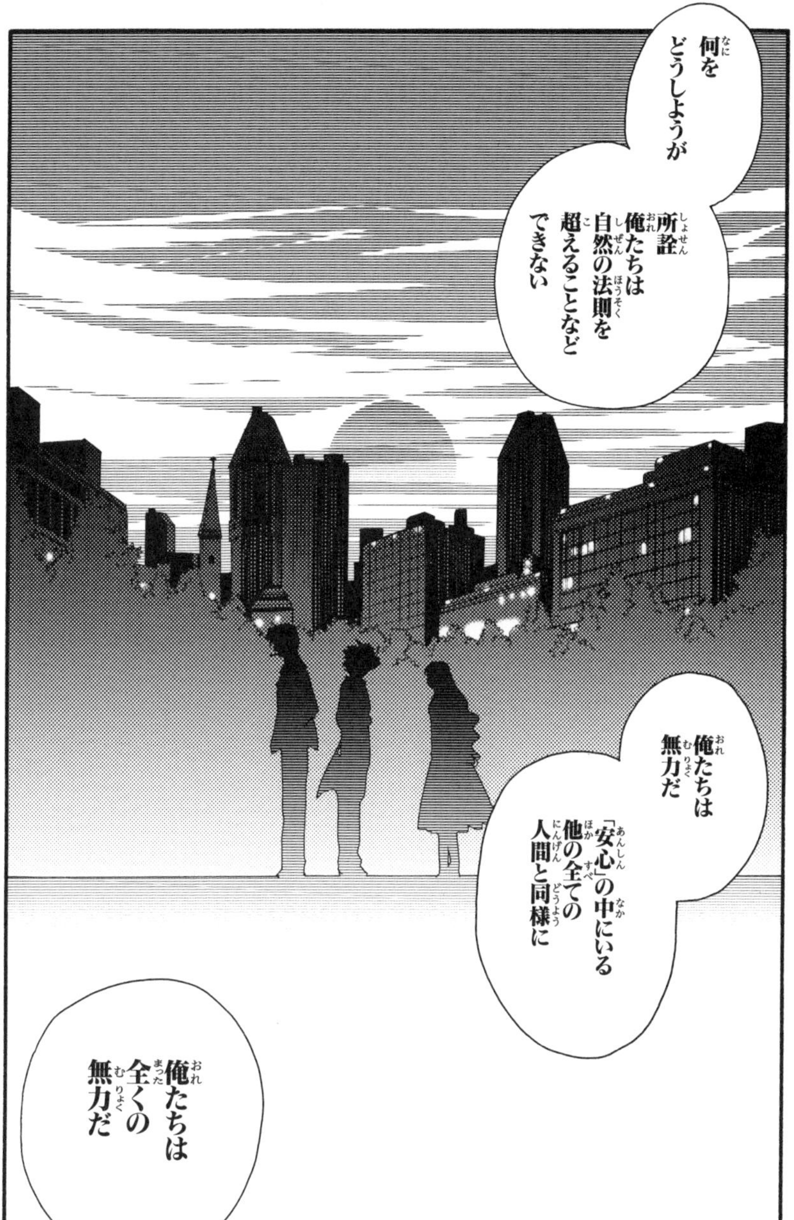
何をどうしようが
所詮俺たちは自然の法則を超えることなどできない
俺たちは無力だ「安心」の中にいる他の全ての人間と同様に
俺たちは全くの無力だ

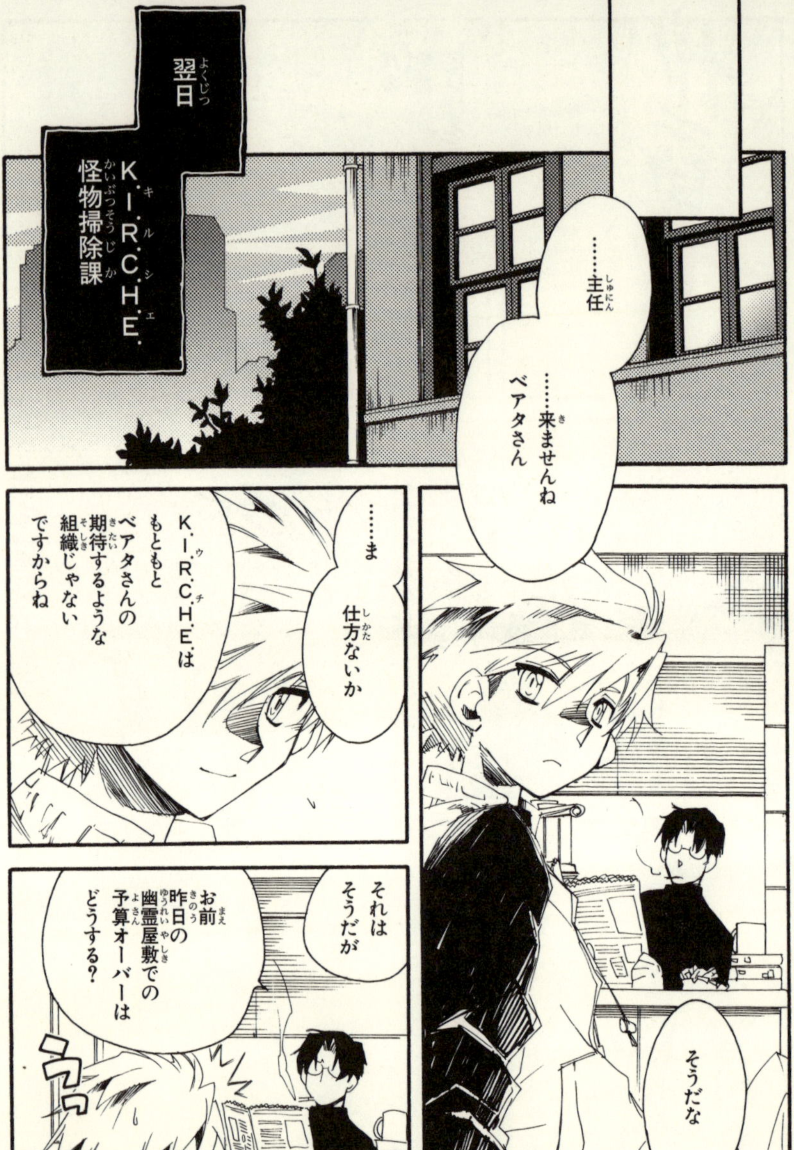
翌日
K・I・R・C・H・E・
怪物掃除課
……主任
……来ませんね
ベアタさん
そうだな
……ま
仕方ないか
K・I・R・C・H・E・は
もともと
ベアタさんの
期待するような
組織じゃない
ですからね
それは
そうだが
お前
昨日の
幽霊屋敷での
予算オーバーは
どうする?

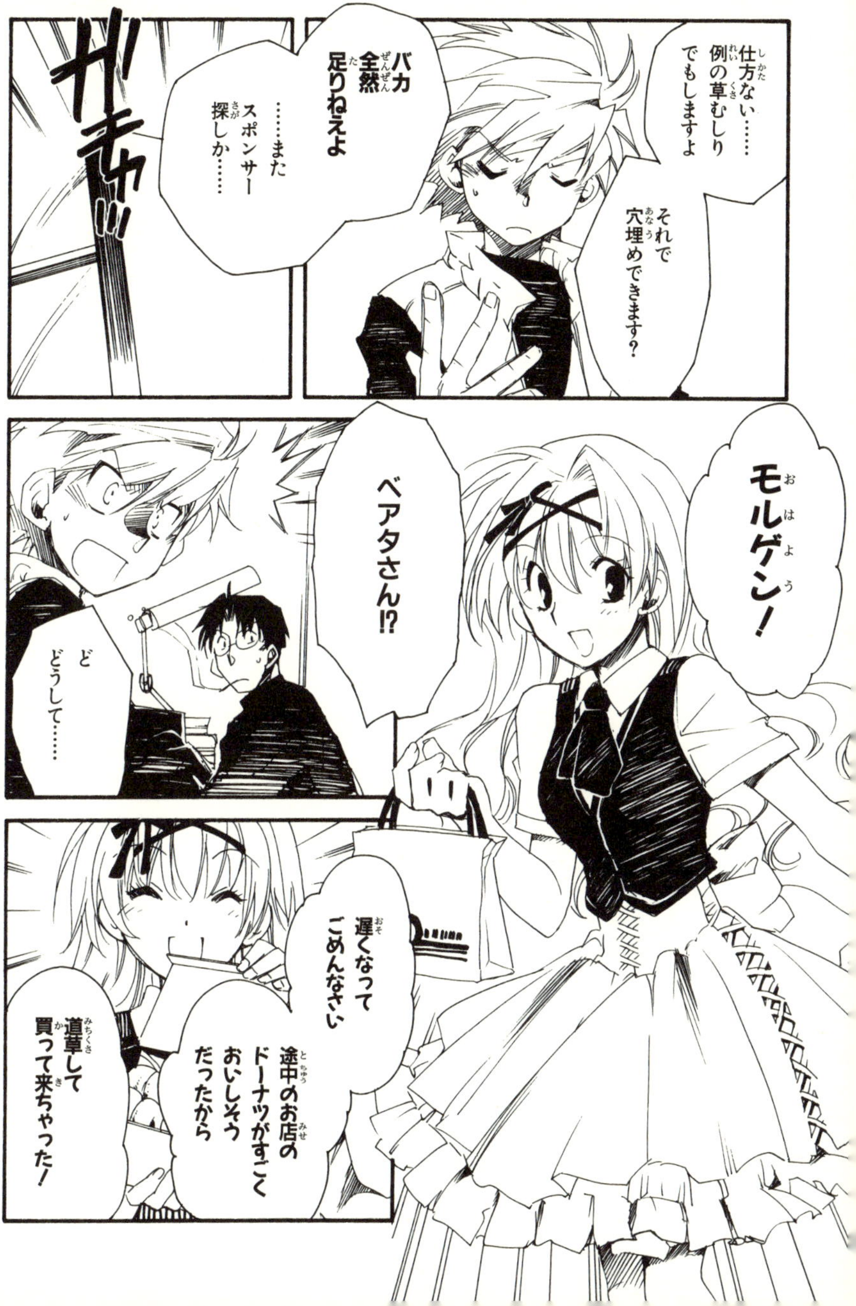
仕方ない……例の草むしりでもしますよ
それで穴埋めできます?
バカ 全然足りねえよ
……また スポンサー探しか……
ガチャ!!!
モルゲン!
ベアタさん!?
ど どうして……
遅くなってごめんなさい
途中のお店のドーナツがすごくおいしそうだったから
道草して買って来ちゃった!

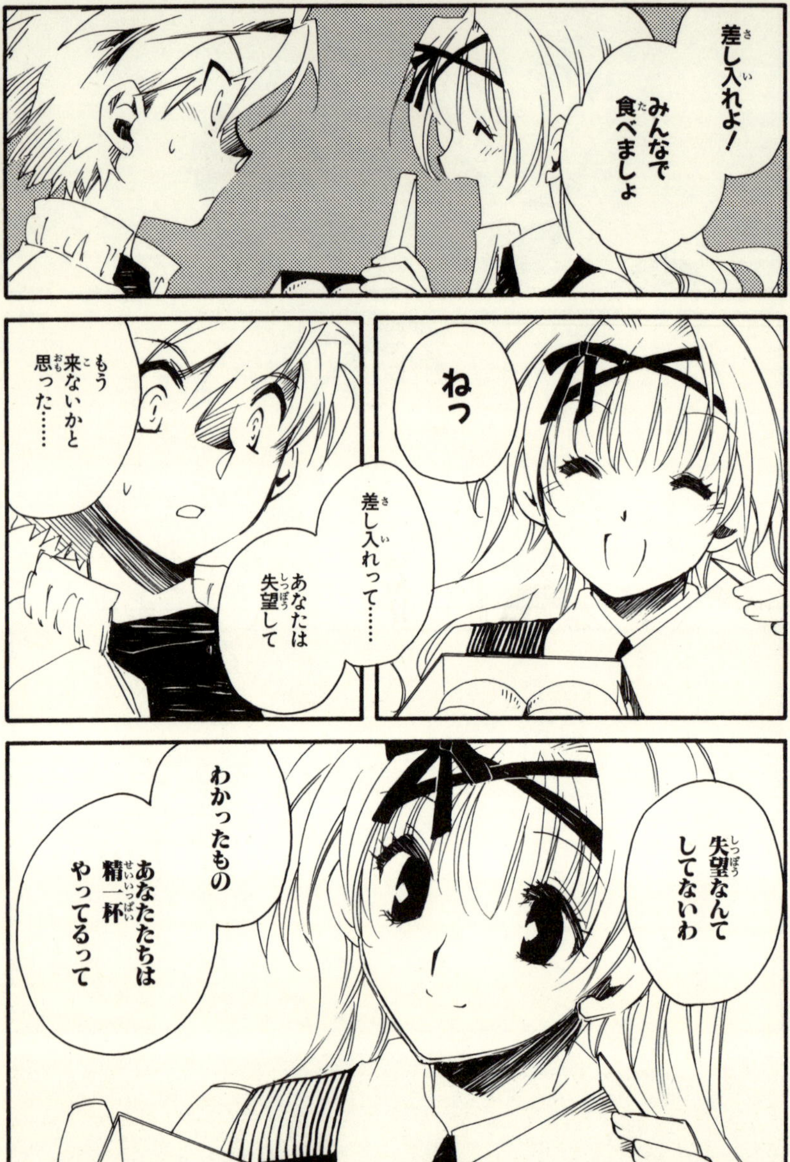
差し入れよ！
みんなで食べましょ
ねっ
差し入れって……
あなたは失望して
もう来ないかと思った……
失望なんてしてないわ
わかったもの
あなたたちは精一杯やってるって

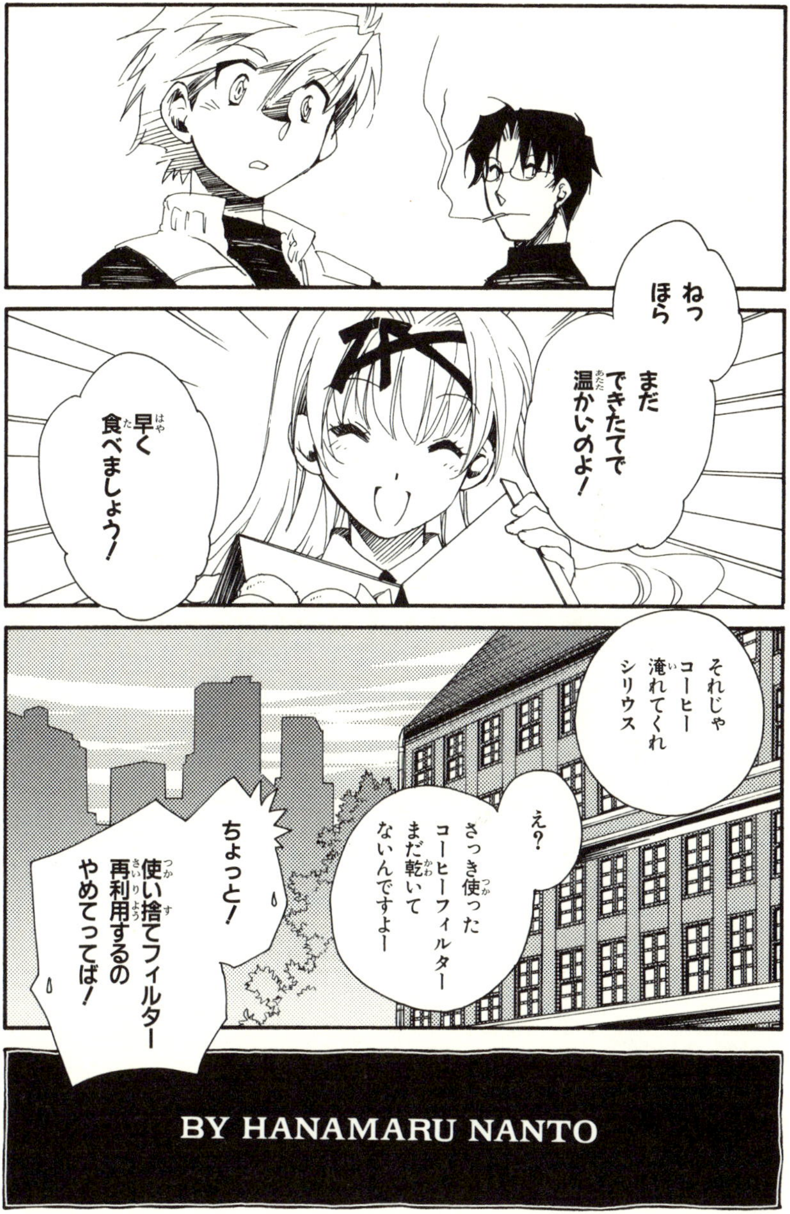
ねっ ほら
まだ できたてで 温かいのよ！
早く 食べましょう！
それじゃ コーヒー 淹れてくれ シリウス
え？
さっき使った コーヒーフィルター まだ乾いて ないんですよー
ちょっと！
使い捨てフィルター 再利用するの やめてってば！
BY HANAMARU NANTO

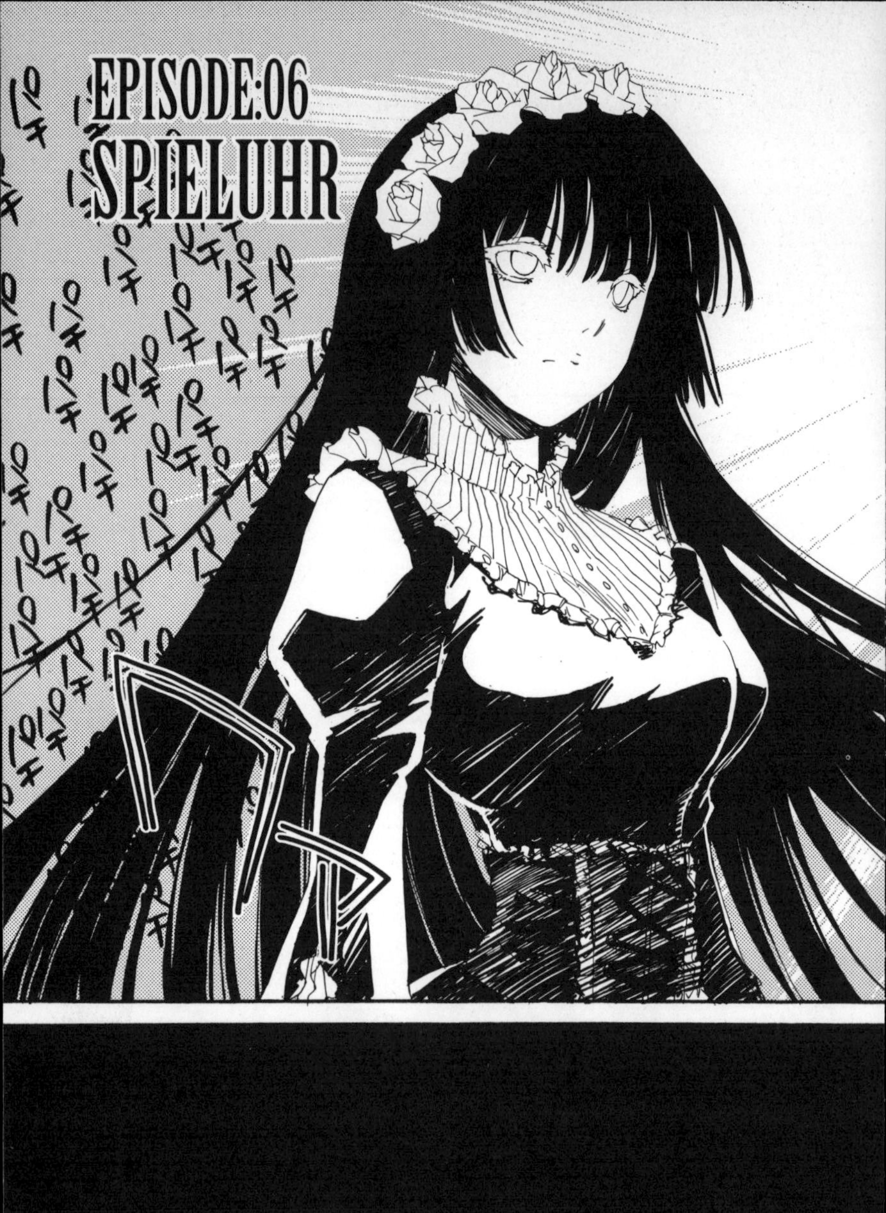
EPISODE:06
SPIELUHR
パチパチパチパチ

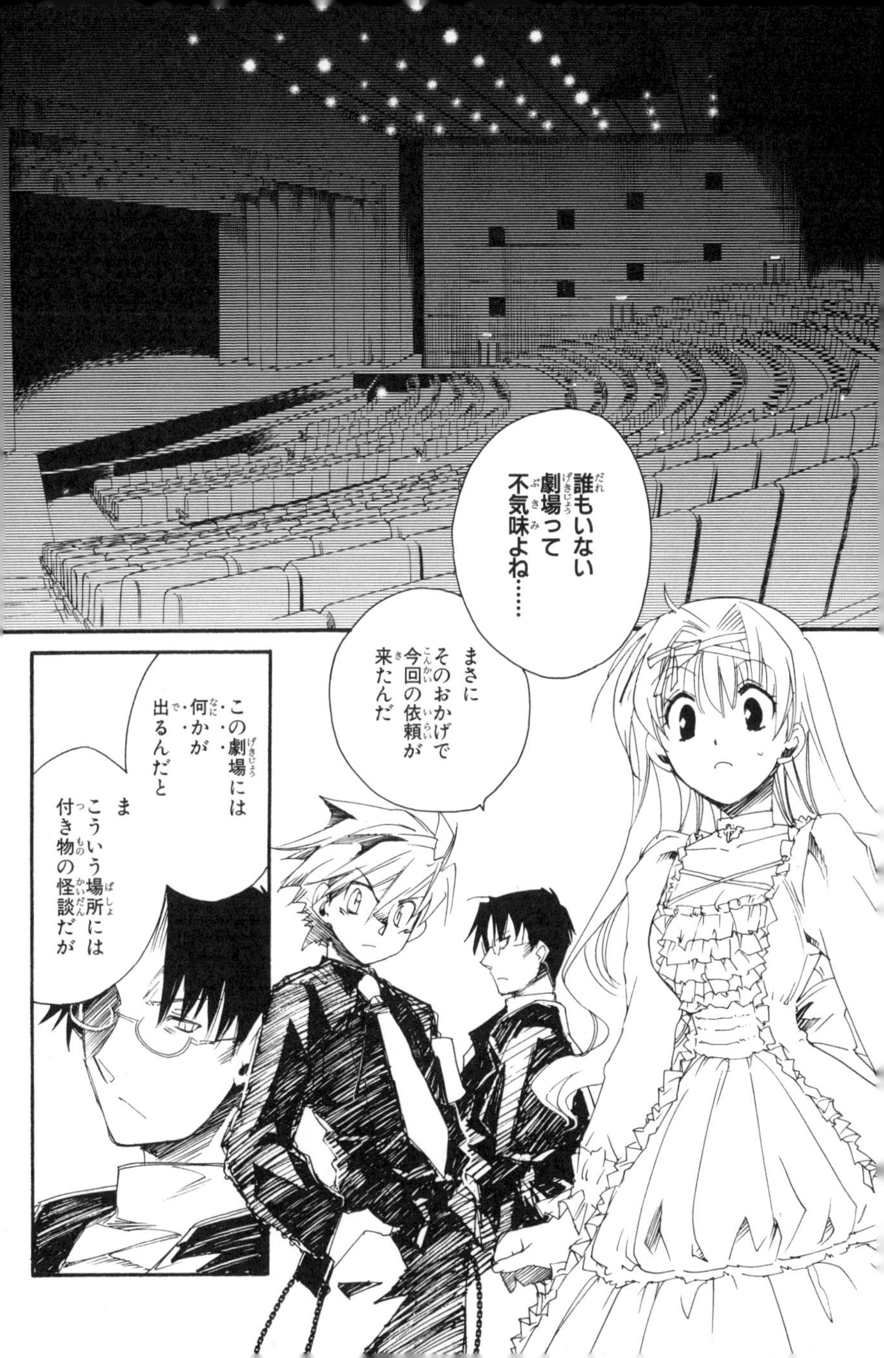
誰もいない劇場って不気味よね……
まさにそのおかげで今回の依頼が来たんだ
この劇場には・・・何かが・・・出るんだと
ま こういう場所には付き物の怪談だが

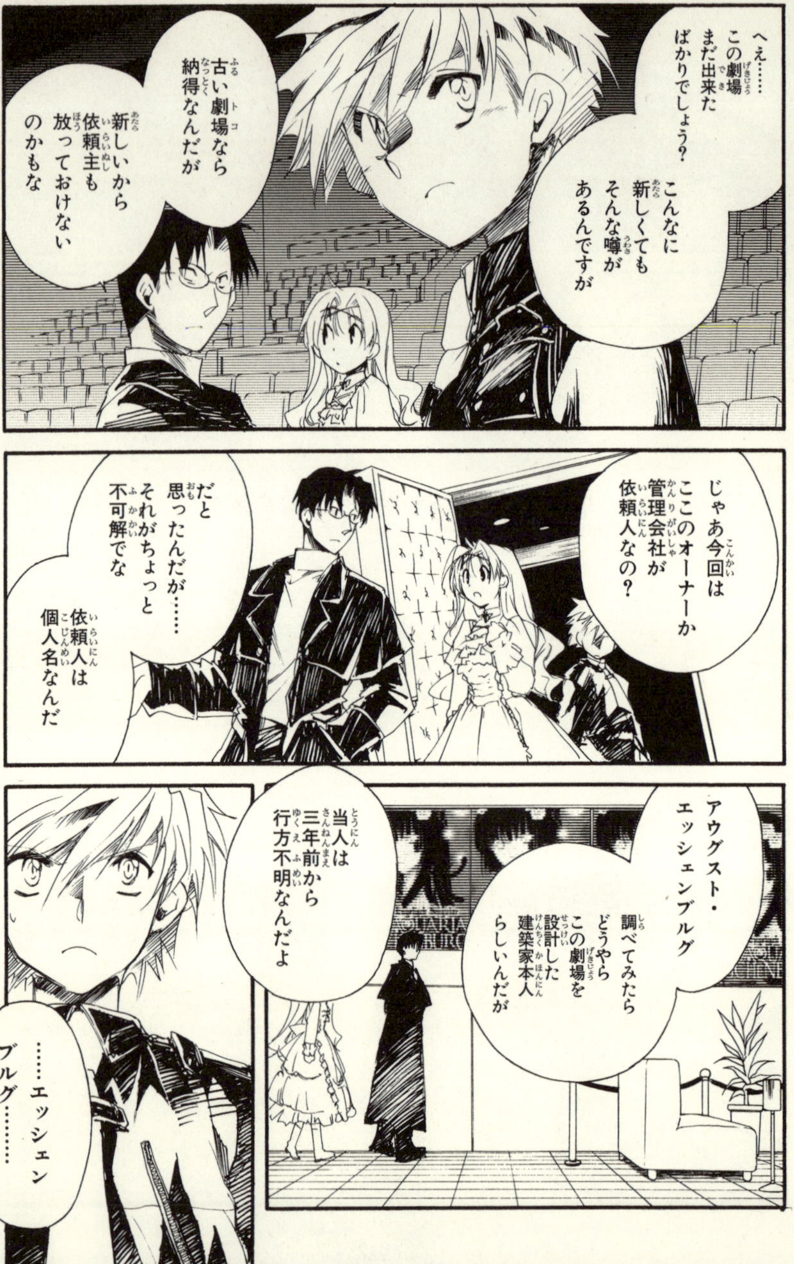
へえ……この劇場まだ出来たばかりでしょう？
こんなに新しくてもそんな噂があるんですが
古い劇場なら納得なんだが
新しいから依頼主も放っておけないのかもな
じゃあ今回はここのオーナーか管理会社が依頼人なの？
だと思ったんだが……それがちょっと不可解でな
依頼人は個人名なんだ
アウグスト・エッシェンブルグ
調べてみたらどうやらこの劇場を設計した建築家本人らしいんだが
当人は三年前から行方不明なんだよ
……エッシェンブルグ………

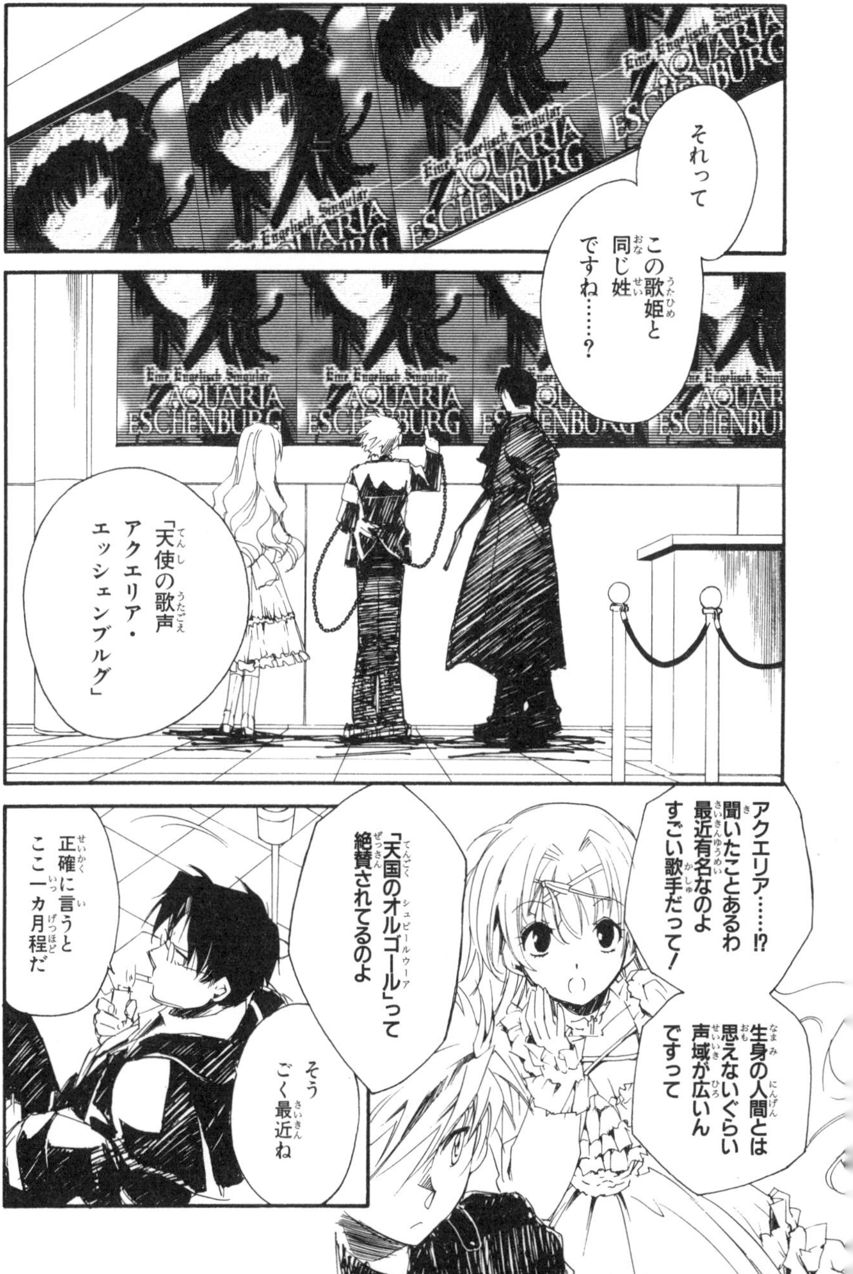

AQUARIA ESCHENBURG
それって この歌姫と 同じ姓 ですね……？
「天使の歌声 アクエリア・エッシェンブルグ」
アクエリア……!? 聞いたことあるわ 最近有名なのよ すごい歌手だって！
生身の人間とは 思えないぐらい 声域が広いん ですって
「天国のオルゴール」って 絶賛されてるのよ
そう ごく最近ね
正確に言うと ここ一カ月程だ

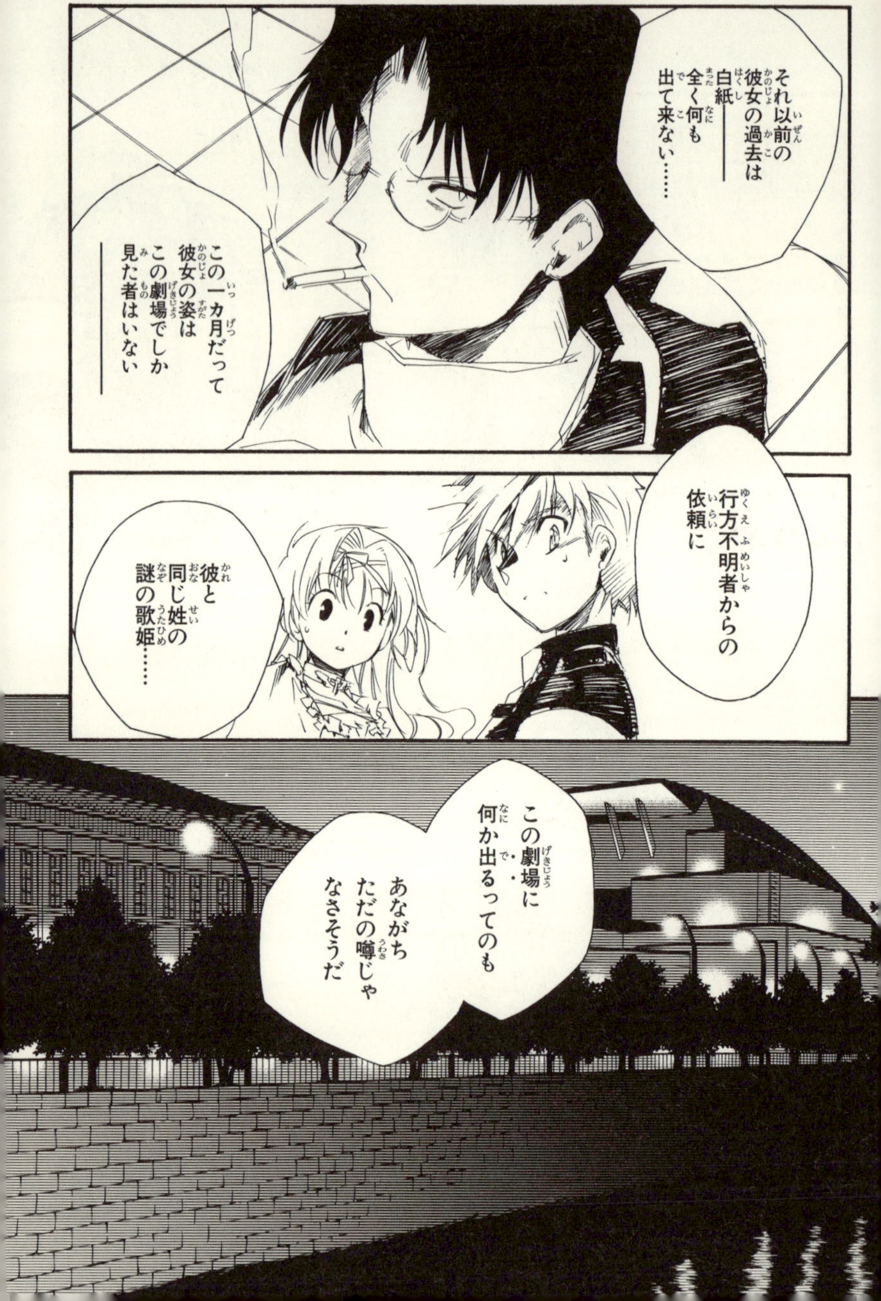
それ以前の彼女の過去は白紙──全く何も出て来ない……
この一カ月だって彼女の姿はこの劇場でしか見た者はいない──
行方不明者からの依頼に
彼と同じ姓の謎の歌姫……
この劇場に何か出るってのも
あながちただの噂じゃなさそうだ

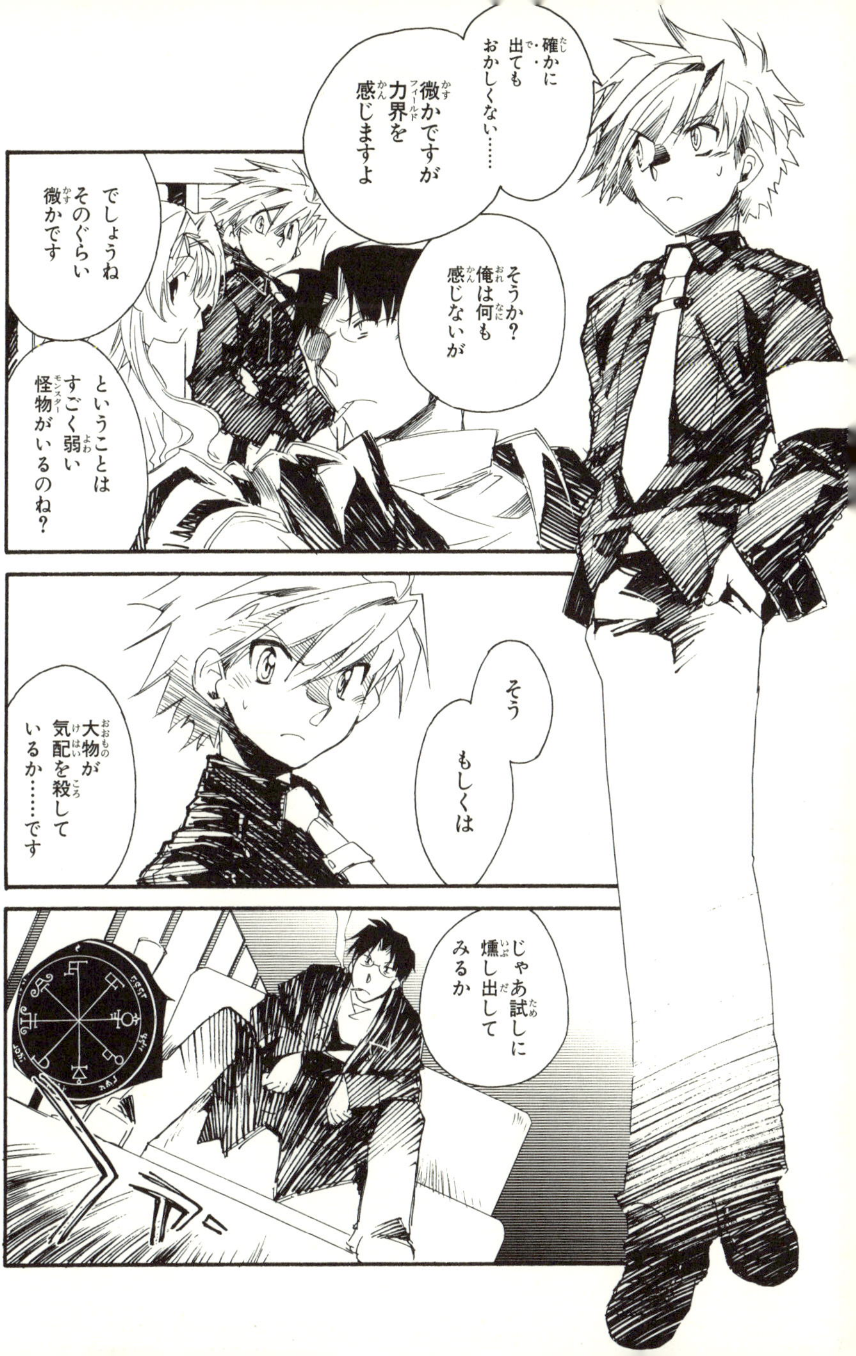
確かに出てもおかしくない……
微かですが力界を感じますよ
そうか?俺は何も感じないが
でしょうね そのぐらい微かです
ということはすごく弱い怪物がいるのね?
そう もしくは
大物が気配を殺しているか……です
じゃあ試しに燻し出してみるか

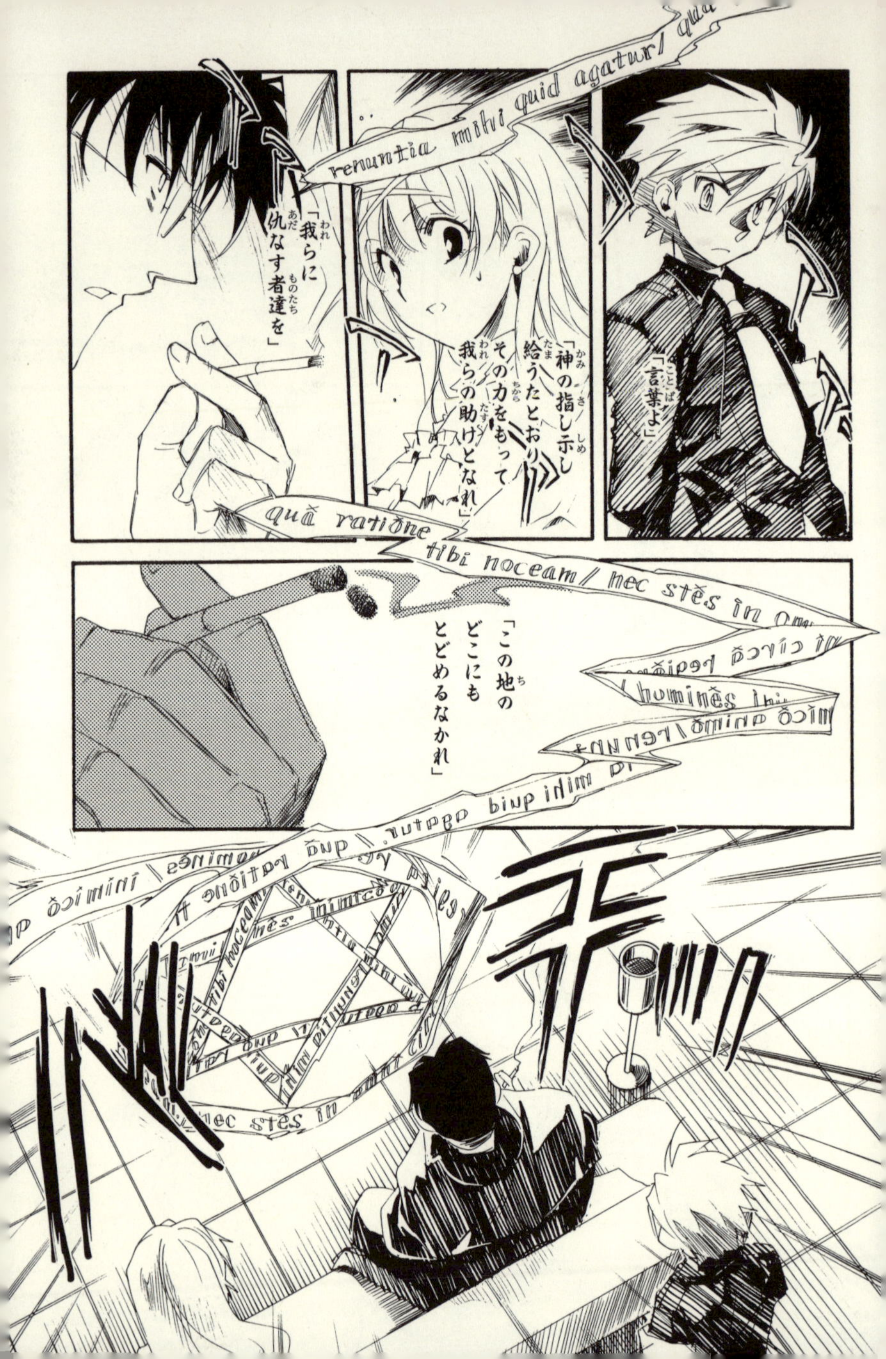
renuntia mihi quid agatur/ qua
「言葉よ」
「神の指し示し給うたとおりその力をもって我らの助けとなれ」
「我らに仇なす者達を」
quā ratiōne tibi noceam/ nec stēs in om
「この地のどこにもとどめるなかれ」

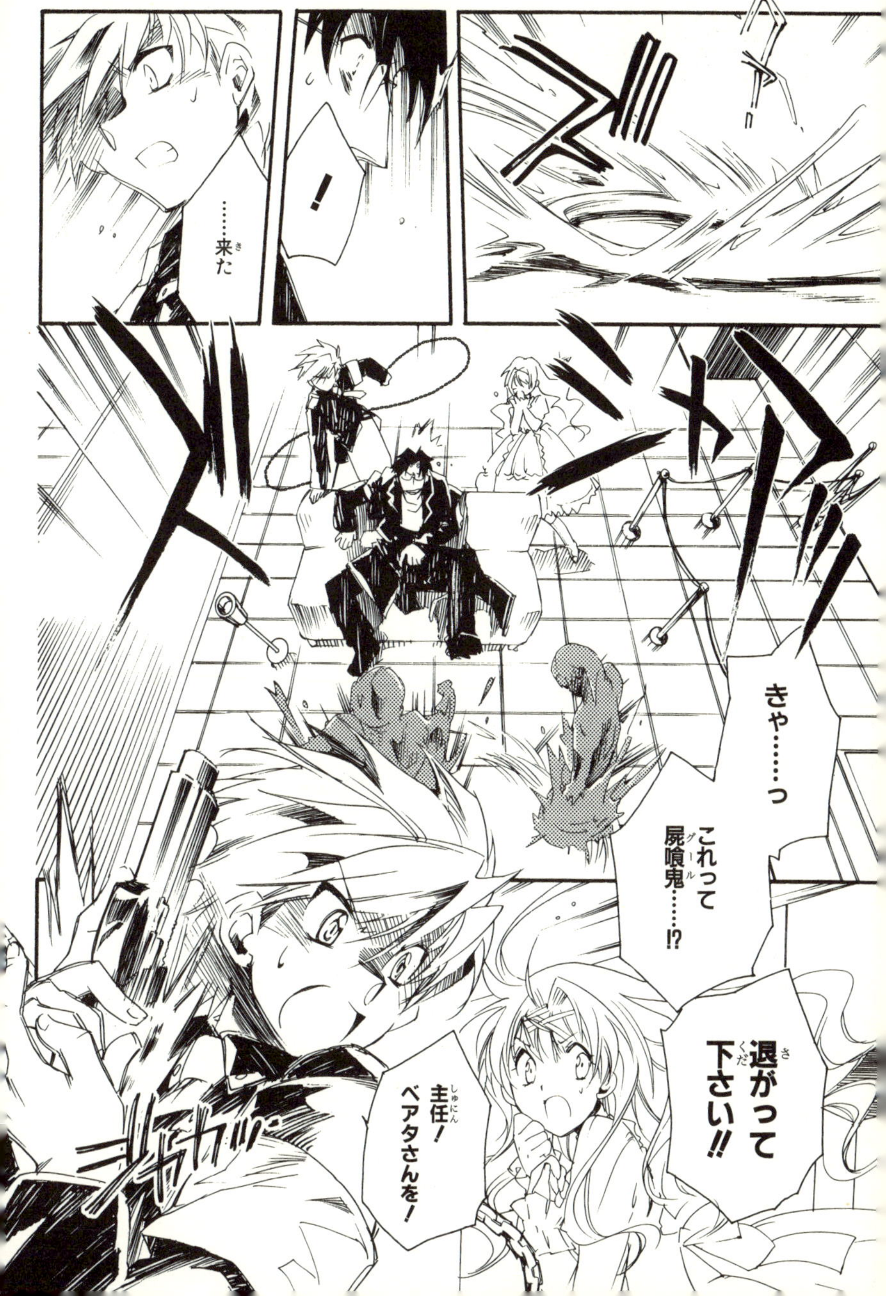
！
……来た
きゃ……っ
これって屍喰鬼……!?
退がって下さい!!
主任！ベアタさんを！

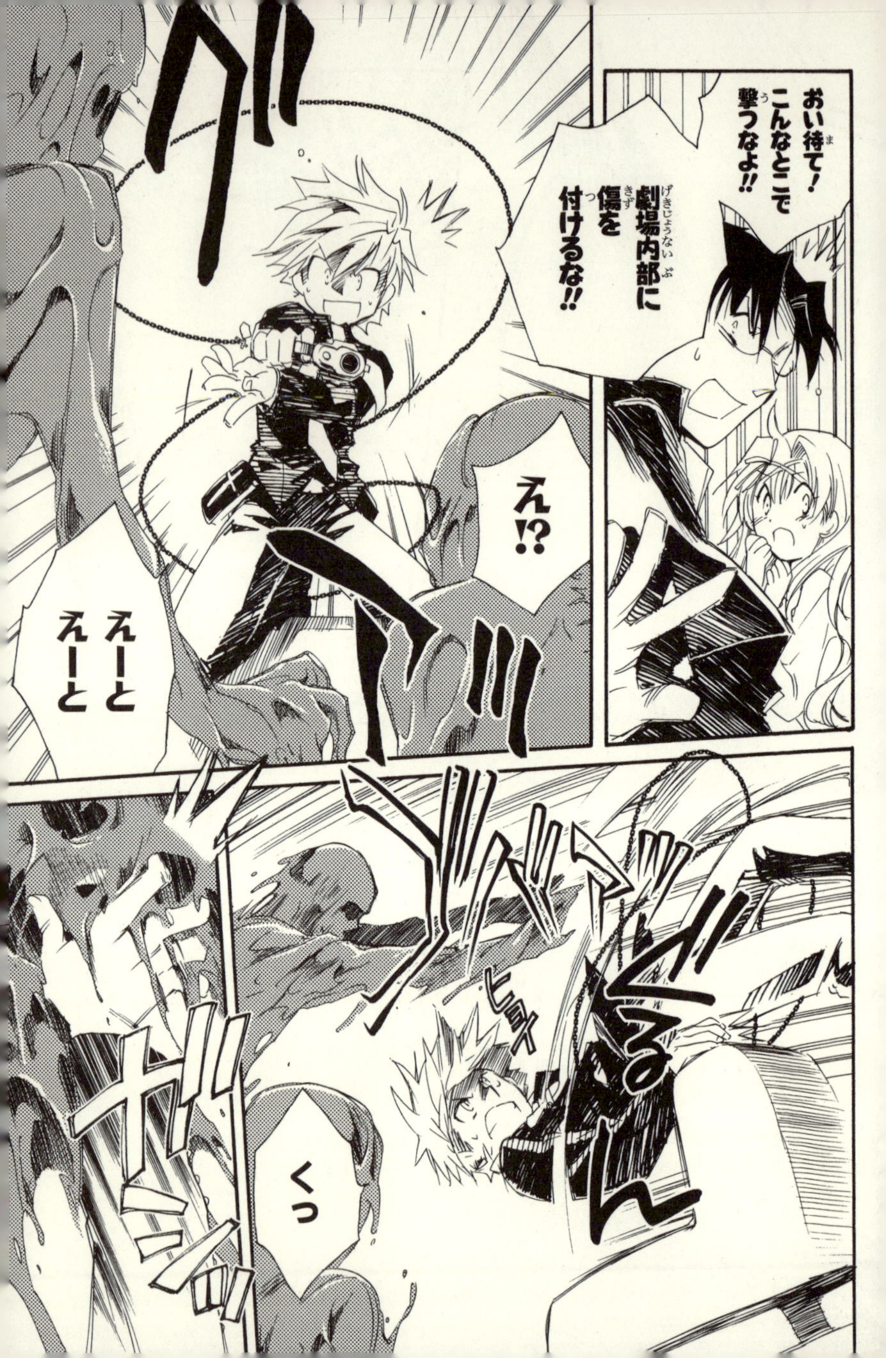
おい待て！こんなとこで撃つなよ!!
劇場内部に傷を付けるな!!
え!?
えーとえーと
くっ

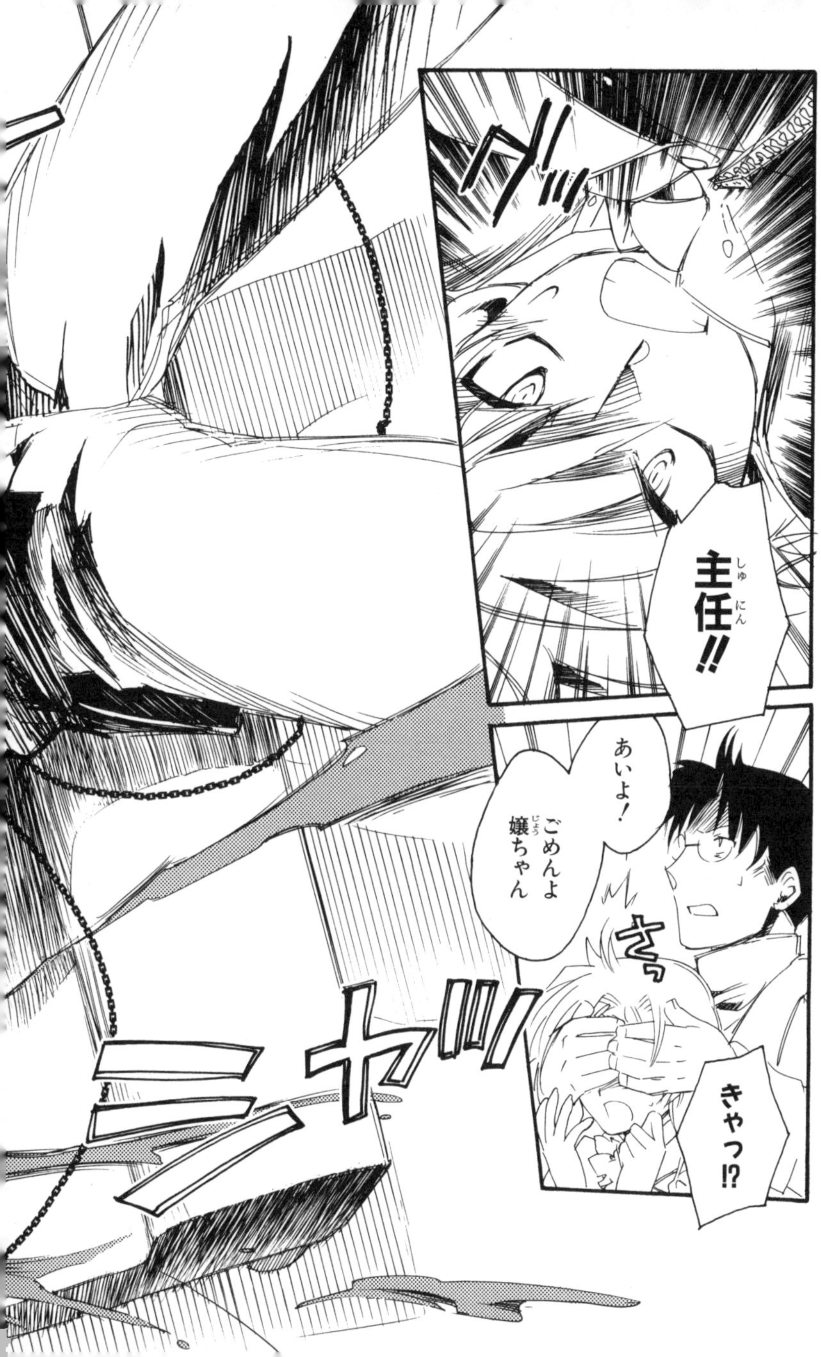
ガッ
主任(しゅにん)!!
あいよ!
ごめんよ嬢(じょう)ちゃん
さっ
きゃっ!?

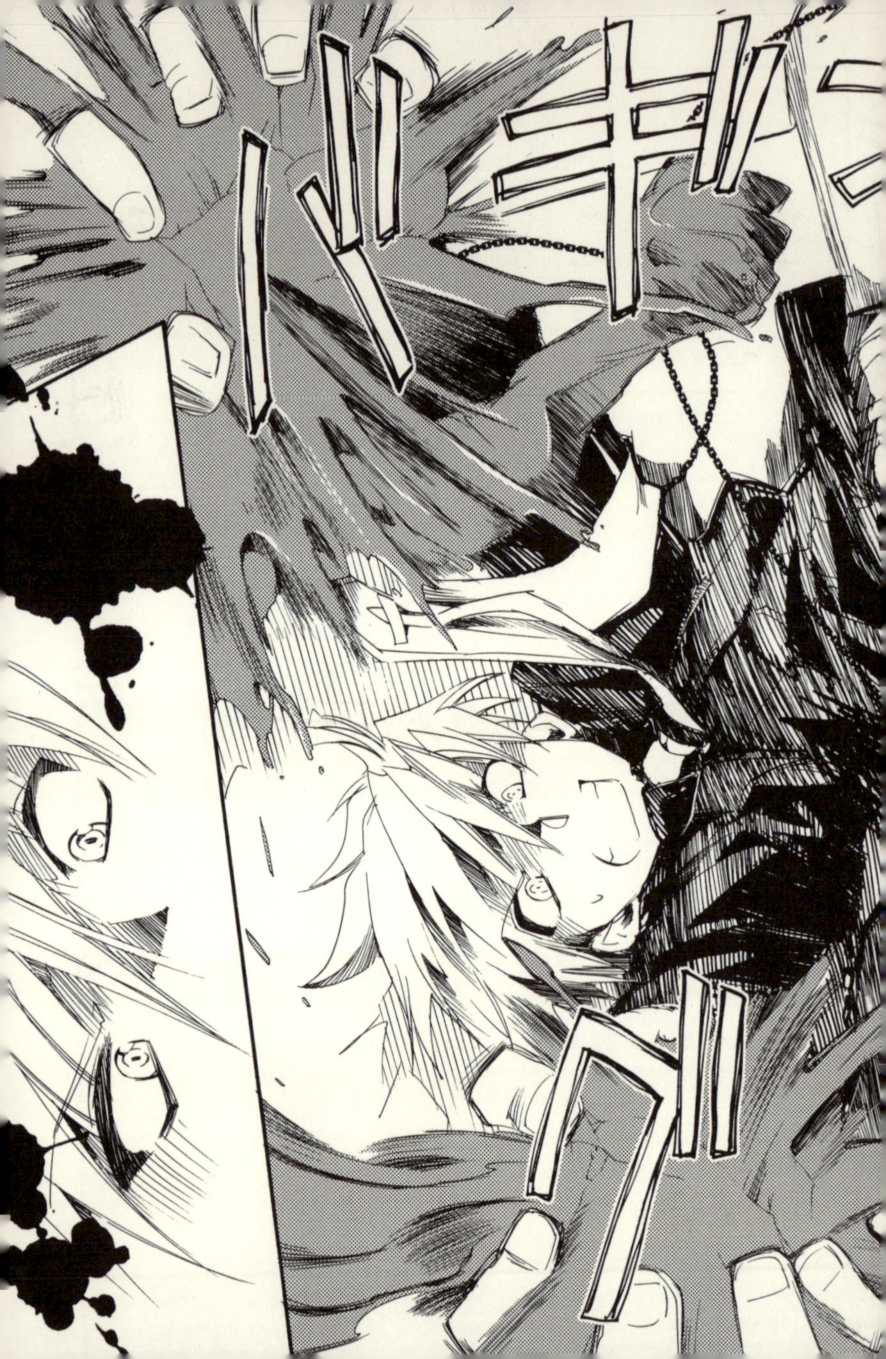

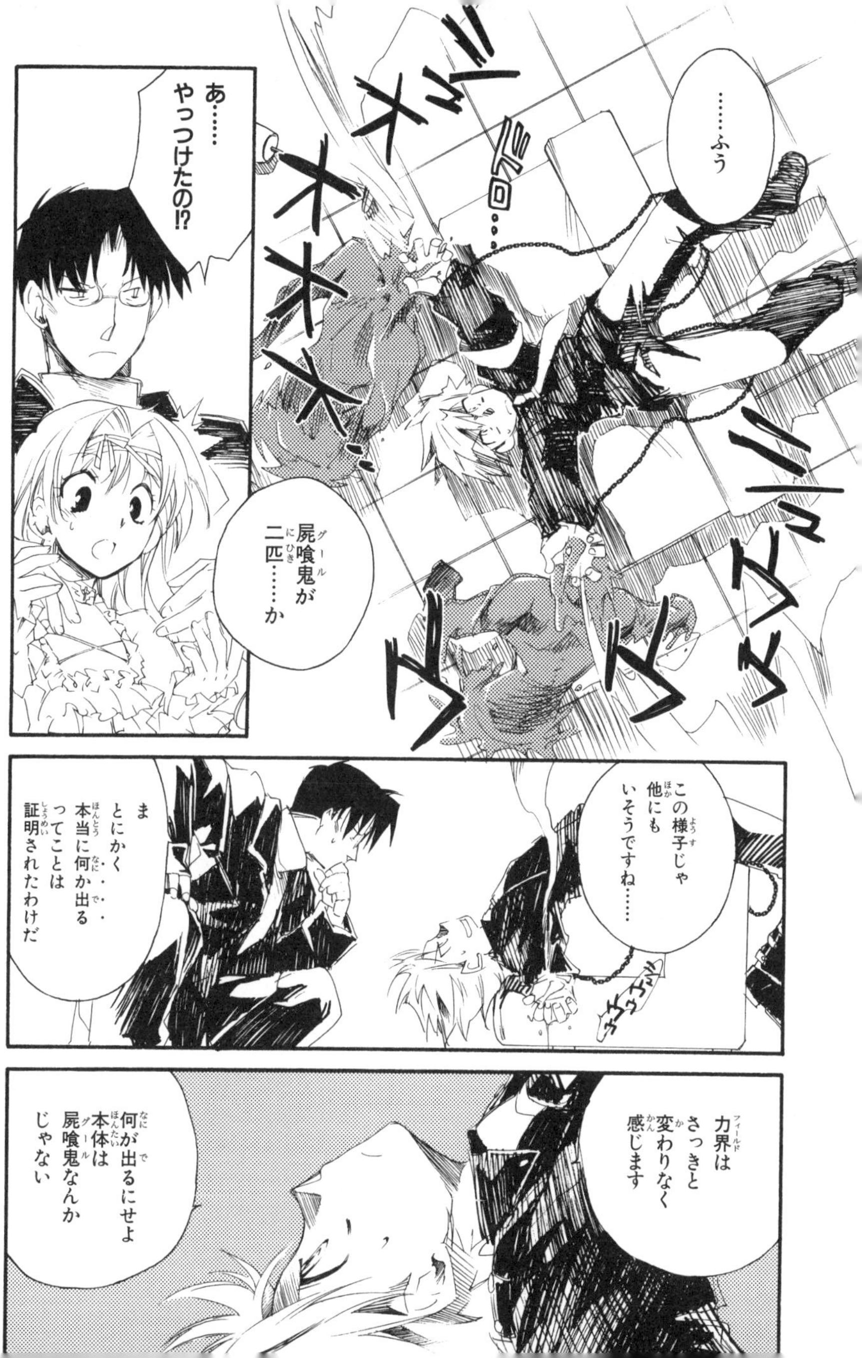
……ふう
あ……やっつけたの!?
屍喰鬼が二匹……か
この様子じゃ他にもいそうですね……
ま とにかく本当に何か出るってことは証明されたわけだ
力界はさっきと変わりなく感じます
何が出るにせよ本体は屍喰鬼なんかじゃない

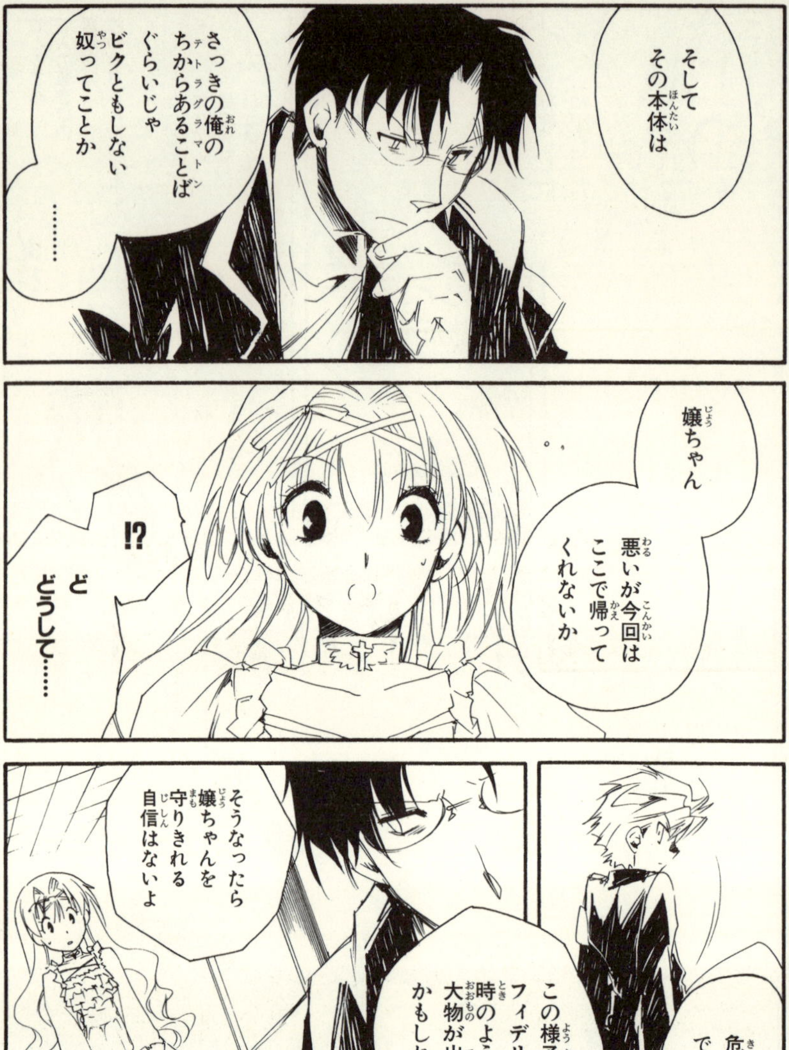
そして その本体は
さっきの俺の ちからあることばぐらいじゃ ビクともしない 奴ってことか
……
嬢ちゃん
悪いが今回は ここで帰って くれないか
!? ど どうして……
危険だから ですよ
この様子じゃ フィデリオの 時のような 大物が出てくる かもしれん
そうなったら 嬢ちゃんを 守りきれる 自信はないよ

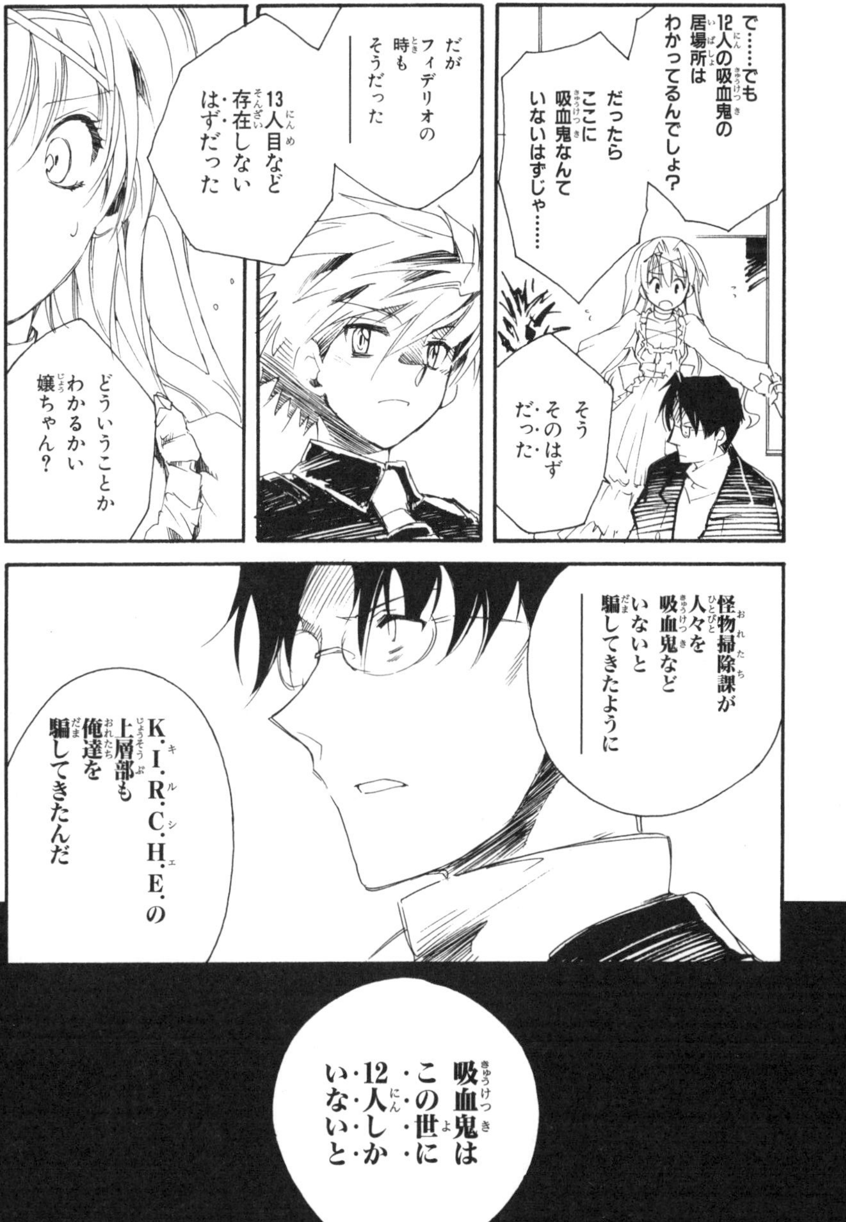
で……でも 12人の吸血鬼の居場所は わかってるんでしょ？
だったら ここに 吸血鬼なんて いないはずじゃ……
そう そのはず だった
だが フィデリオの 時も そうだった
13人目など 存在しない はずだった
どういうことか わかるかい 嬢ちゃん？
怪物掃除課が 人々を 吸血鬼など いないと 騙してきたように
K.I.R.C.H.E.の 上層部も 俺達を 騙してきたんだ
吸血鬼は この世に 12人しか いないと

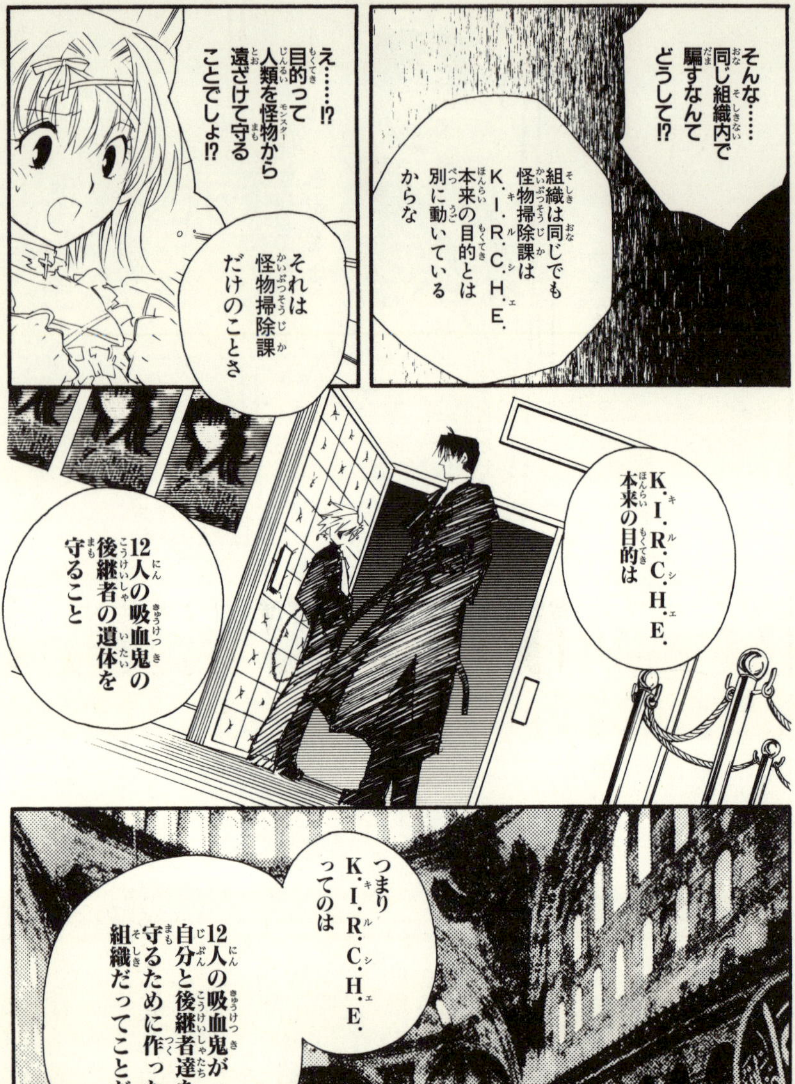
そんな……同じ組織内で騙すなんてどうして!?
組織は同じでも怪物掃除課はK・I・R・C・H・E・本来の目的とは別に動いているからな
え……!?目的って人類を怪物から遠ざけて守ることでしょ!?
それは怪物掃除課だけのことさ
K・I・R・C・H・E・本来の目的は
12人の吸血鬼の後継者の遺体を守ること
つまりK・I・R・C・H・E・ってのは
12人の吸血鬼が自分と後継者達を守るために作った組織だってことだ

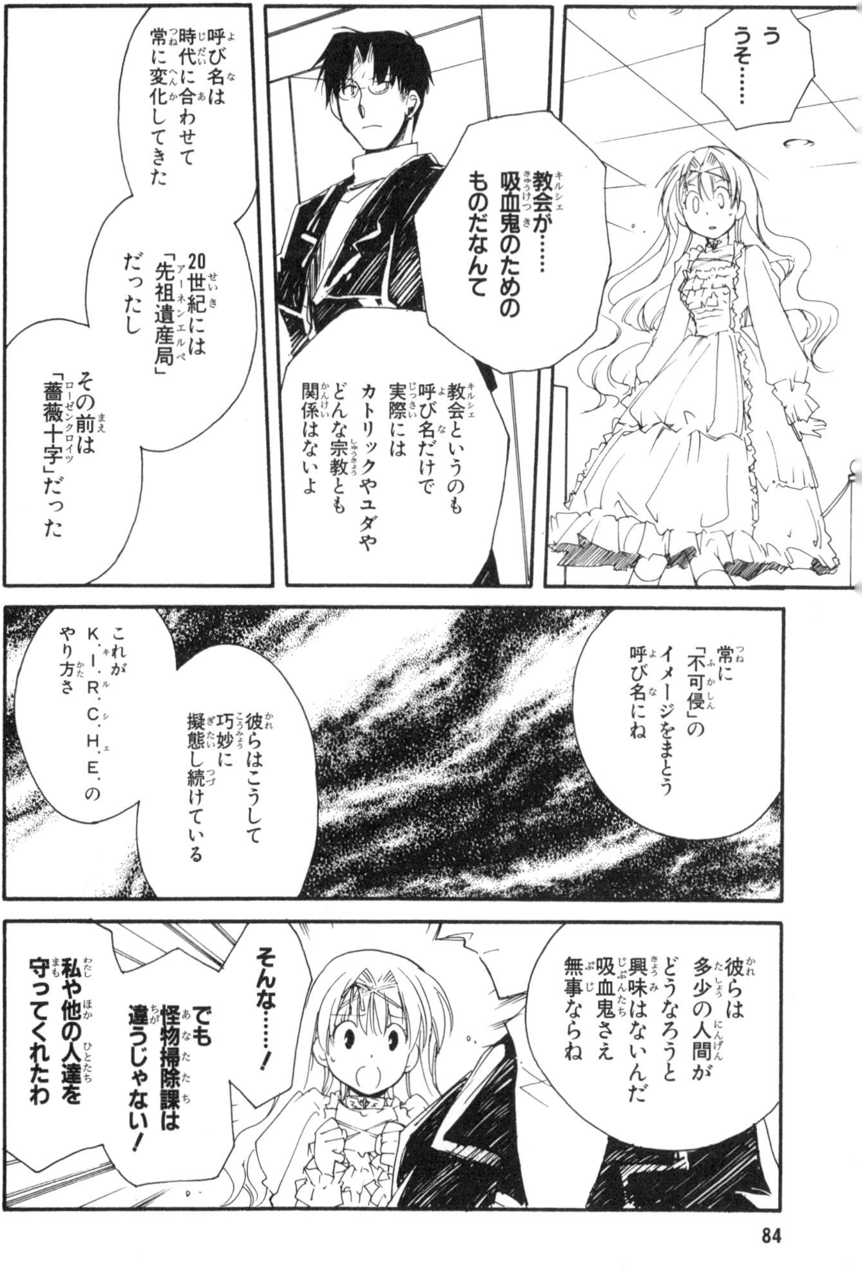

う
うそ……
教会が……
吸血鬼のための
ものだなんて
教会というのも
呼び名だけで
実際には
カトリックやユダや
どんな宗教とも
関係はないよ
呼び名は
時代に合わせて
常に変化してきた
20世紀には
「先祖遺産局」
だったし
その前は
「薔薇十字」だった
常に
「不可侵」の
イメージをまとう
呼び名にね
彼らはこうして
巧妙に
擬態し続けている
これが
K・I・R・C・H・E・の
やり方さ
彼らは
多少の人間が
どうなろうと
興味はないんだ
吸血鬼さえ
無事ならね
そんな……！
でも
怪物掃除課は
違うじゃない！
私や他の人達を
守ってくれたわ

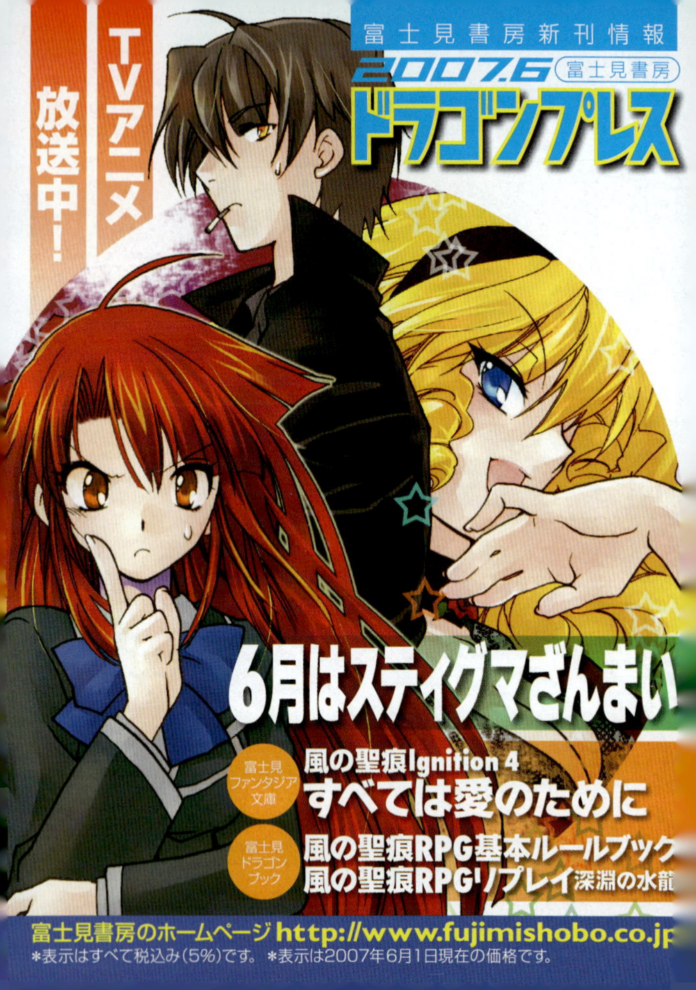
富士見書房新刊情報
2007.6
富士見書房
ドラゴンプレス
TVアニメ
放送中!
6月はスティグマざんまい
富士見ファンタジア文庫
風の聖痕Ignition 4
すべては愛のために
富士見ドラゴンブック
風の聖痕RPG基本ルールブック
風の聖痕RPGリプレイ深淵の水龍
富士見書房のホームページ http://www.fujimishobo.co.jp
*表示はすべて税込み(5%)です。 *表示は2007年6月1日現在の価格です。

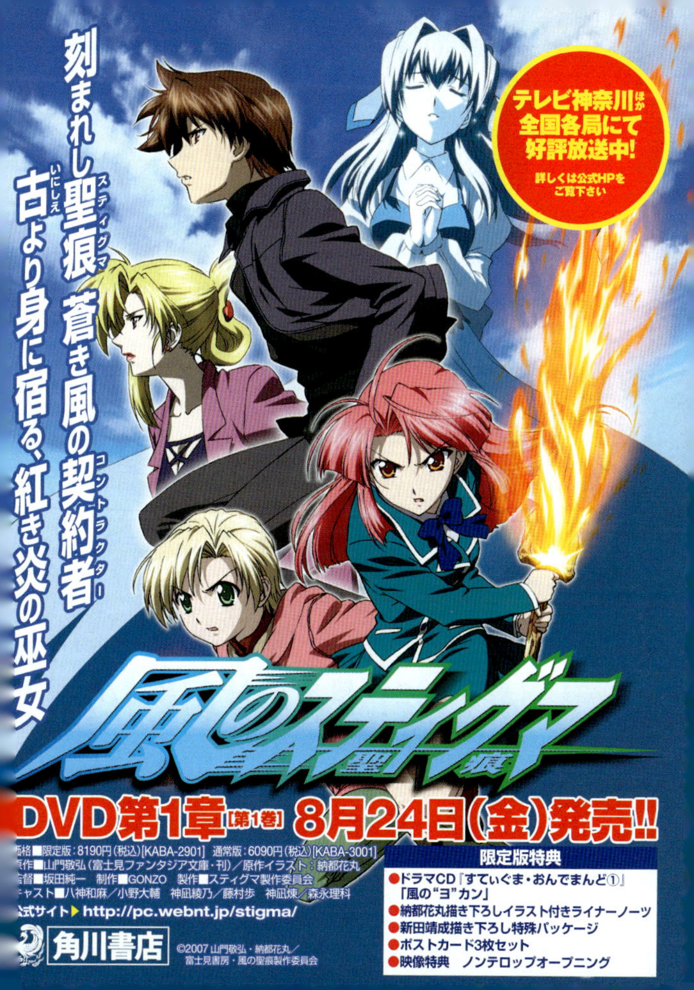

刻まれし聖痕(スティグマ) 蒼き風の契約者(コントラクター)
古(いにしえ)より身に宿る、紅き炎の巫女
テレビ神奈川ほか
全国各局にて
好評放送中!
詳しくは公式HPを
ご覧下さい
風の聖痕(スティグマ)
DVD第1章【第1巻】 8月24日(金)発売!!
格■限定版:8190円(税込)[KABA-2901] 通常版:6090円(税込)[KABA-3001]
作■山門敬弘(富士見ファンタジア文庫・刊)/原作イラスト:納都花丸
督■坂田純一 制作■GONZO 製作■スティグマ製作委員会
ャスト■八神和麻/小野大輔 神凪綾乃/藤村歩 神凪煉/森永理科
式サイト▶ http://pc.webnt.jp/stigma/
限定版特典
●ドラマCD『すてぃぐま・おんでまんど①』「風の“ヨ”カン」
●納都花丸描き下ろしイラスト付きライナーノーツ
●新田靖成描き下ろし特殊パッケージ
●ポストカード3枚セット
●映像特典 ノンテロップオープニング
角川書店
©2007 山門敬弘・納都花丸/富士見書房・風の聖痕製作委員会

fujimi fantasia bunko

富士見ファンタジア文庫［6月最新刊］発売中

そろそろ大人 20周年 なファンタジア文庫です！

祝！ アニメ化決定!!

ストレイト・ジャケット フラグメント02

ゼツボウのヒト

〜THE DESPAIR〜

榊一郎 イラスト:藤城陽 609円

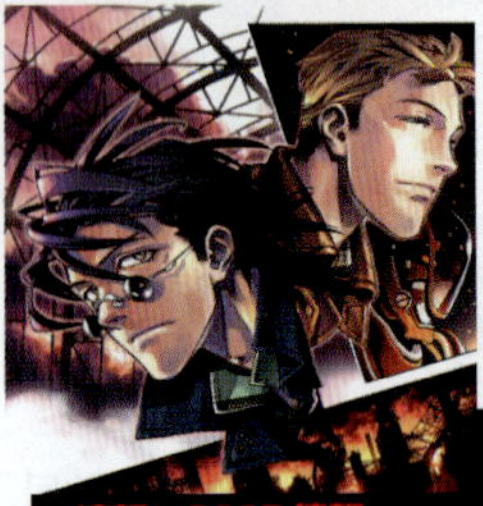

レイオットは好青年救命魔法士G・Gと出会う。人の命を救いたいという彼は、生にも死にも執着しない男でもあった。
対照的な二人の魔法士の行く手に待つモノは——。

〜速報！ OVA情報〜
STRAIT JACKET
ストレイト・ジャケット

榊一郎が脚本&シリーズ構成を手がけるOVAが三部作で登場するぞ！ 第一巻は10月末発売予定。公式HPやFUJIMIモバイルショップにて予約受け付けスタート！
全米でも発売決定！ 詳しい情報は公式HP&FUJIMIモバイルショップで。
【公式HP】http://www.straitjacket.jp/
【FUJIMIモバイルショップ】携帯アドレス http://www.fujimishop.com/
PCアドレス http://www.chara-ani.com/
発売・販売:ティー・オーエンタテインメント

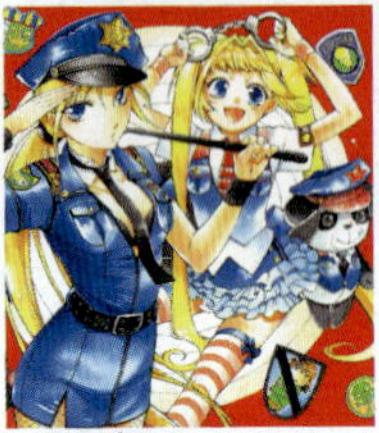

お客様満足度ナンバー1！ という噂（未確認情報）

とりあえず伝説の勇者の伝説⑪

常識力のホールドアップ

鏡貴也 イラスト:とよた瑣織 588円

ライナ、フェリス、シオンの不当労働超過勤務ファンタジー（!?）最新刊。シオンの誕生日の話やライナとフェリスの温泉旅行記など、いつになくハッピーな短編が揃った感じだけど……。ひさびさの暴走書き下ろし短編&キャラクター人気投票の上位結果発表も収録！

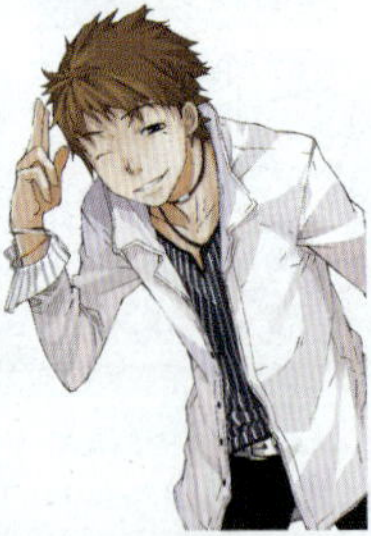

そして、無慈悲な女王が王国への"扉"を示す

DクラッカーズIII

決意 —resolution—

あざの耕平 イラスト:村崎久都 651円

物部景が"悪魔狩り"になった理由が自分にあると悟った姫木梓。
彼女は、服用すると悪魔を召喚できるドラッグだと知りつつカプセルに溺れて……。ネオ・アクション・サスペンス、新装版第3弾！

毎日当たる！ あざの耕平祭り開催中！
5〜12月連続刊行挑戦中！ 『Dクラ』ドラゴンマガジン連載に『BBB』刊行も!!
抽選であざの耕平私物&サイン入り特製グッズを大放出♪
詳しくは特設サイトwww.azano-festa.jp&該当文庫オビでチェック！

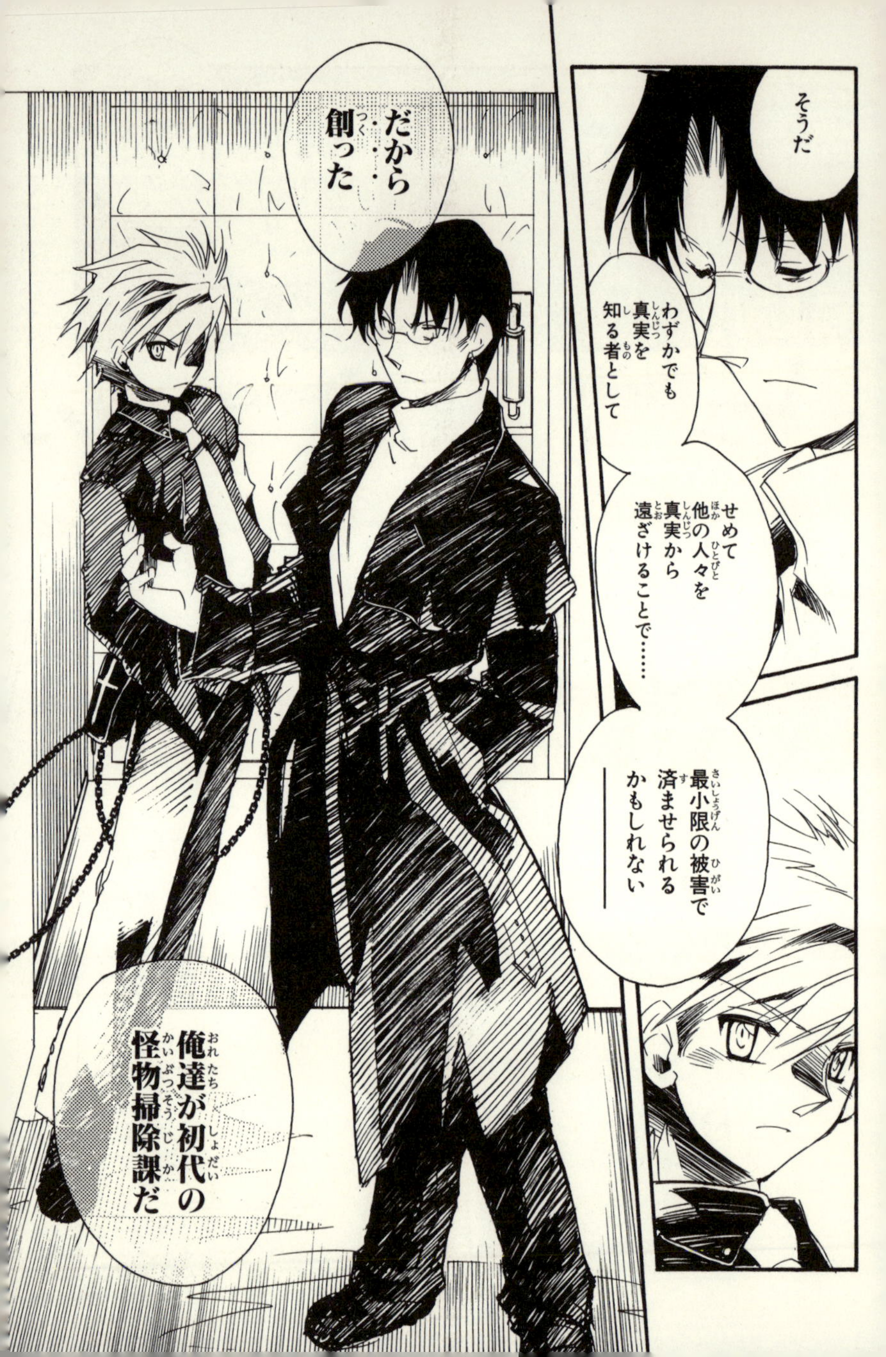
そうだ
わずかでも真実を知る者として
せめて他の人々を真実から遠ざけることで……
最小限の被害で済ませられるかもしれない
だから……創った
俺達が初代の怪物掃除課だ

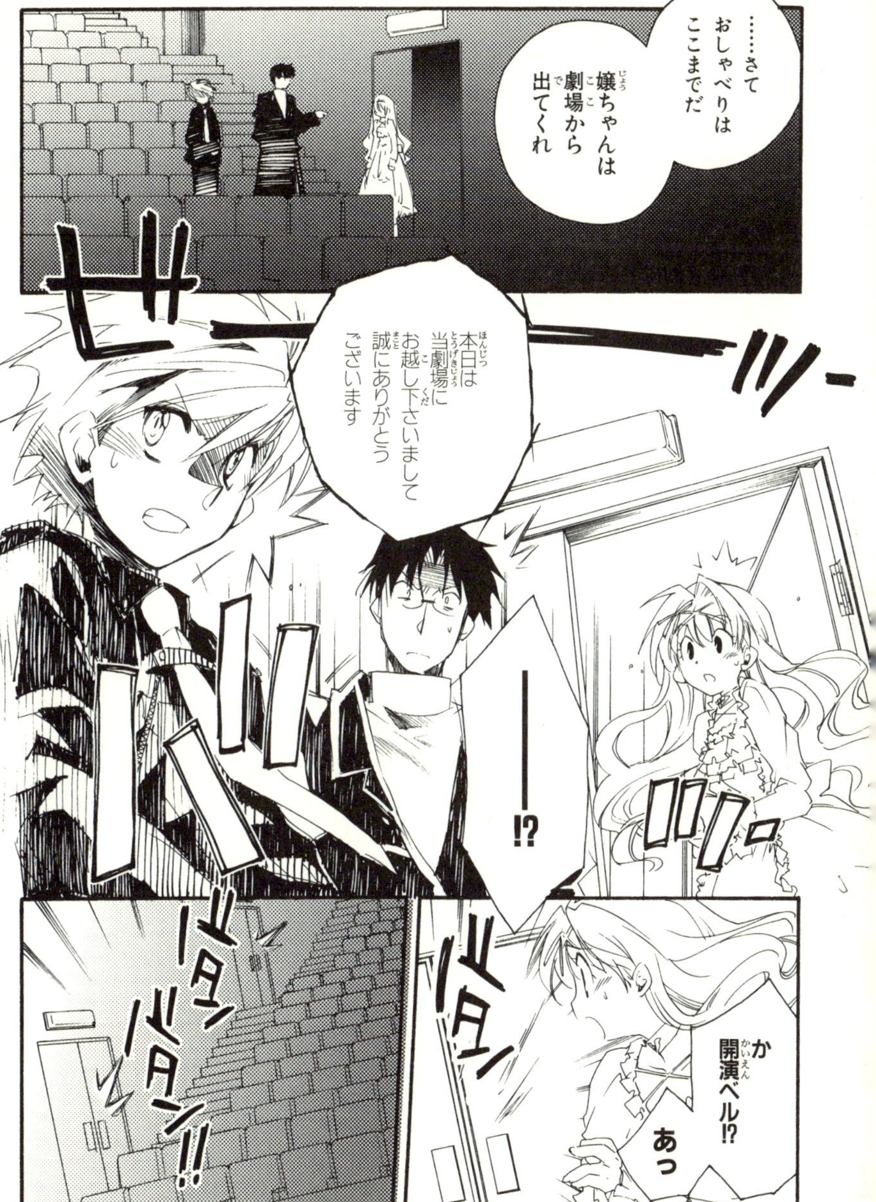
……さて おしゃべりは ここまでだ
嬢ちゃんは 劇場から 出てくれ
本日は 当劇場に お越し下さいまして 誠にありがとう ございます
――!?
か 開演ベル!?
あっ
バタン
バタン バタン!!

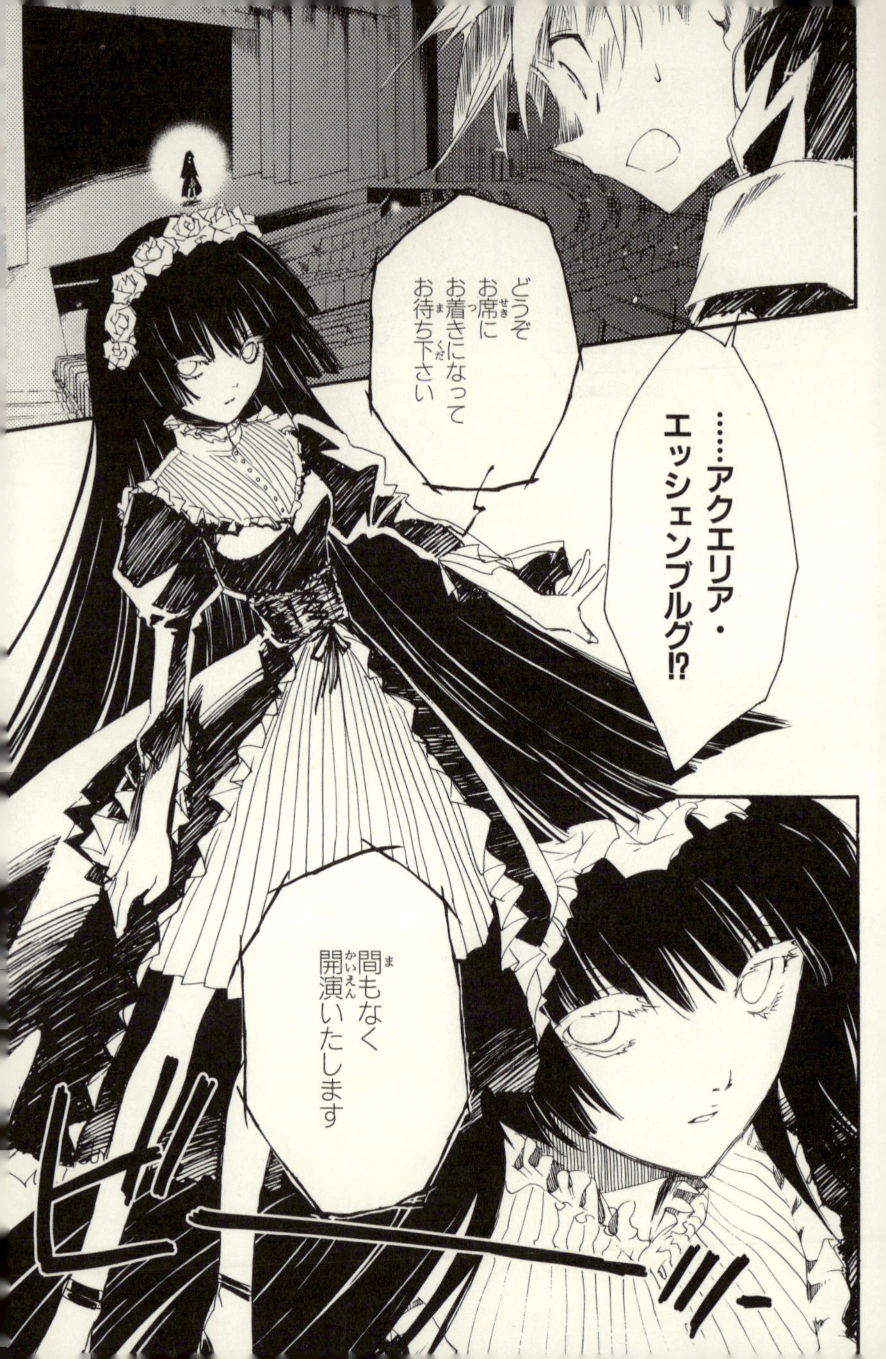
……アクエリア・エッシェンブルグ!?
どうぞお席にお着きになってお待ち下さい
間もなく開演いたします

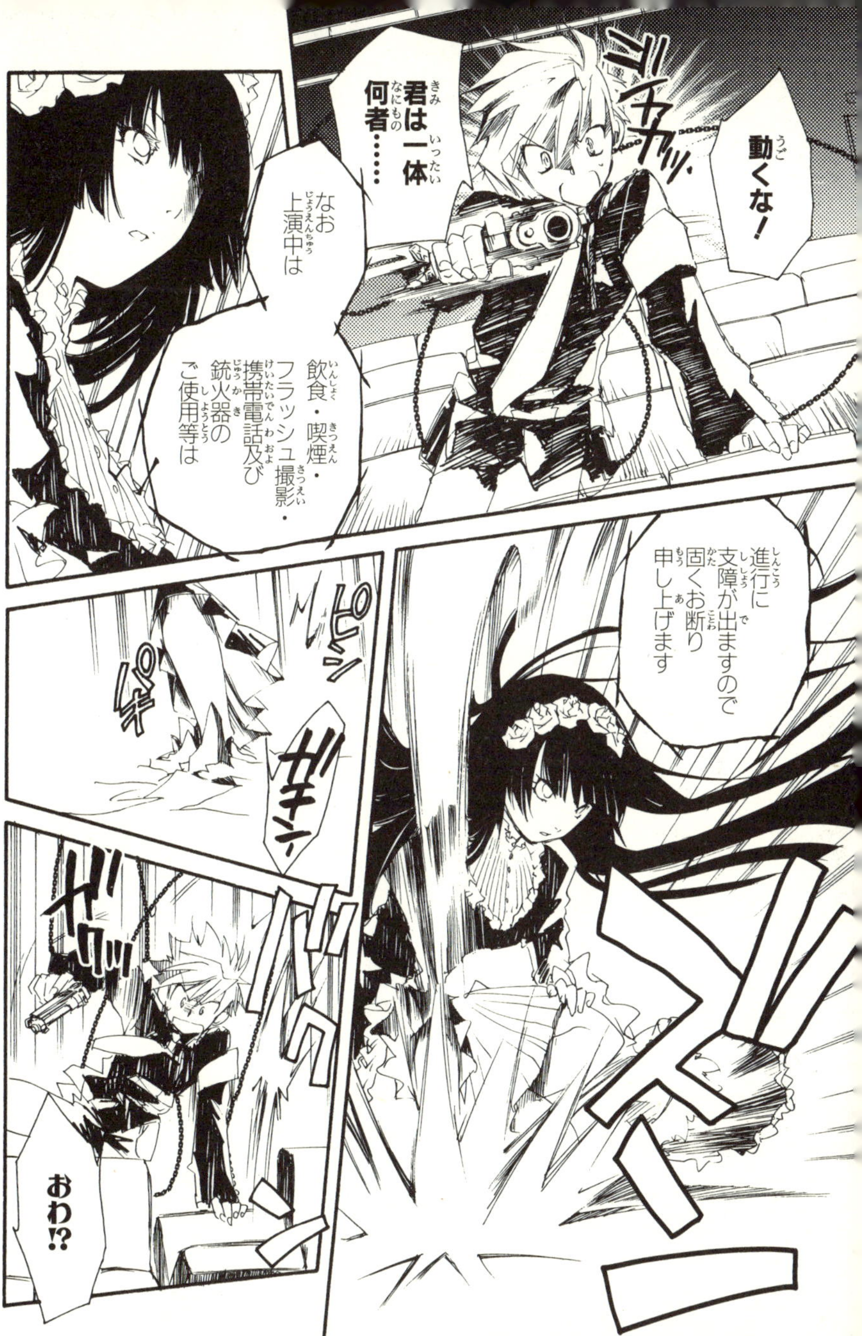
動くな！
君は一体何者……
なお上演中は
飲食・喫煙・フラッシュ撮影・携帯電話及び銃火器のご使用等は
進行に支障が出ますので固くお断り申し上げます
おわ!?

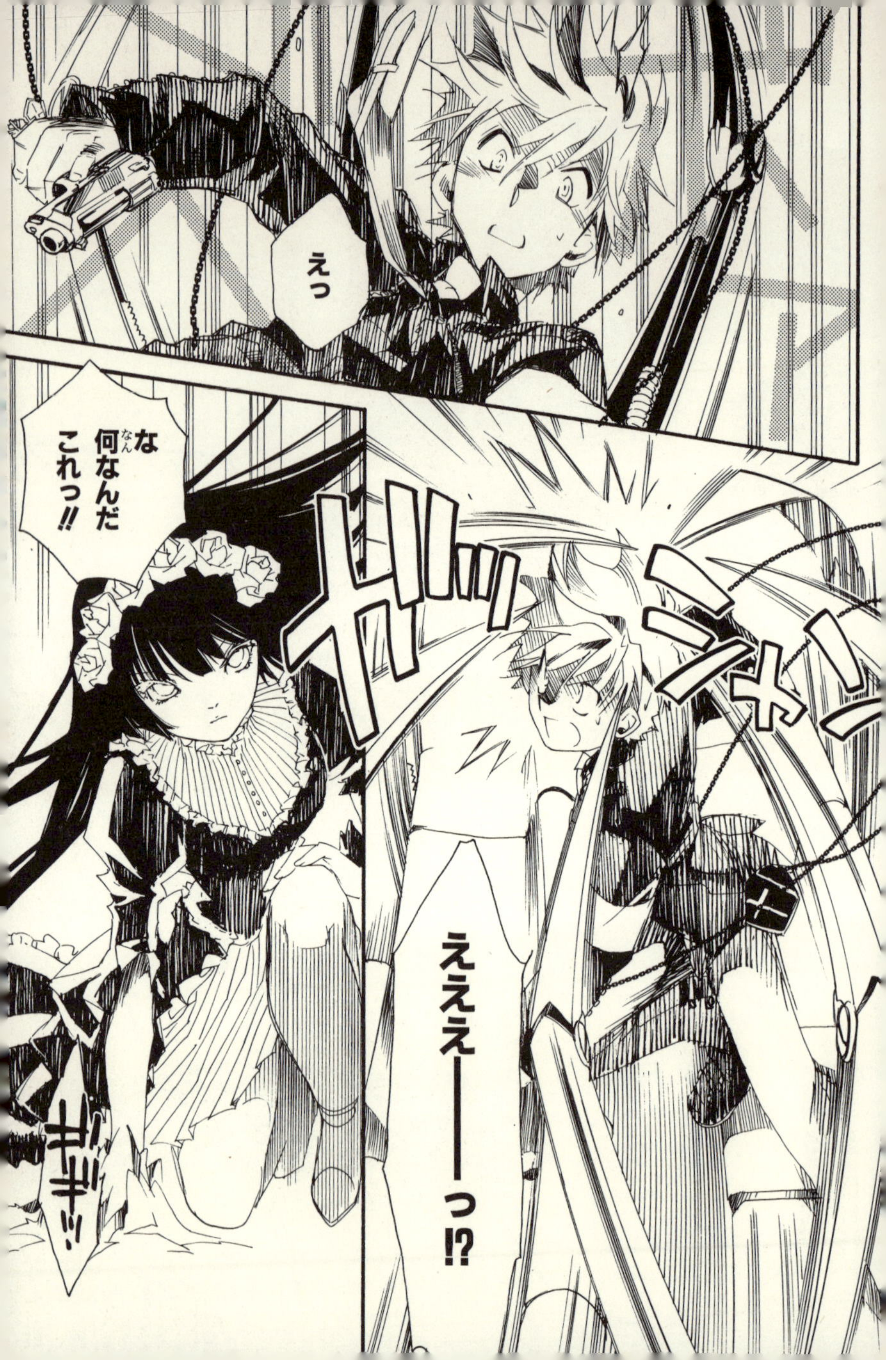
えっ
な
何なんだ
これっ!!
ガッシャン
えええ――っ!?
ギギッ!!

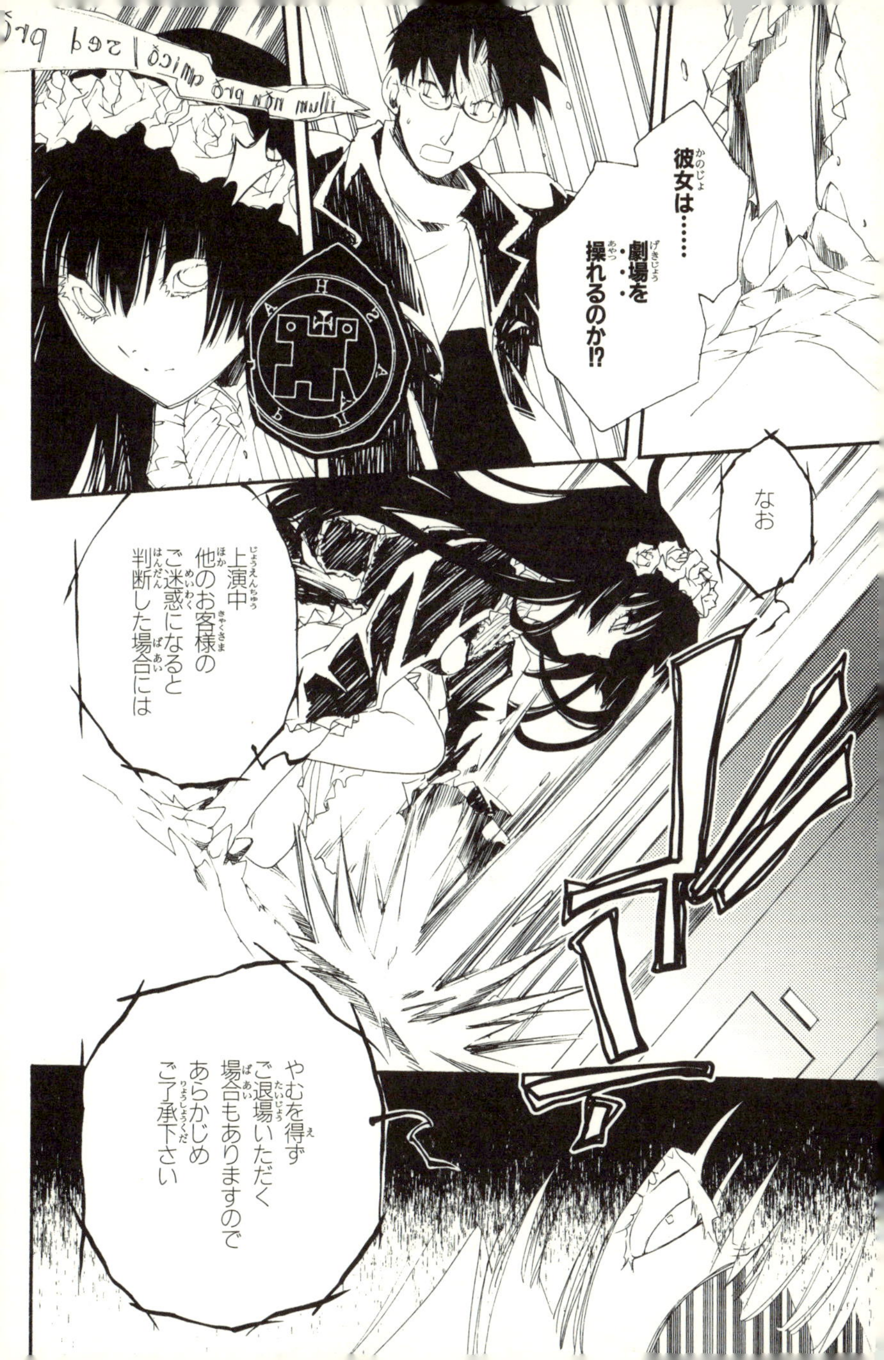
彼女は……
劇場を・・・
操れるのか!?
なお
上演中
他のお客様の
ご迷惑になると
判断した場合には
やむを得ず
ご退場いただく
場合もありますので
あらかじめ
ご了承下さい

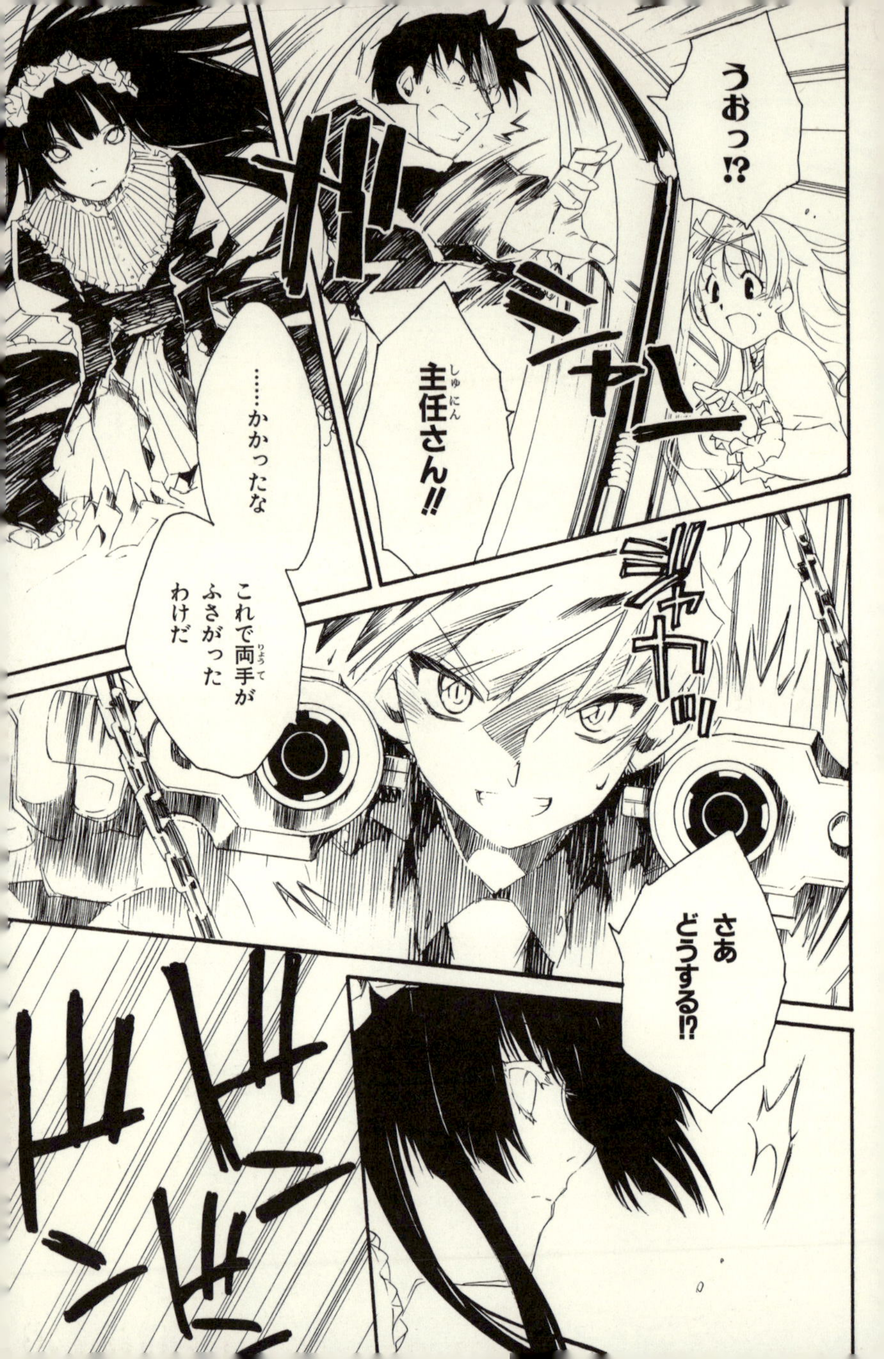
うおっ⁉
ガシャン
主任さん‼
……かかったな
これで両手がふさがったわけだ
さぁ どうする⁉

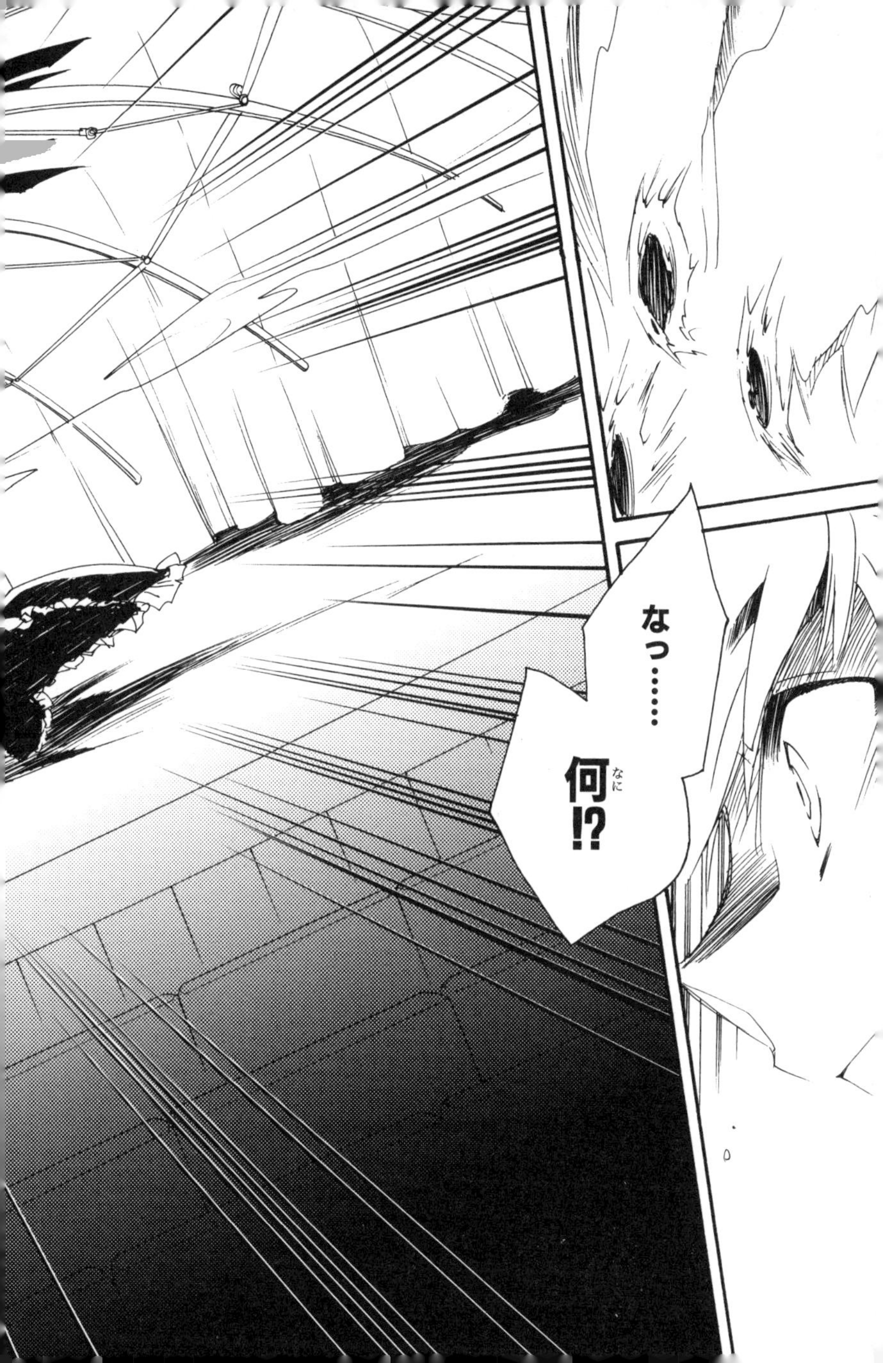

なっ……
何!?

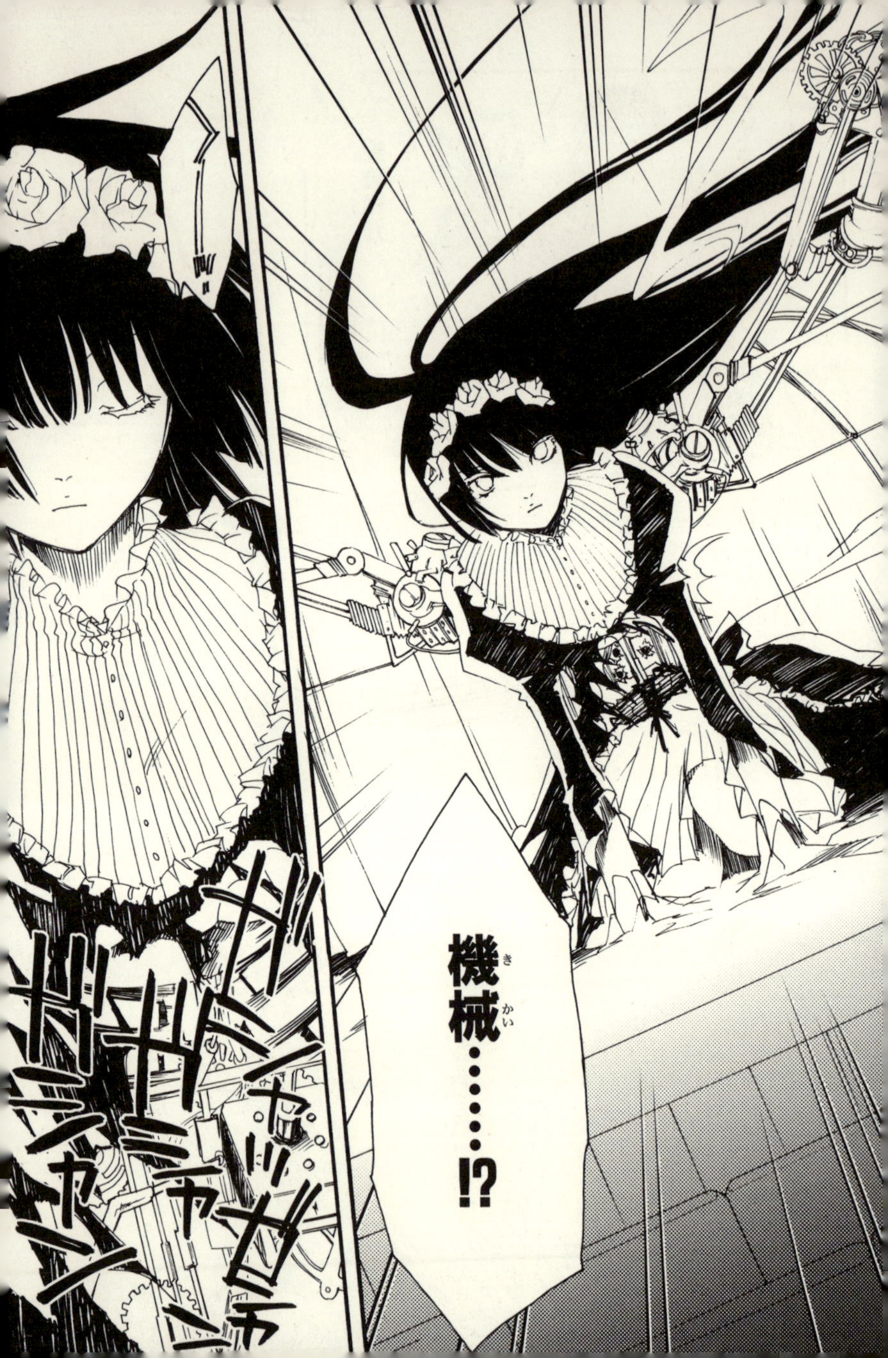
機械……!?

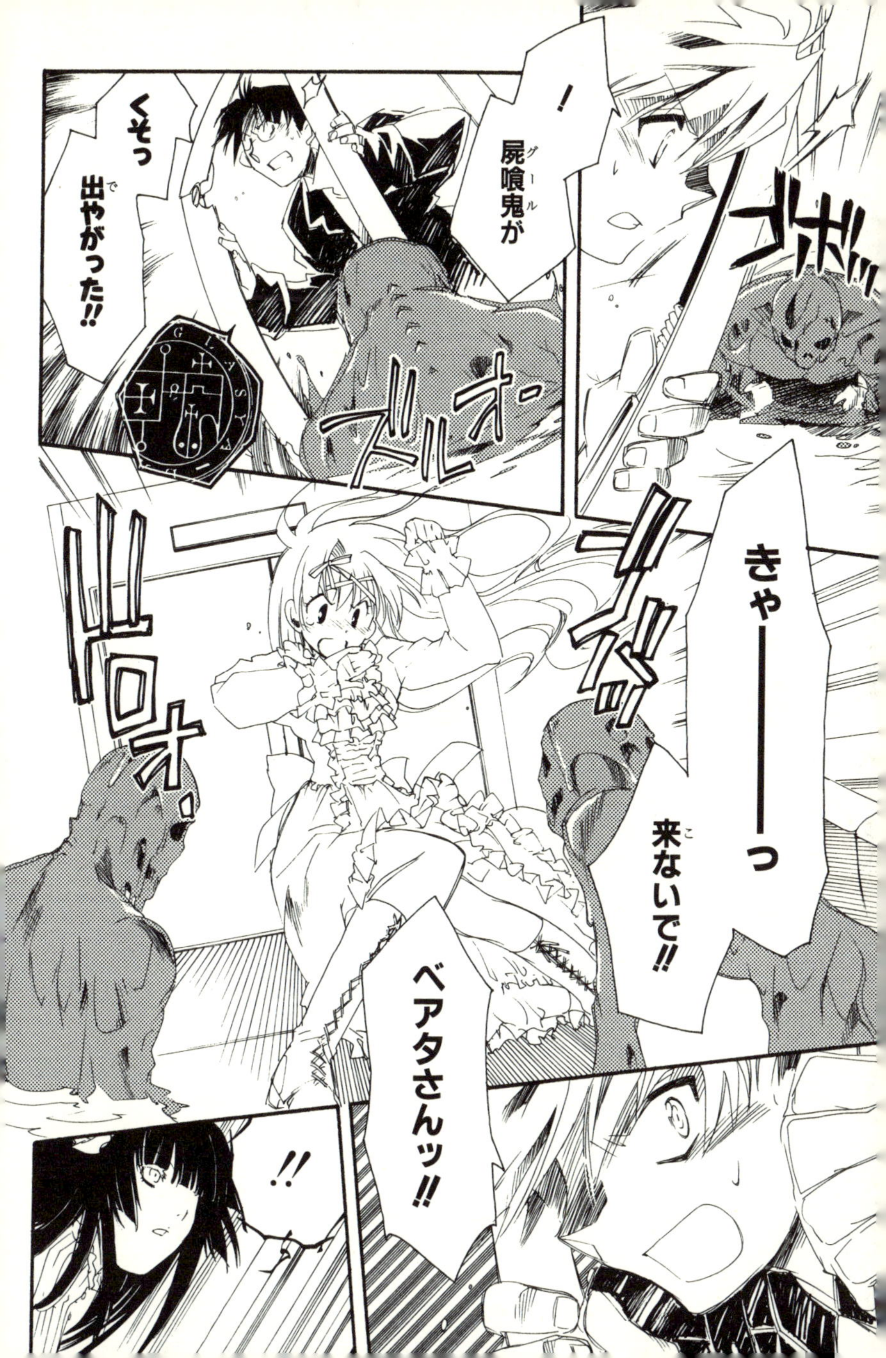
！
屍喰鬼(グール)が
くそっ
出(で)やがった!!
ズルオー
きゃ――っ
来(こ)ないで!!
ドロオ。
ベアタさんッ!!
!!

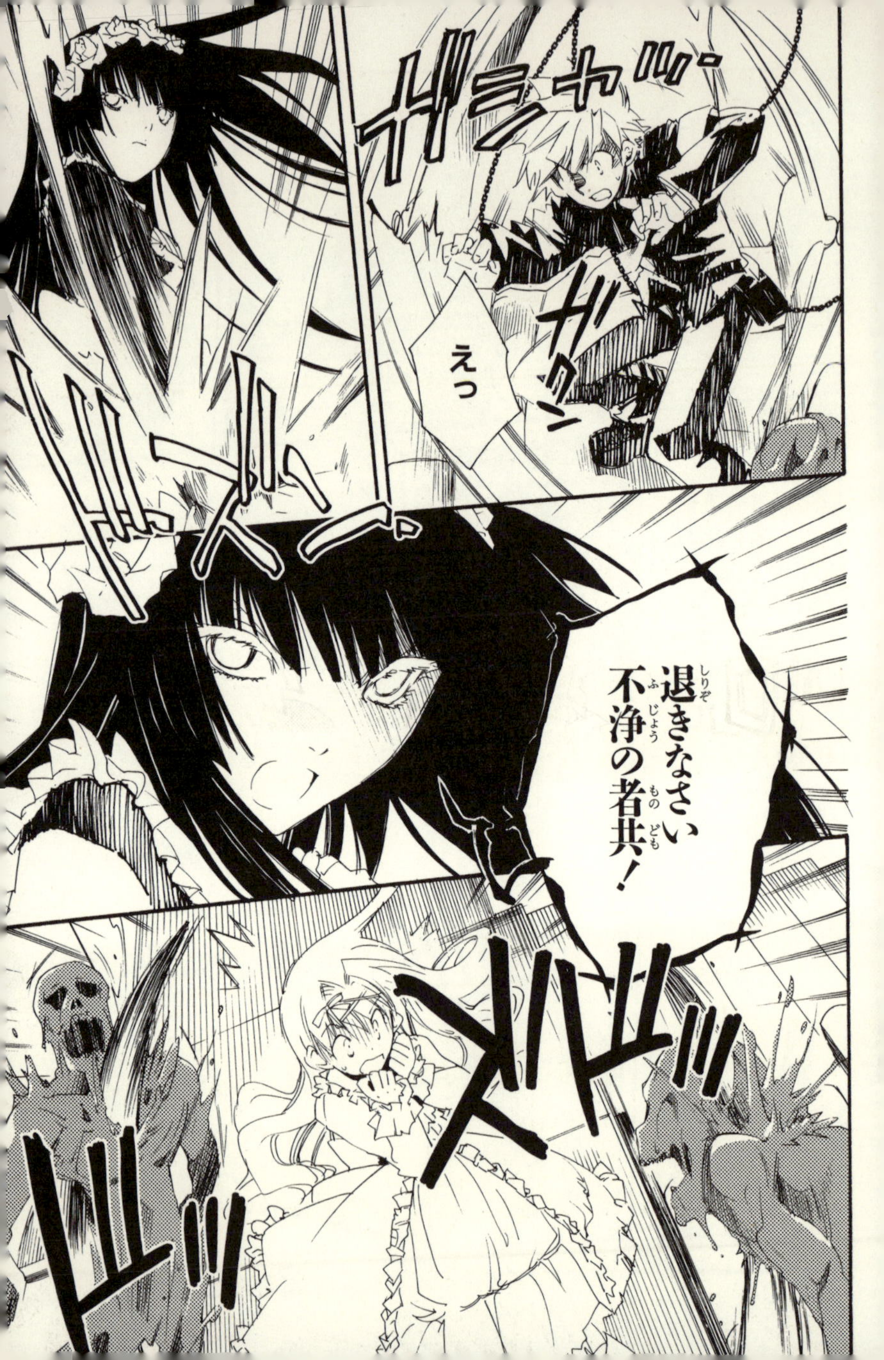
ガシャッ
ガクン
えっ
退きなさい不浄の者共！

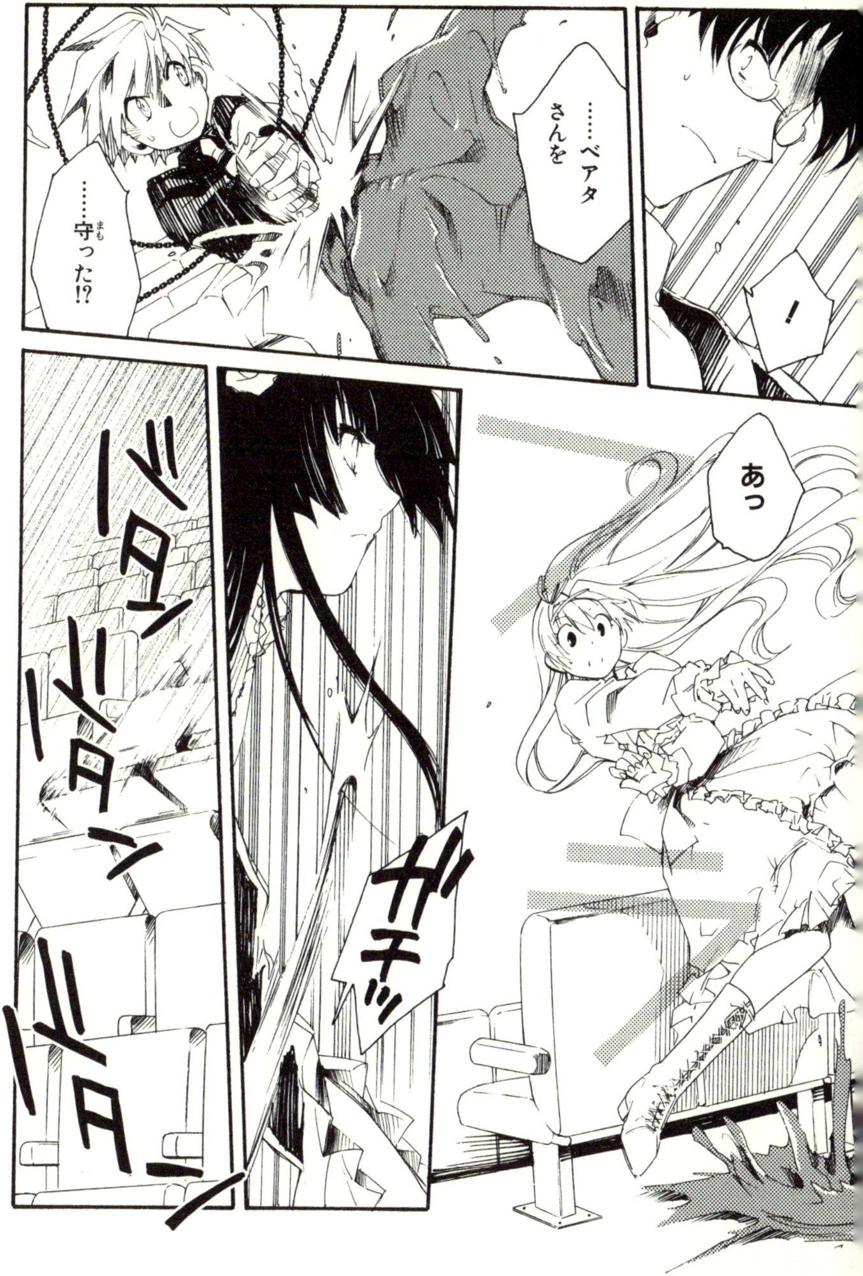
！
……ベアタさんを
……守った!?
あっ
ガキッ
ダダン
ダダン
ダダン

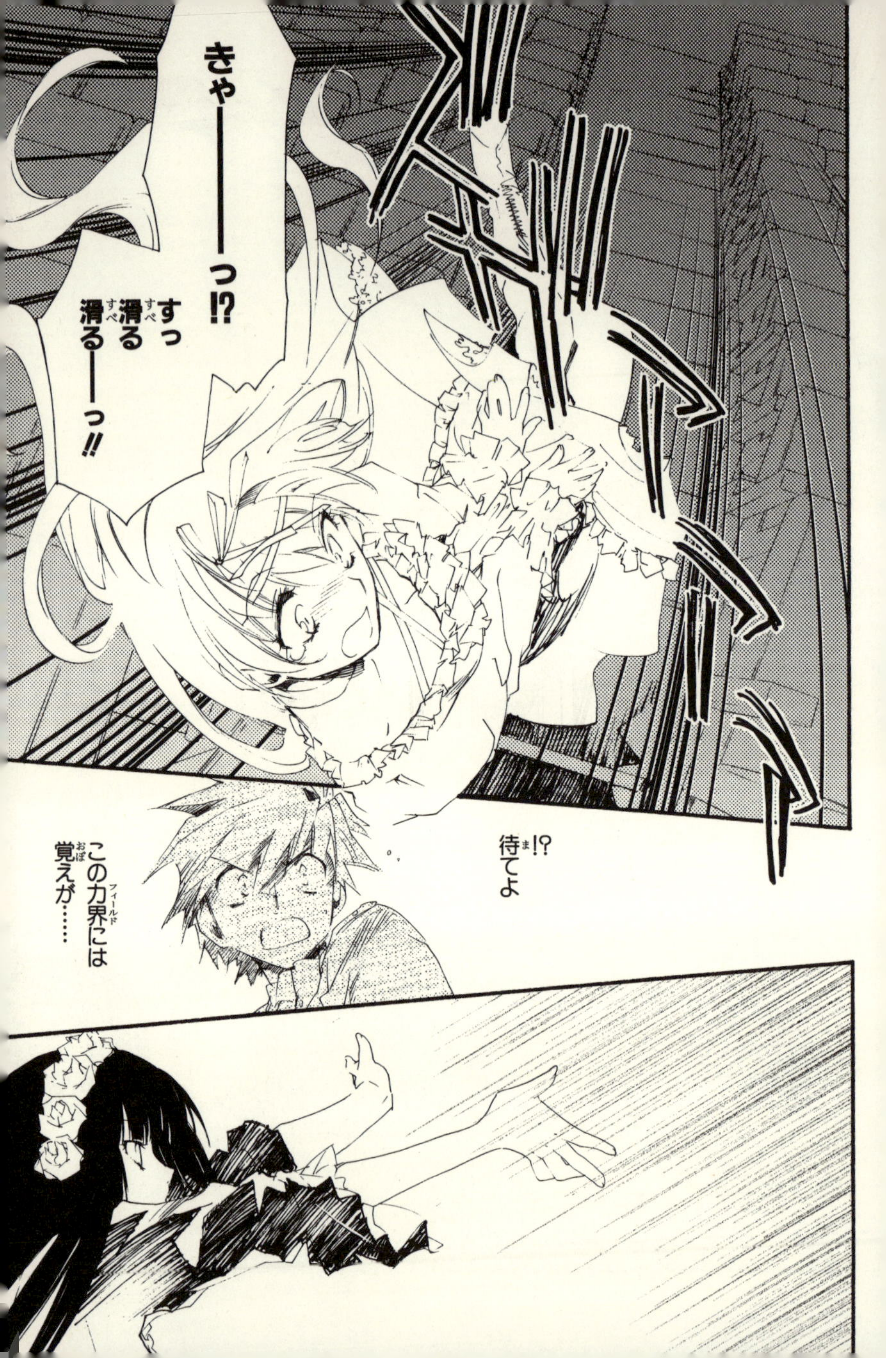

きゃ――――っ!?
すっ滑る滑る――っ!!
待てよ!?
この力界には覚えが……

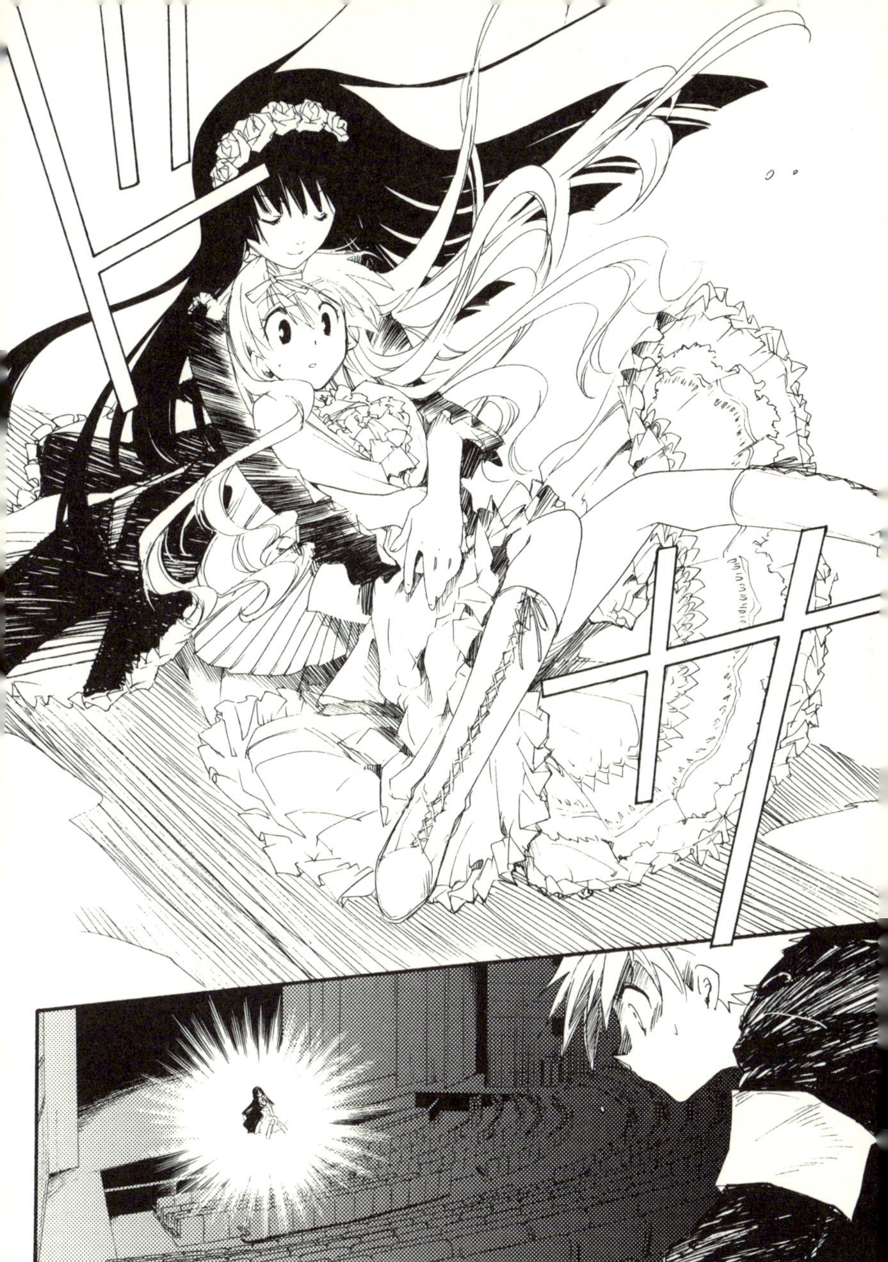

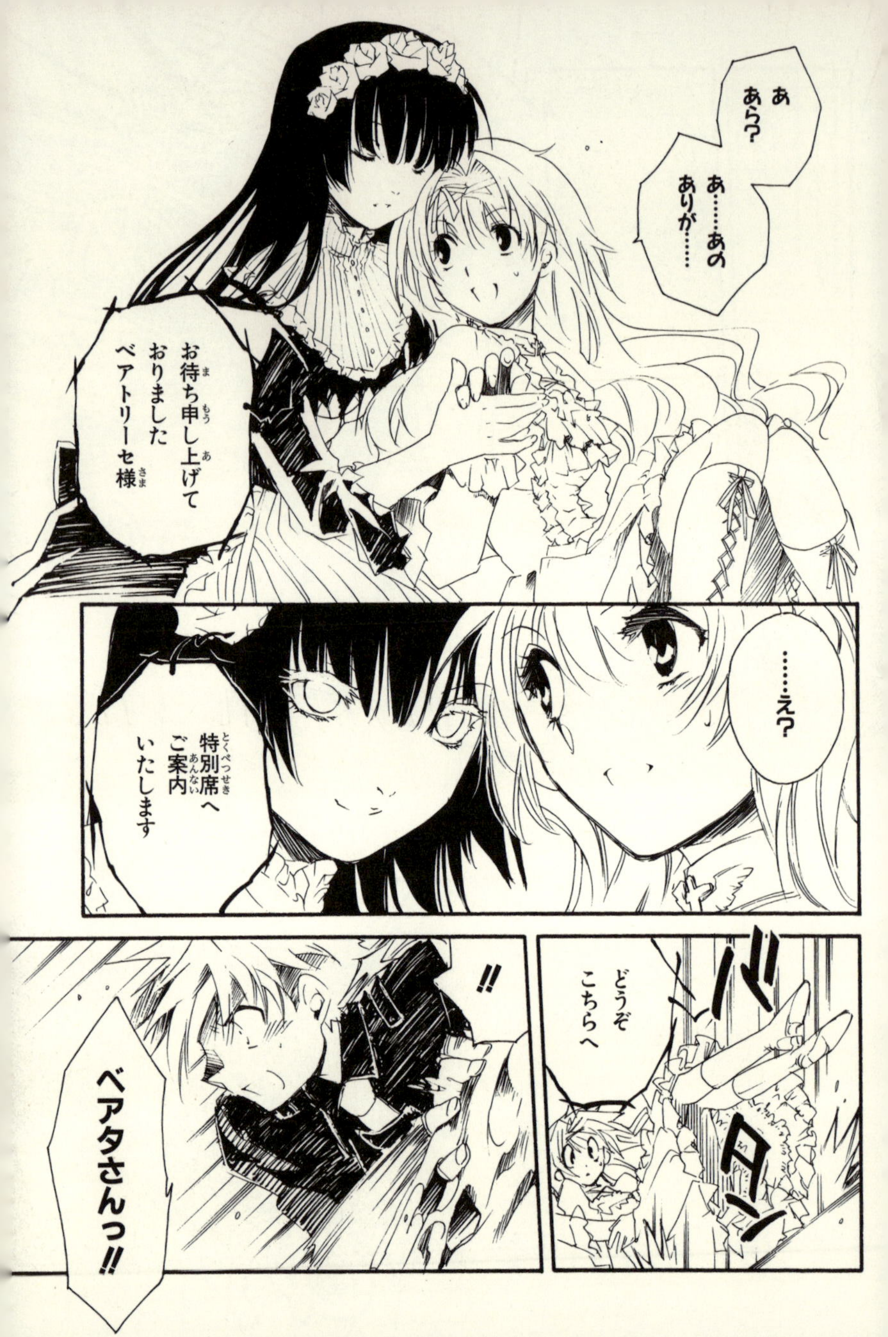
あ あら？
あ……あの ありが……
お待ち申し上げて おりました ベアトリーセ様
……え？
特別席へ ご案内 いたします
どうぞ こちらへ
!!
ベアタさんっ!!

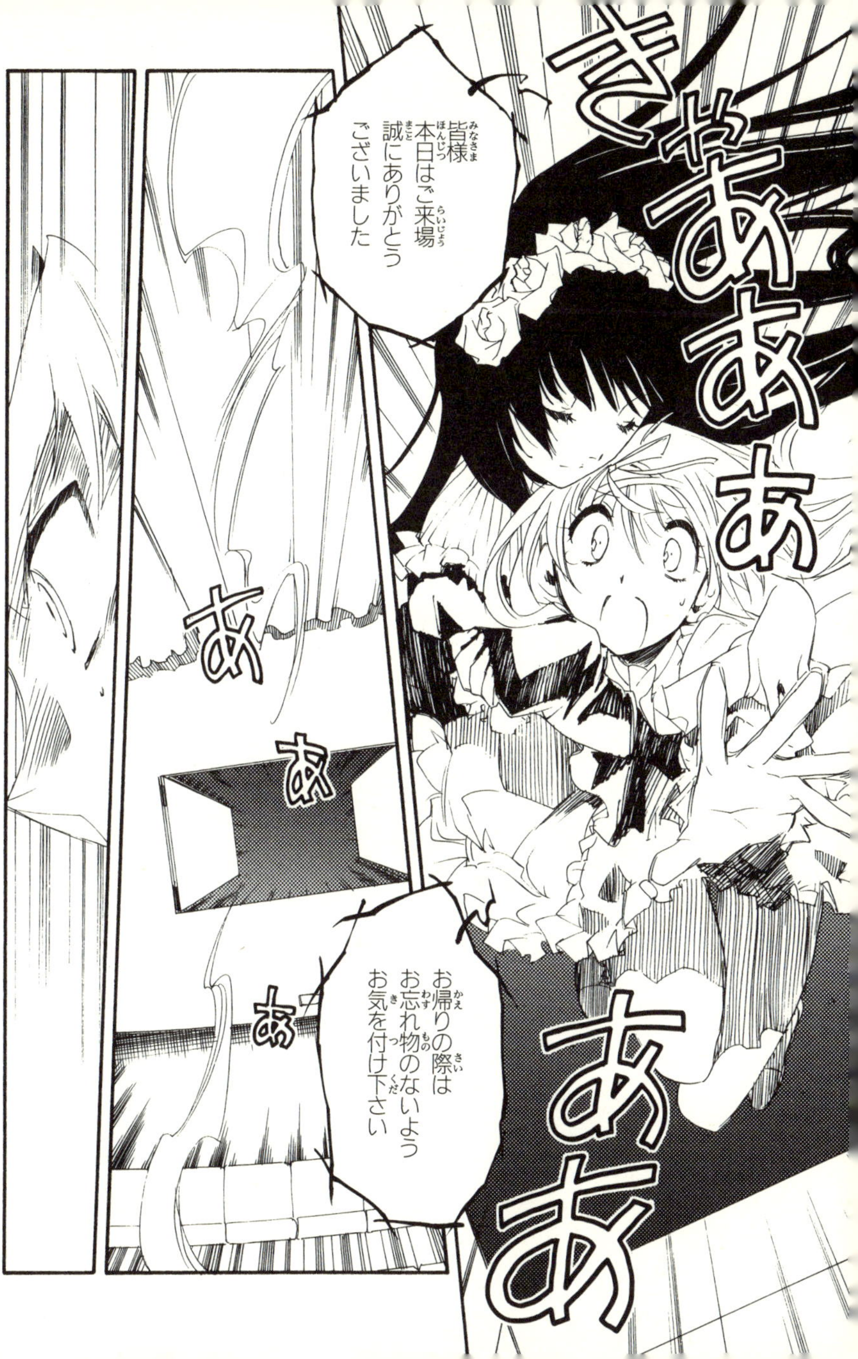
きゃあああ
皆様 本日はご来場 誠にありがとう ございました
あ
あ
あ
お帰りの際は お忘れ物のないよう お気を付け下さい
ああ

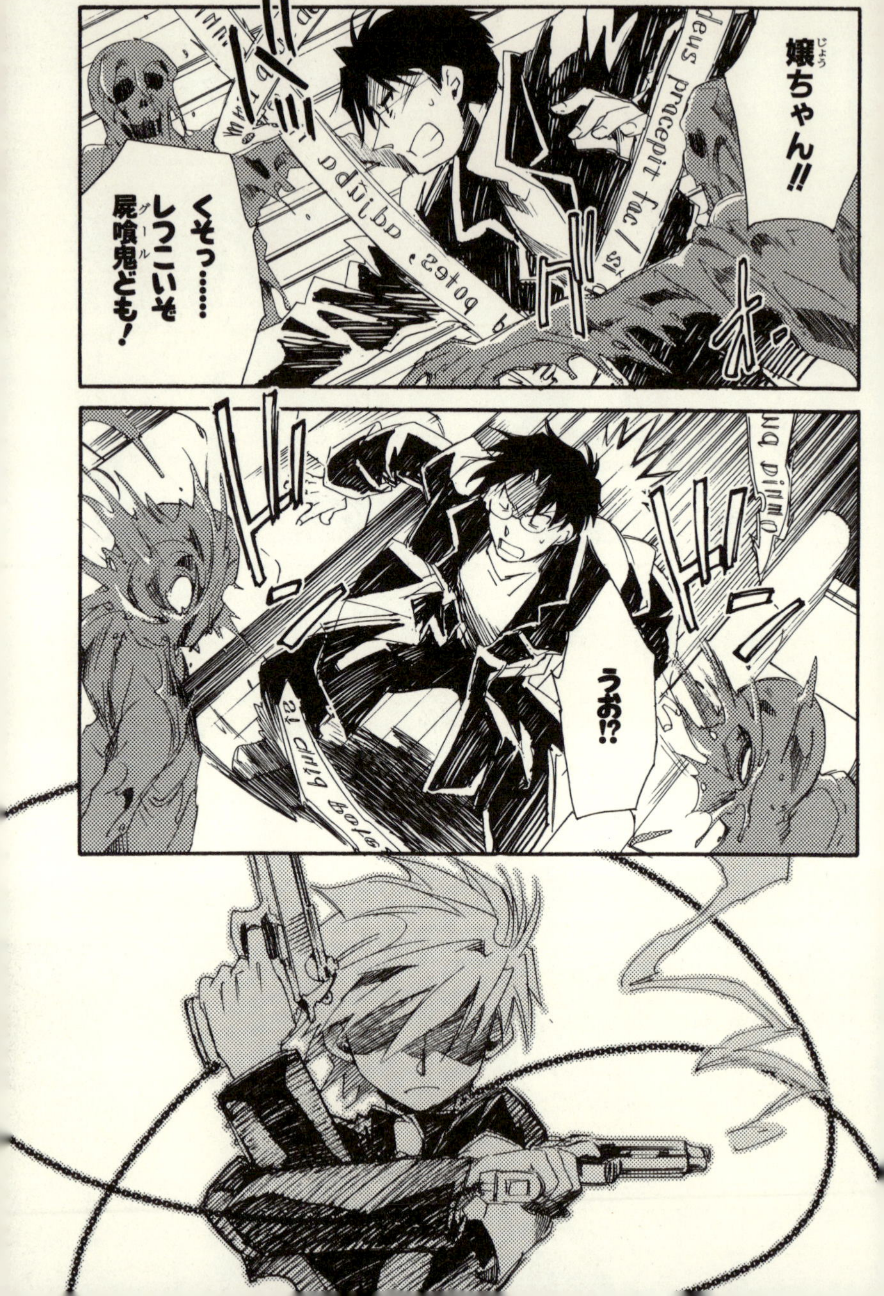
嬢(じょう)ちゃん!!
deus pracepit fac
くそっ……
しつこいぞ
屍喰鬼(グール)ども!
うお!?

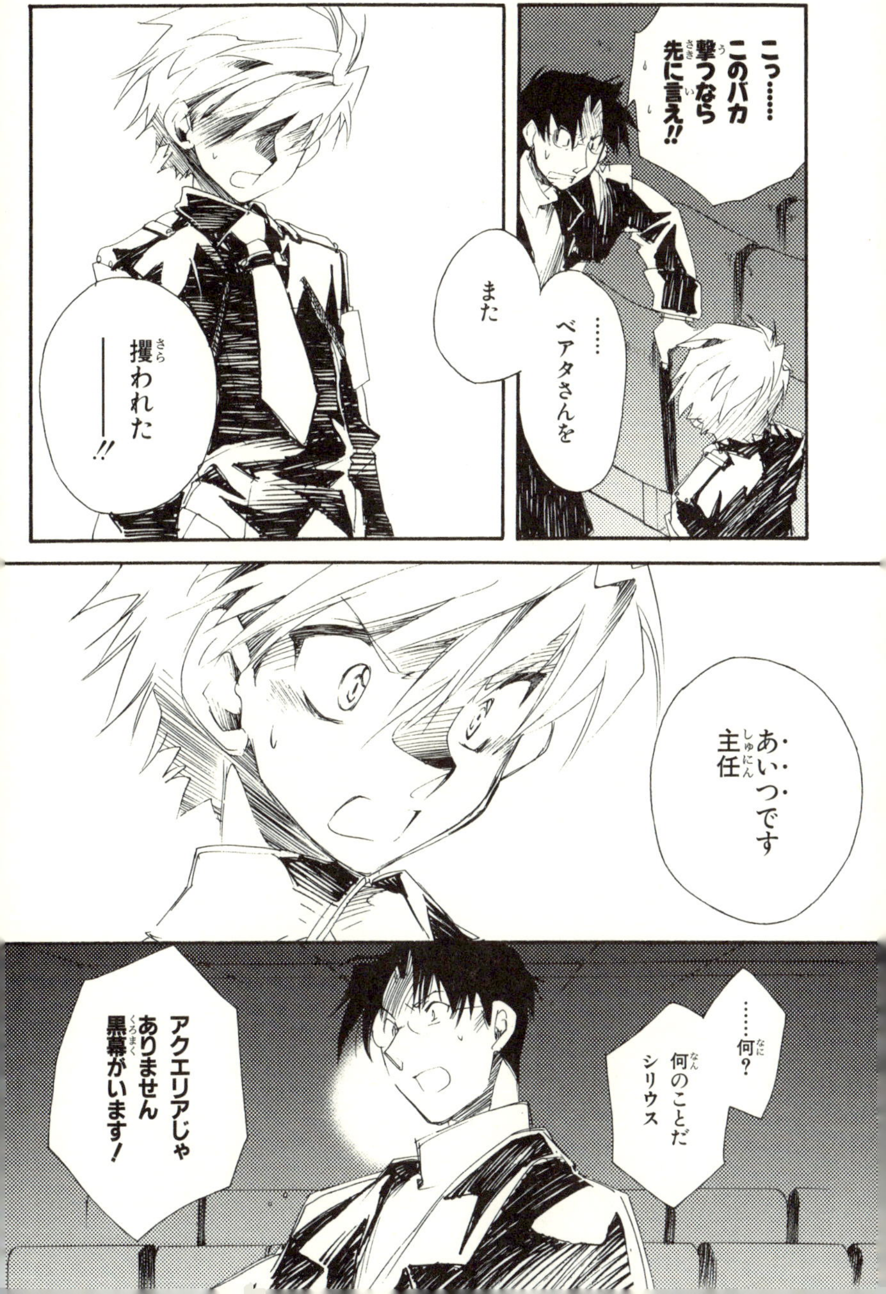
こっ……このバカ撃つなら先に言え!!
……ベアタさんをまた
攫われた――!!
あいつです主任
……何?何のことだシリウス
アクエリアじゃありません黒幕がいます!

郵便はがき

102-8144

おそれいりますが
50円切手を
お貼りください

東京都
千代田区九段北2−3−2
富士見書房
ドラゴンエイジ編集部

オオカミが来る! GIB MIR SONNE ②
アンケート係

ご住所 〒　-

お名前

男・女

ご職業(学年)

年齢

歳

お買い求めになった書店

自宅の電話番号

●ご提供いただいた情報は、個人情報を含まない統計的な資料作成に利用いたします。その他個人情報の取り扱いについては当社プライバシーポリシー(http://www.kadokawa.co.jp/help/policy_personal.html)をご覧ください。

オオカミが来る! GIB MIR SONNE ②

このハガキをお送りいただいた方の中から抽選で毎月100名の方に下記の月刊ドラゴンエイジ ポストカード全10種類（非売品）のいずれか3枚をセットでプレゼントします。締め切り:2007年9月末日（当日消印有効）

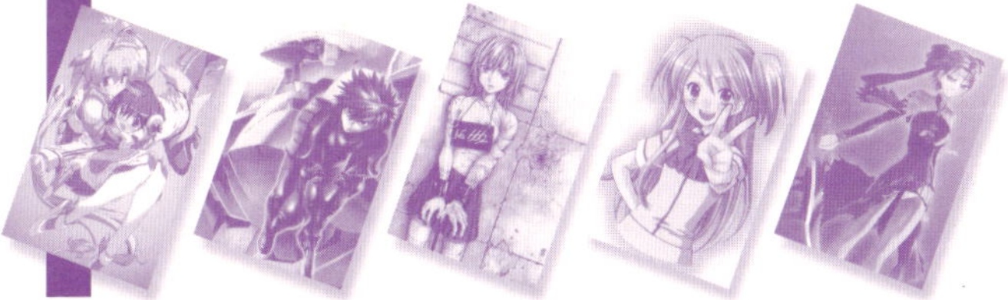

アンケートハガキ

1 あなたは「オオカミが来る! GIB MIR SONNE」①巻のコミックスを持っていますか?

a.持っている　**b**.持っていない　**c**.これから購入するつもりだ

2 1でaと答えた方にお聞きします。①巻に比べて内容はどうですか?

a.とても面白くなった　**b**.面白くなってきている　**c**.変わらない
d.つまらなくなった

3 この本を買った理由に○をつけて下さい（いくつでも）。

a.納都花丸先生のファンだから　**b**.イラストがよかったから
c.男の子キャラがよかったから　**d**.女の子キャラがよかったから
e.世界観　**f**.ストーリー　**g**.演出（物語の見せ方）
h.その他（　　　　　　　　　　　　　　　　　）

4 この作品へのご意見・ご感想をお書き下さい。

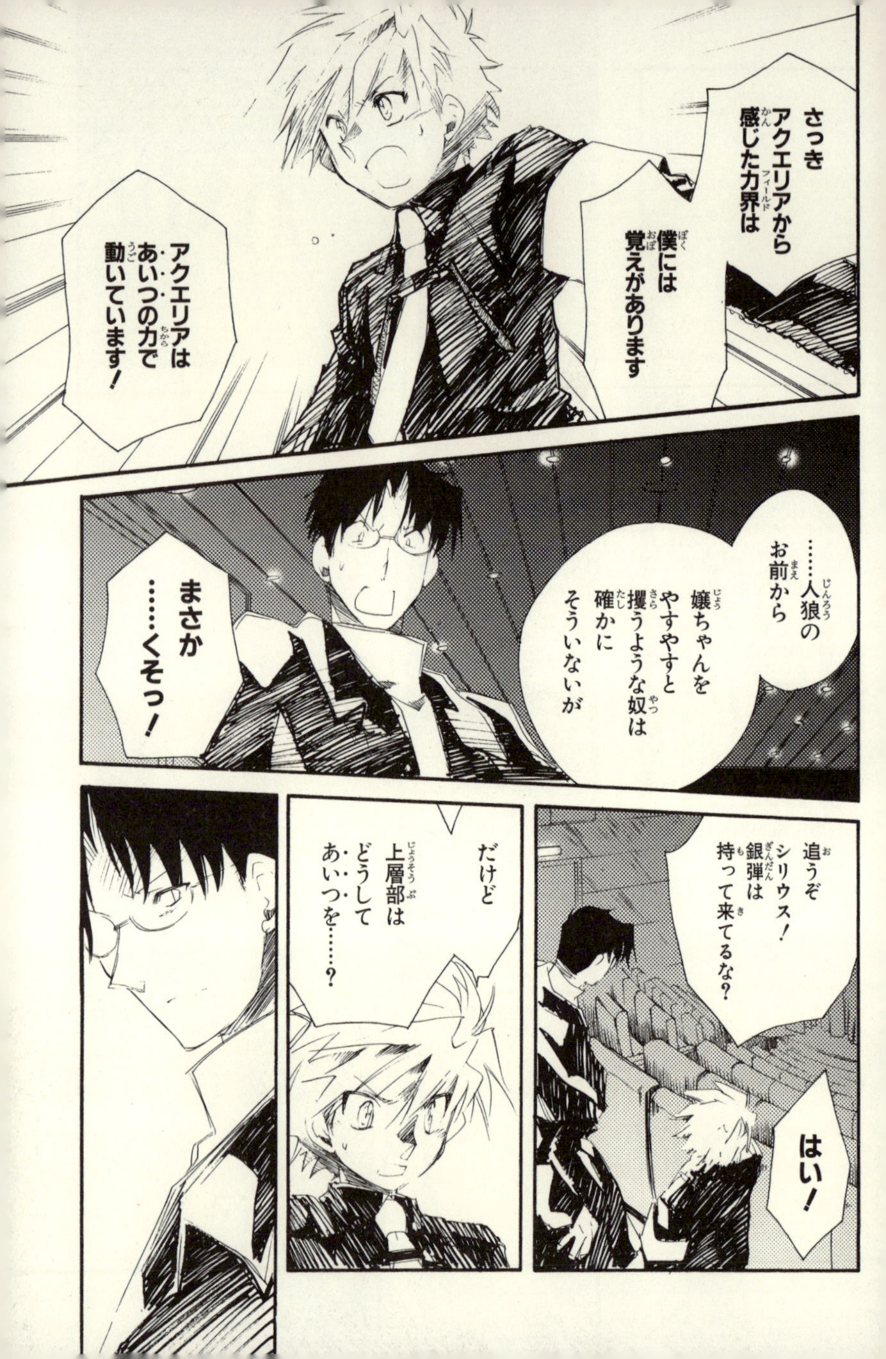
さっき
アクエリアから
感じた力界は
僕には
覚えがあります
アクエリアは
あいつの力で
動いています！
……人狼の
お前から
嬢ちゃんを
やすやすと
攫うような奴は
確かに
そういないが
まさか
……くそっ！
追うぞ
シリウス！
銀弾は
持って来てるな？
はい！
だけど
上層部は
どうして
あいつを……？

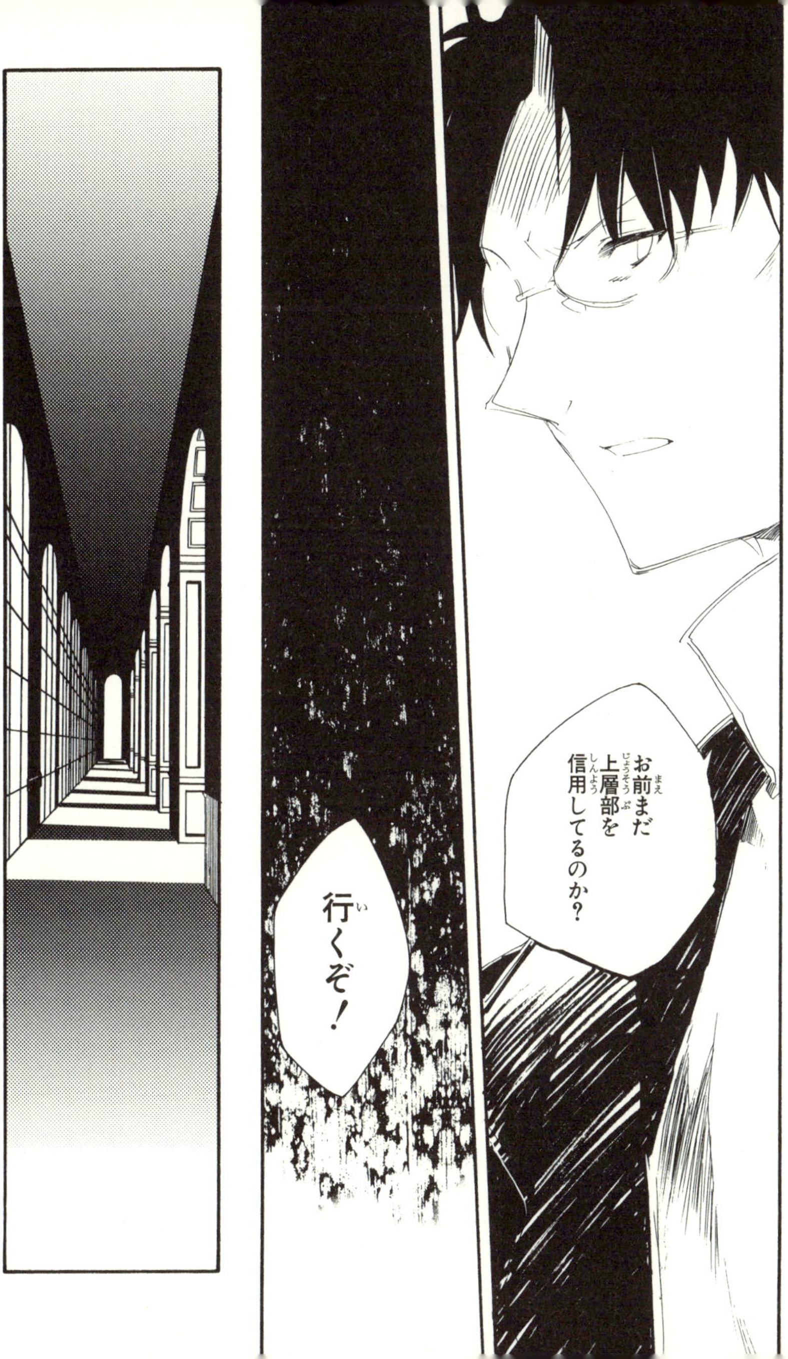
お前まだ上層部を信用してるのか?
行くぞ!

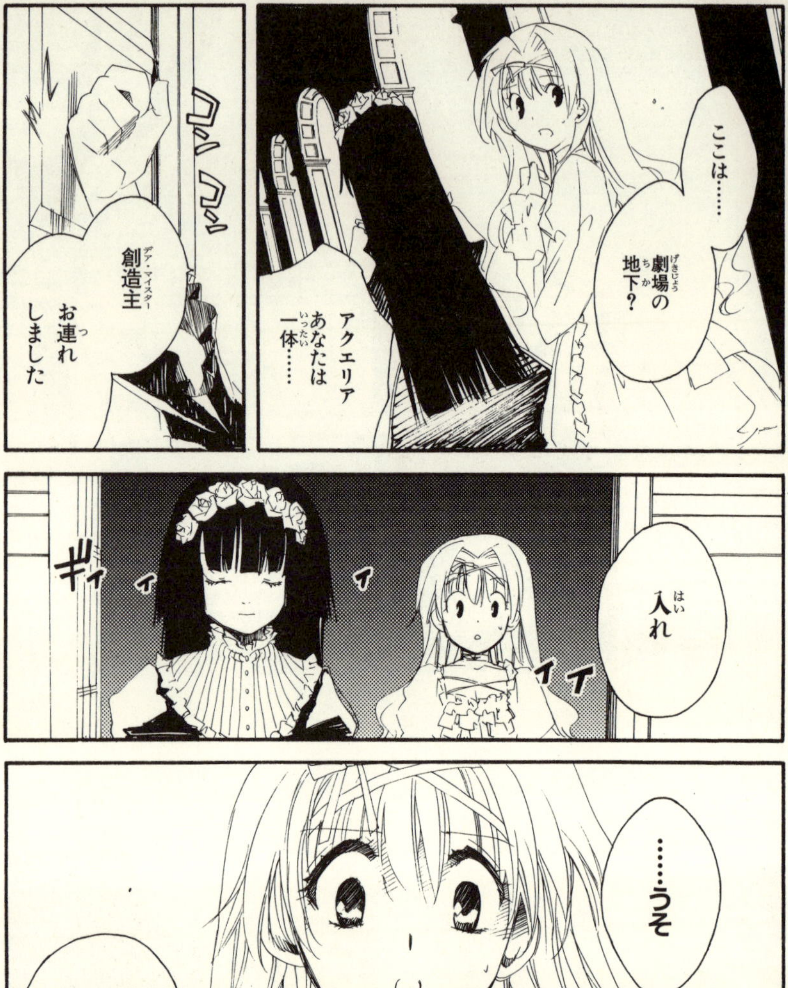
ここは……
劇場の地下？
アクエリア あなたは一体……
コン コン
創造主（デア・マイスター） お連れしました
ギィィィィ
入れ
……うそ
どうして…… あなたが

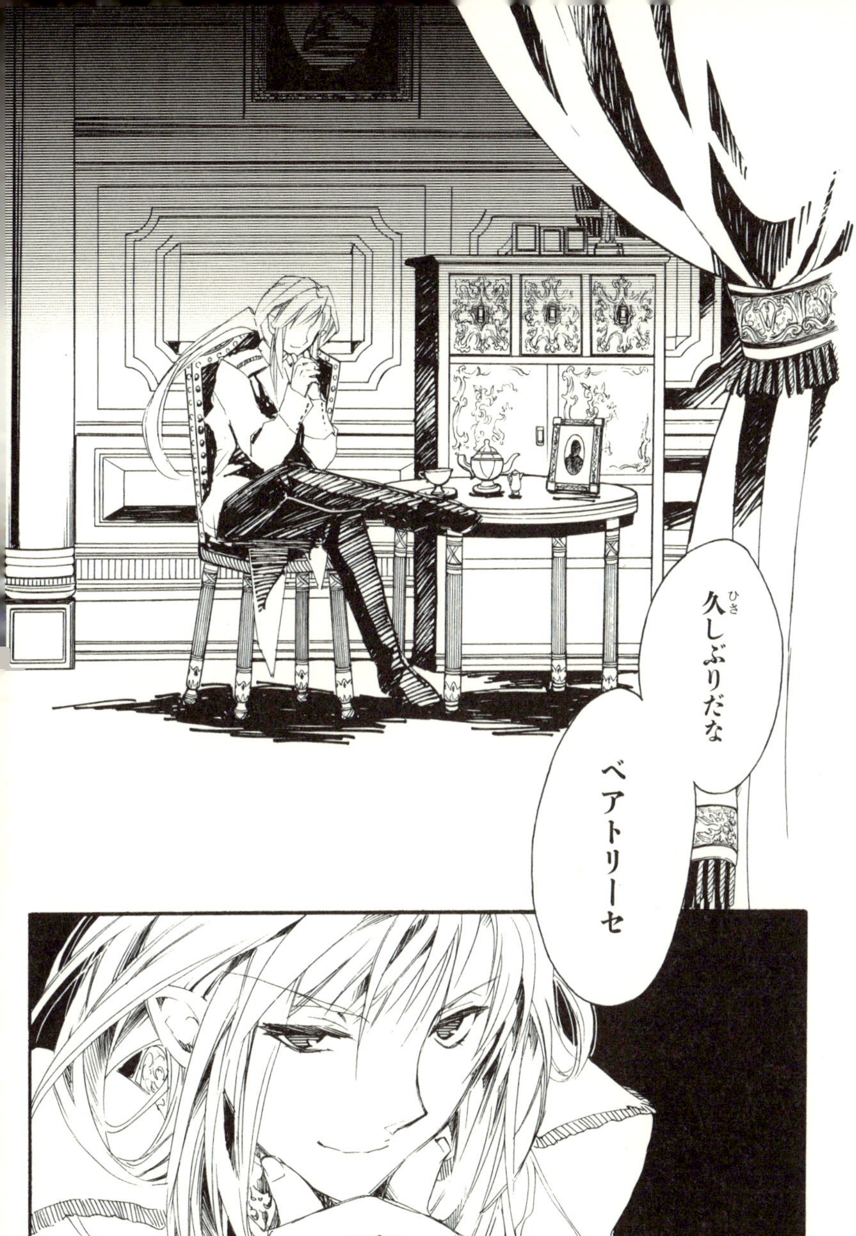
久しぶりだな
ベアトリーセ

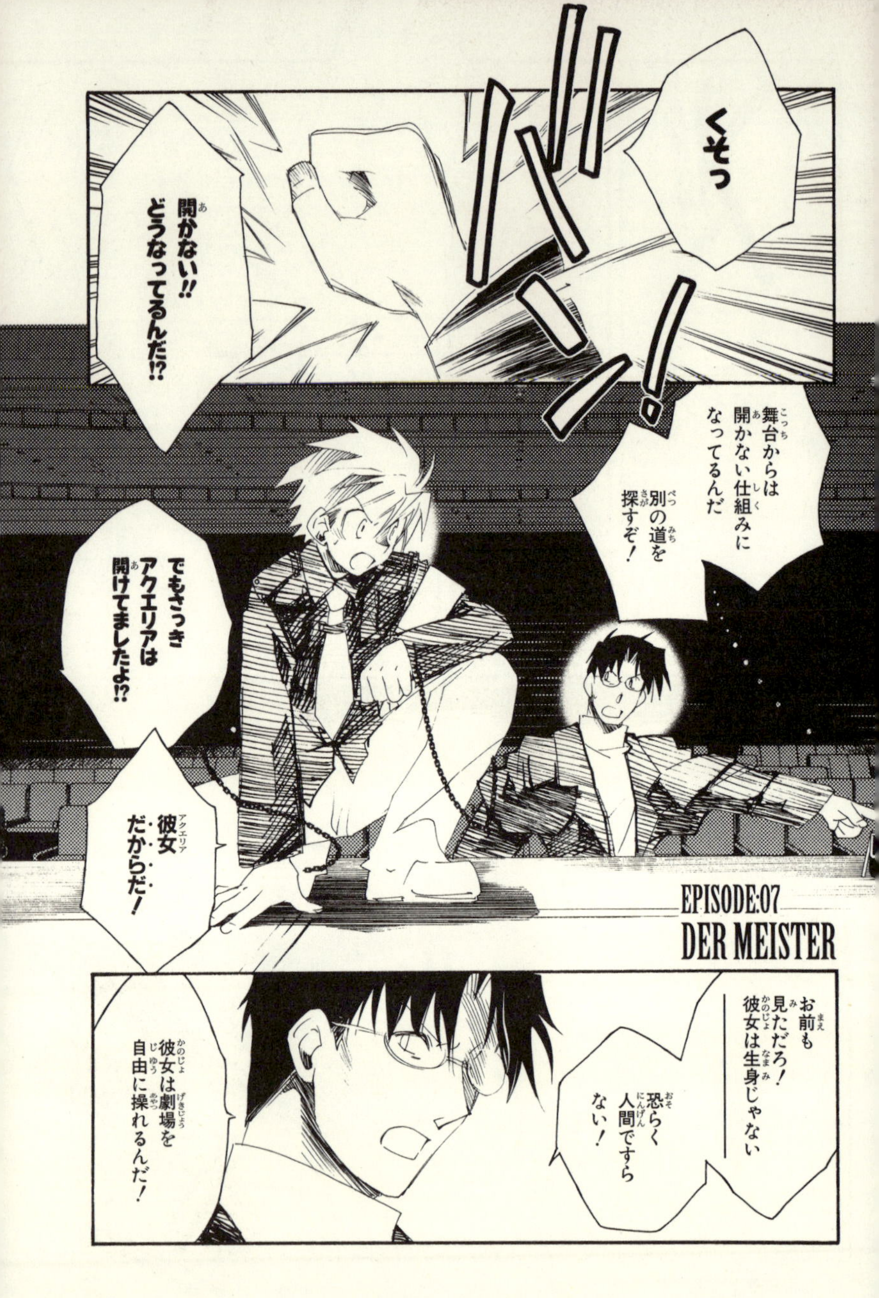
くそっ
バン！
開かない!! どうなってるんだ!?
舞台からは開かない仕組みになってるんだ
別の道を探すぞ！
でもさっきアクエリアは開けてましたよ!?
彼女…だからだ！
EPISODE:07
DER MEISTER
お前も見ただろ！ 彼女は生身じゃない
恐らく人間ですらない！
彼女は劇場を自由に操れるんだ！

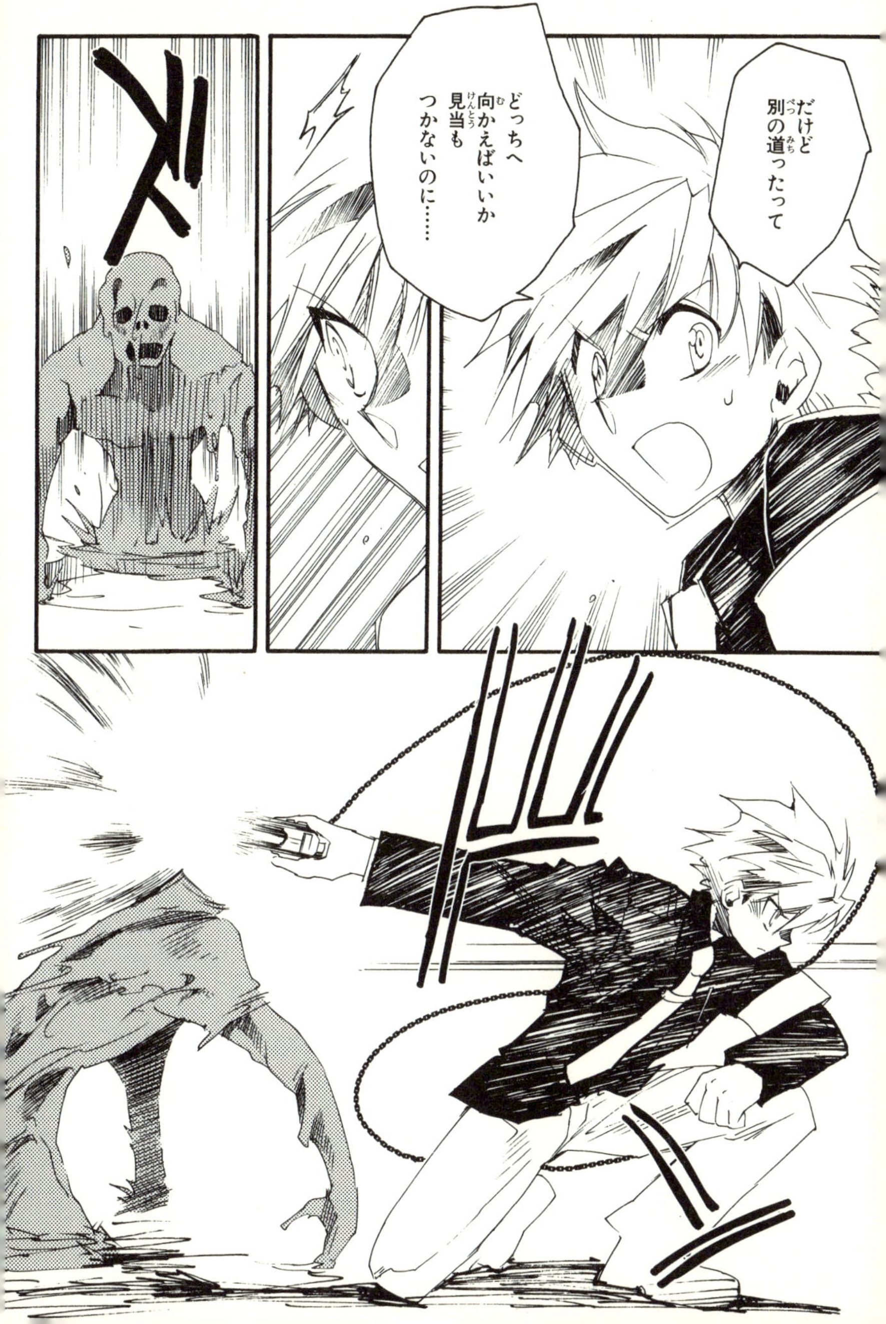
だけど別の道ったって
どっちへ向かえばいいか見当もつかないのに……

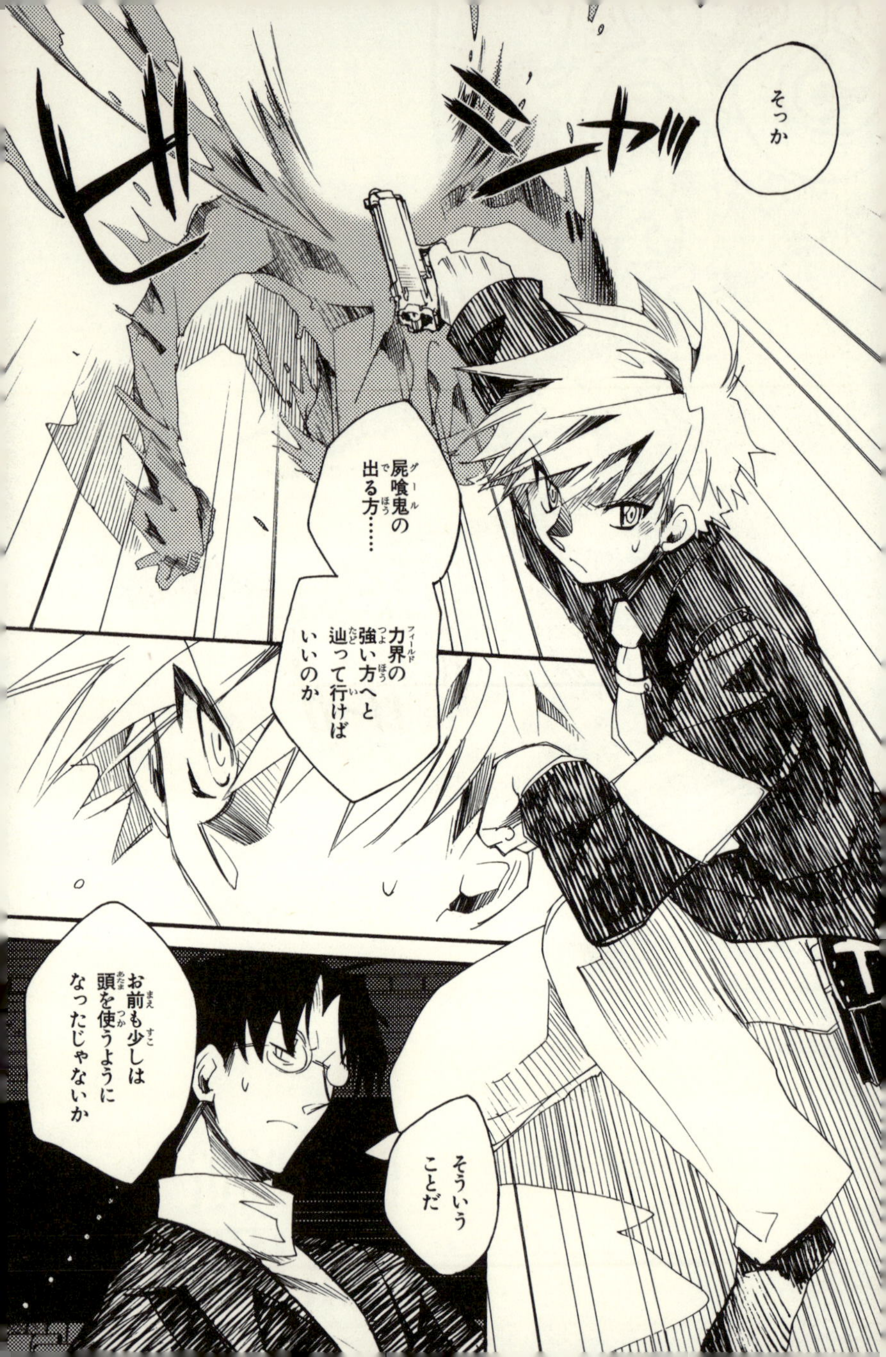
そっか
屍喰鬼の出る方……
力界の強い方へと辿って行けばいいのか
お前も少しは頭を使うようになったじゃないか
そういうことだ

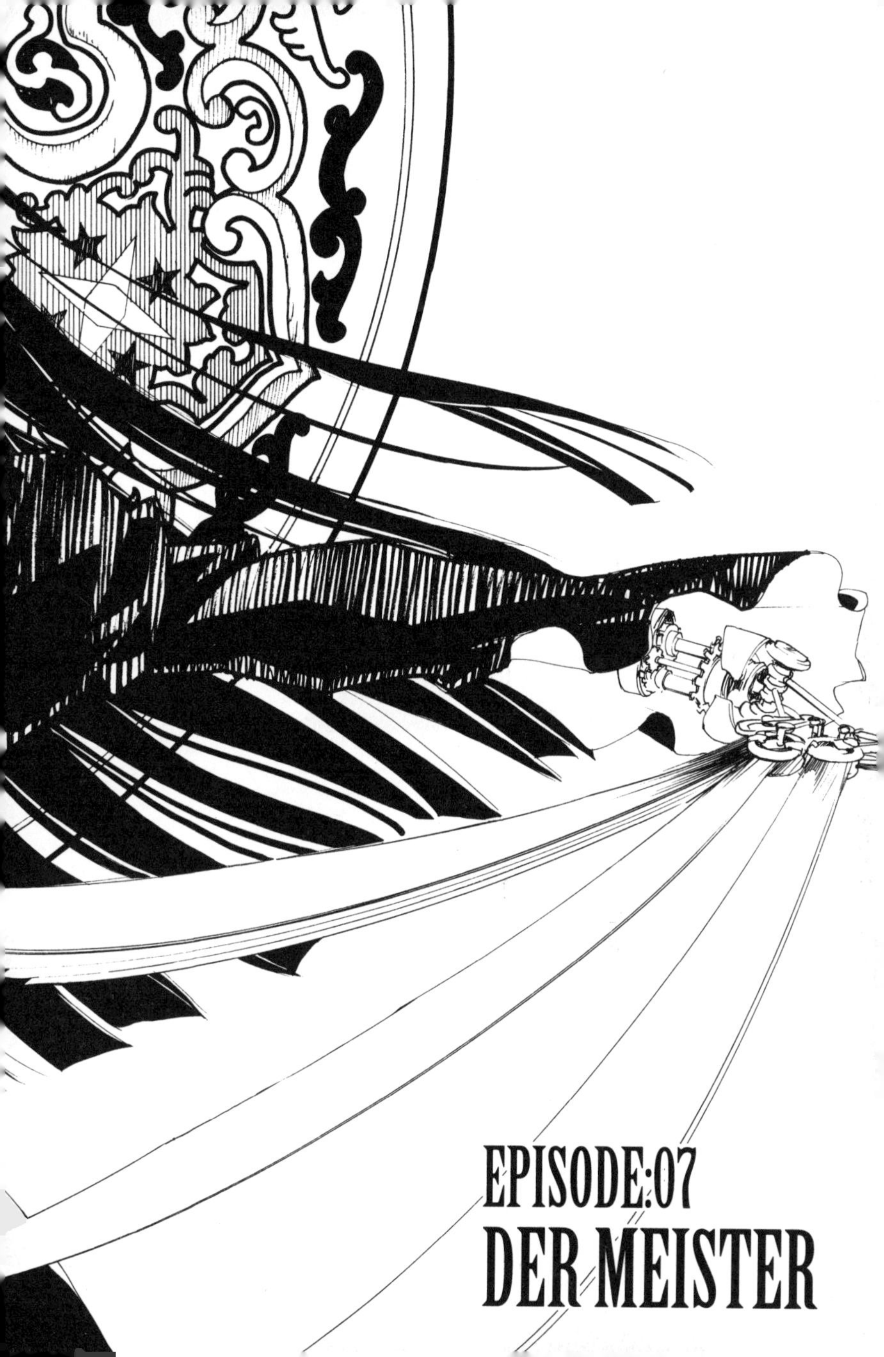
EPISODE:07
DER MEISTER

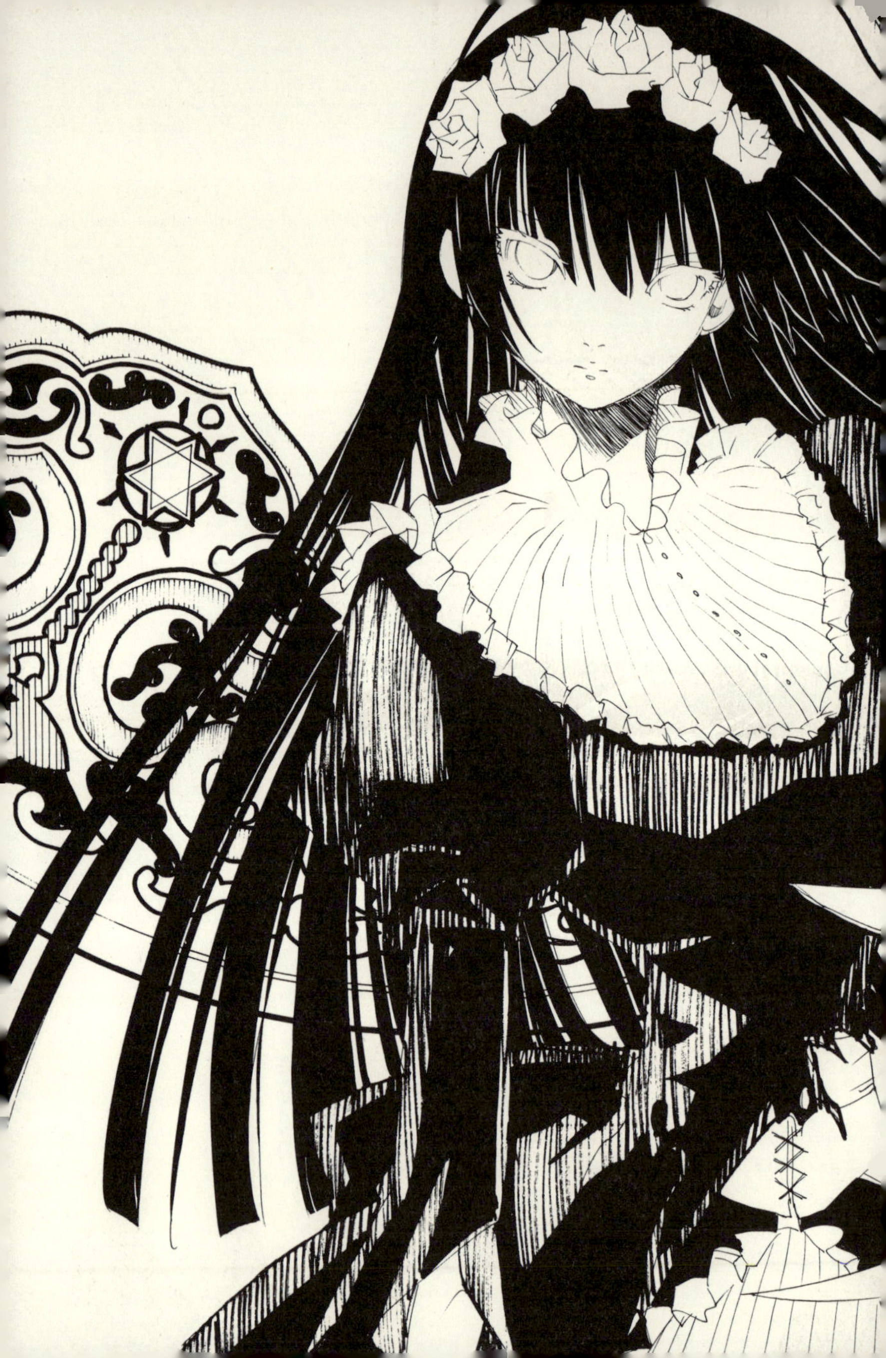

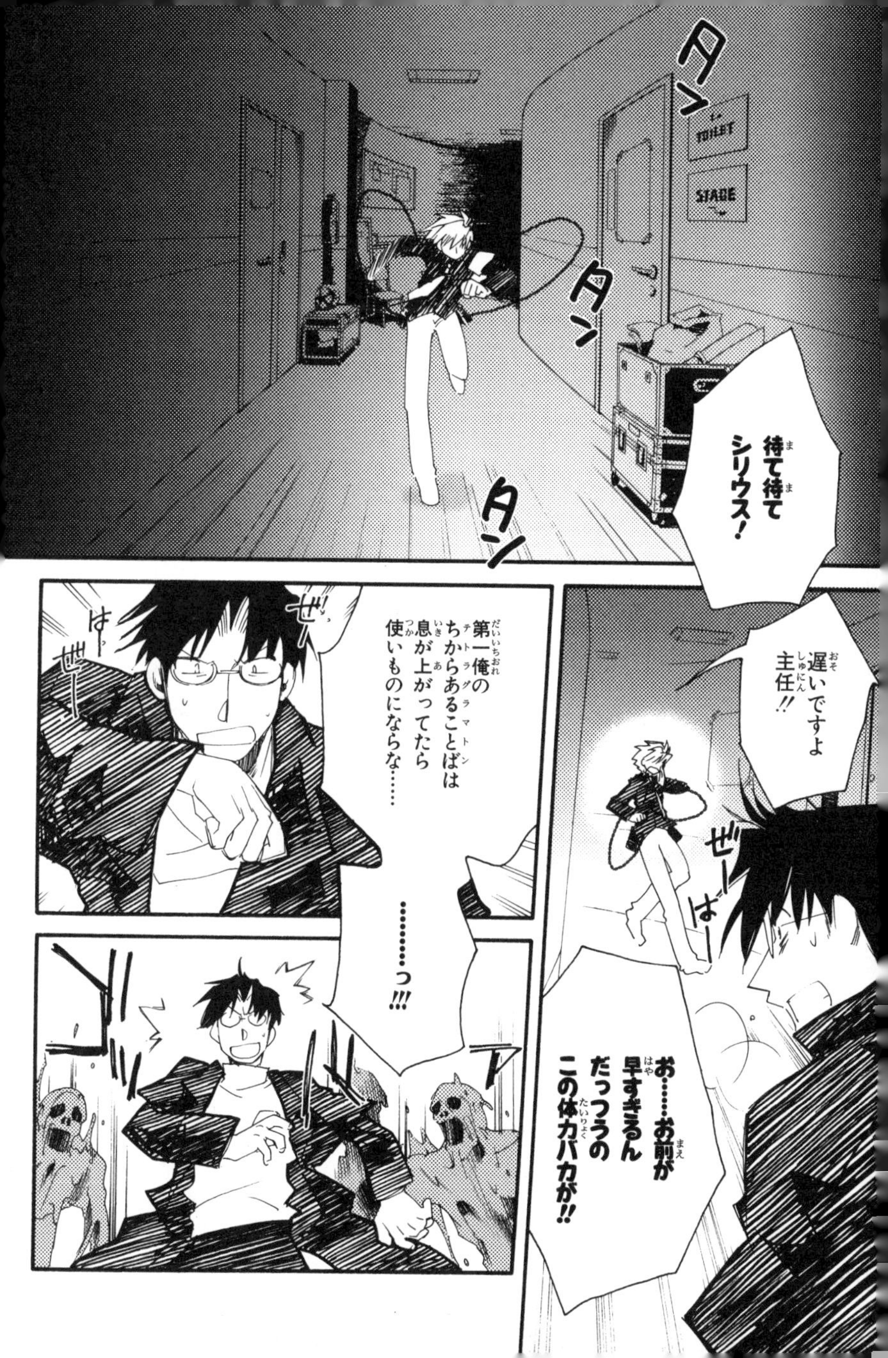
タン
タン
タン
TOILET
STAGE
待て待てシリウス！
遅いですよ主任!!
ぜー
はー
お……お前が早すぎるんだっつうのこの体力バカが!!
ぜ!
はー
ぜー
第一俺のちからあることばは息が上がってたら使いものにならな……
……っ!!!
ア

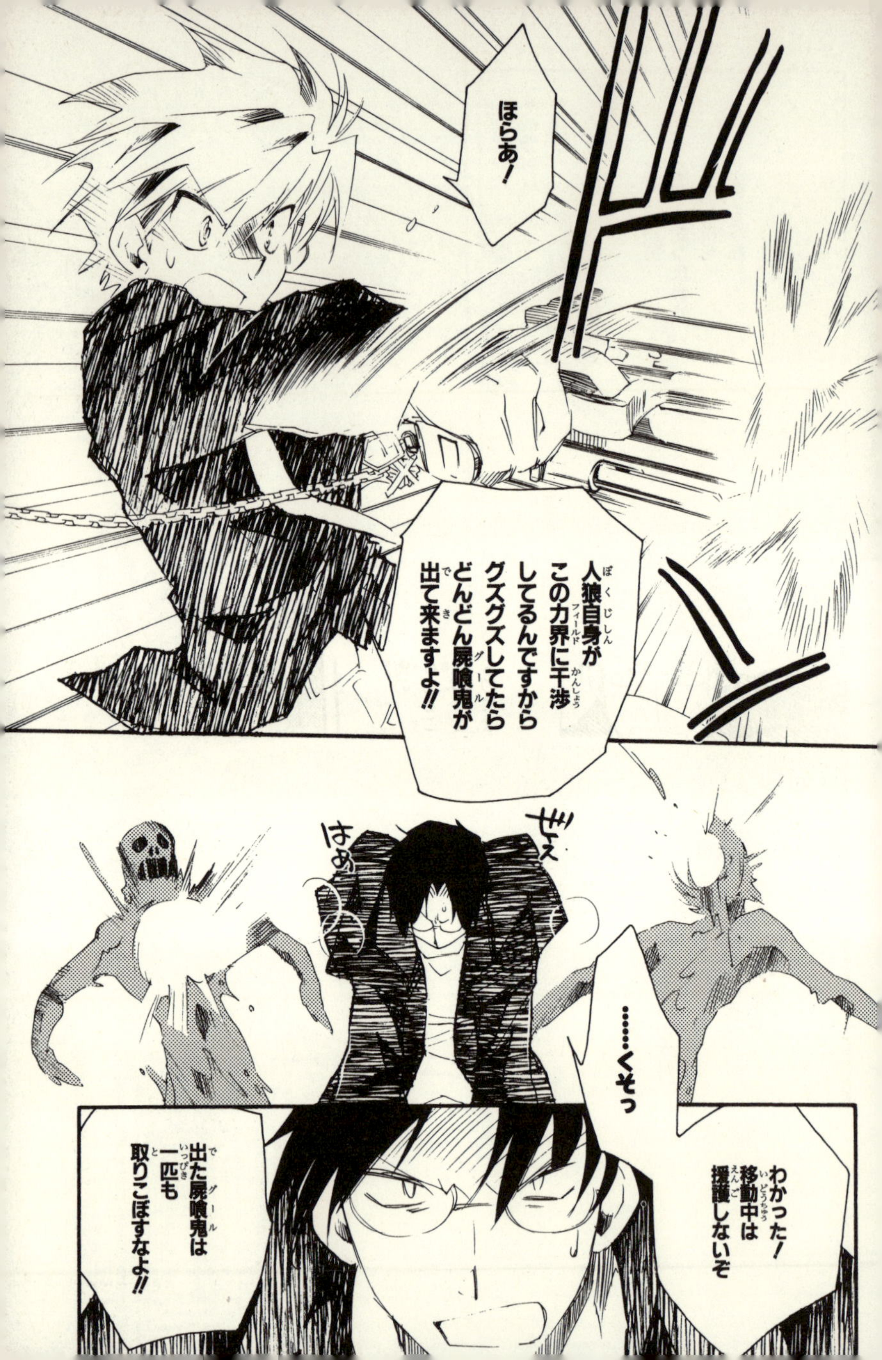

ほらあ!
人狼自身がこの力界に干渉してるんですからグズグズしてたらどんどん屍喰鬼が出て来ますよ!!
ぜえ
はあ
……くそっ
わかった! 移動中は援護しないぞ
出た屍喰鬼は一匹も取りこぼすなよ!!

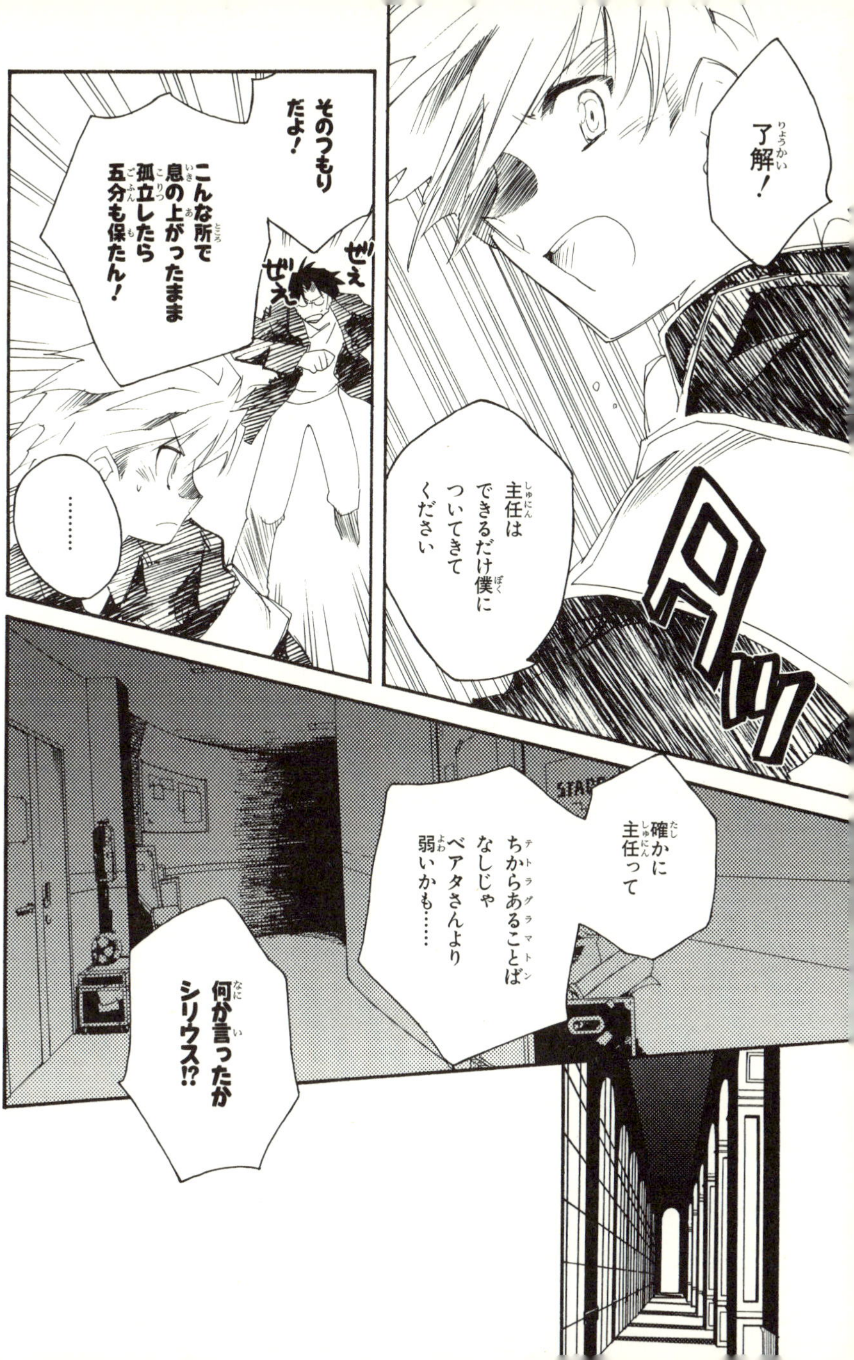
了解！
主任はできるだけ僕についてきてください
そのつもりだよ！
ぜぇ ぜぇ
こんな所で息の上がったまま孤立したら五分も保たん！
……
確かに主任ってちからあることばなしじゃベアタさんより弱いかも……
何か言ったかシリウス!?

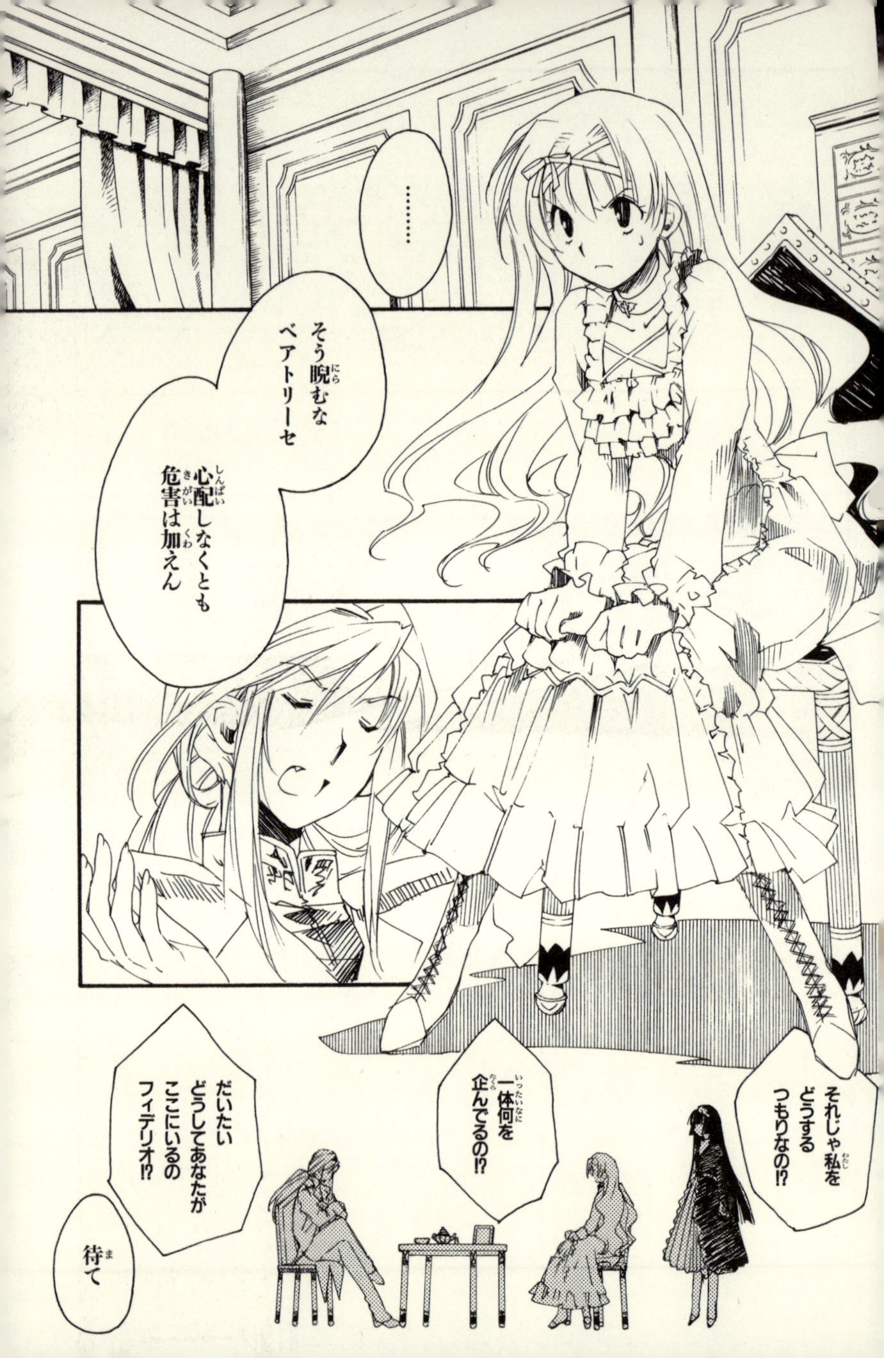
……
そう睨むな
ベアトリーセ
心配しなくとも
危害は加えん
それじゃ私を
どうする
つもりなの⁉
一体何を
企んでるの⁉
だいたい
どうしてあなたが
ここにいるの
フィデリオ⁉
待て

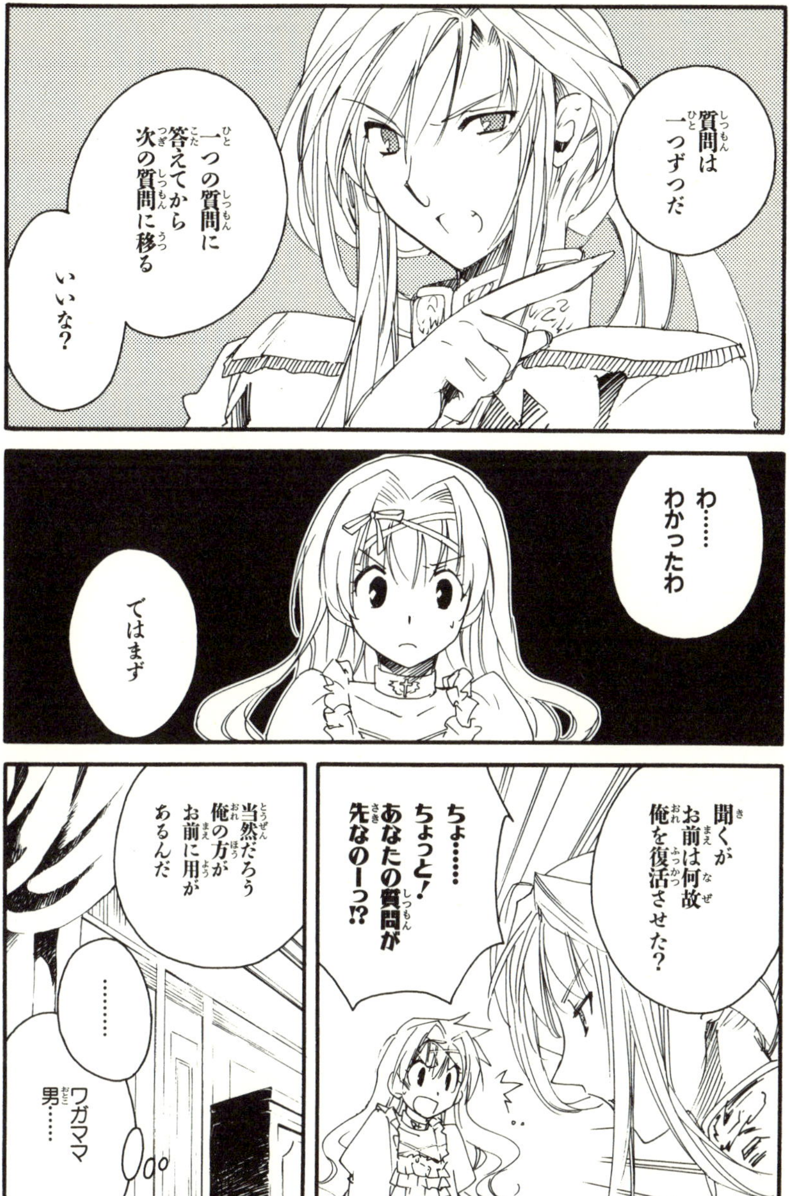
質問は一つずつだ
一つの質問に答えてから次の質問に移る
いいな?
わ……わかったわ
ではまず
聞くがお前は何故俺を復活させた?
ちょ……ちょっと!あなたの質問が先なのーっ!?
当然だろう俺の方がお前に用があるんだ
………
ワガママ男……

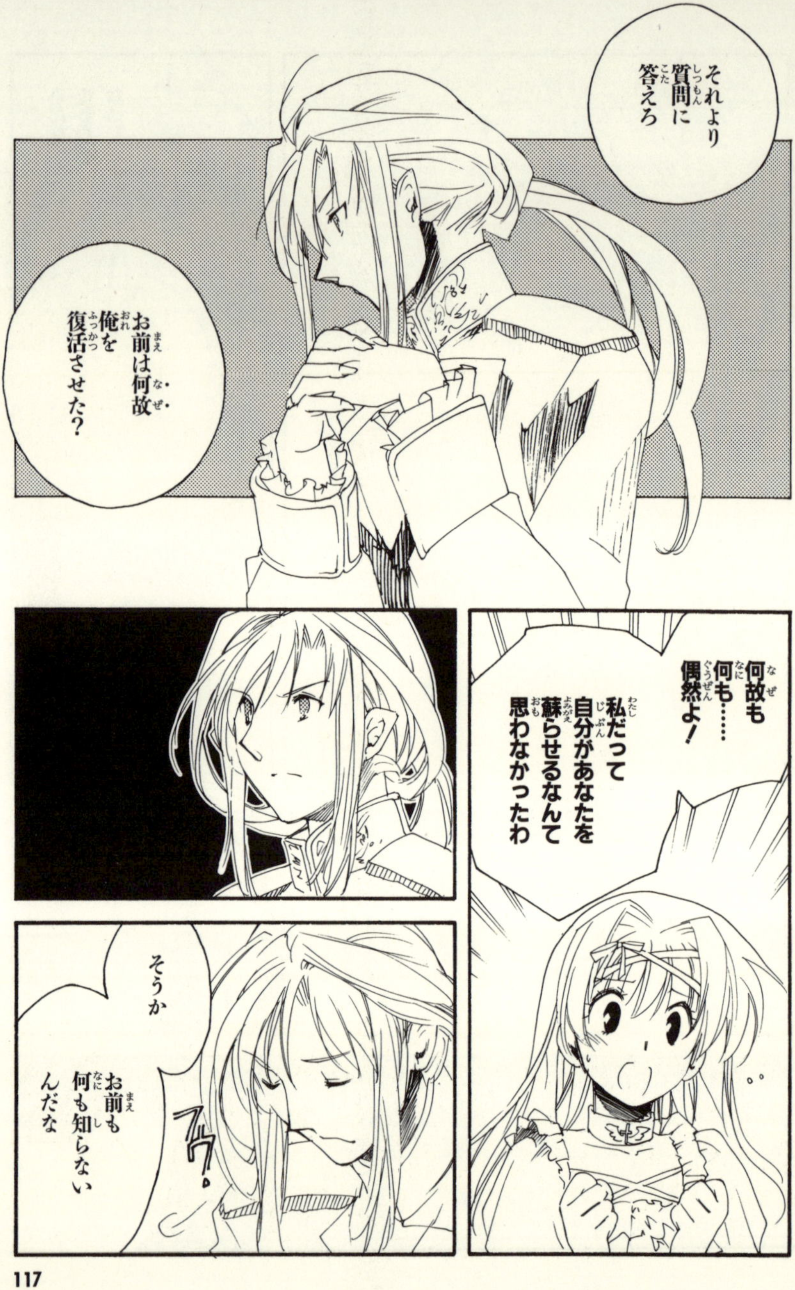
それより質問に答えろ
お前は何故俺を復活させた？
何故も何も……偶然よ！
私だって自分があなたを蘇らせるなんて思わなかったわ
そうか
お前も何も知らないんだな

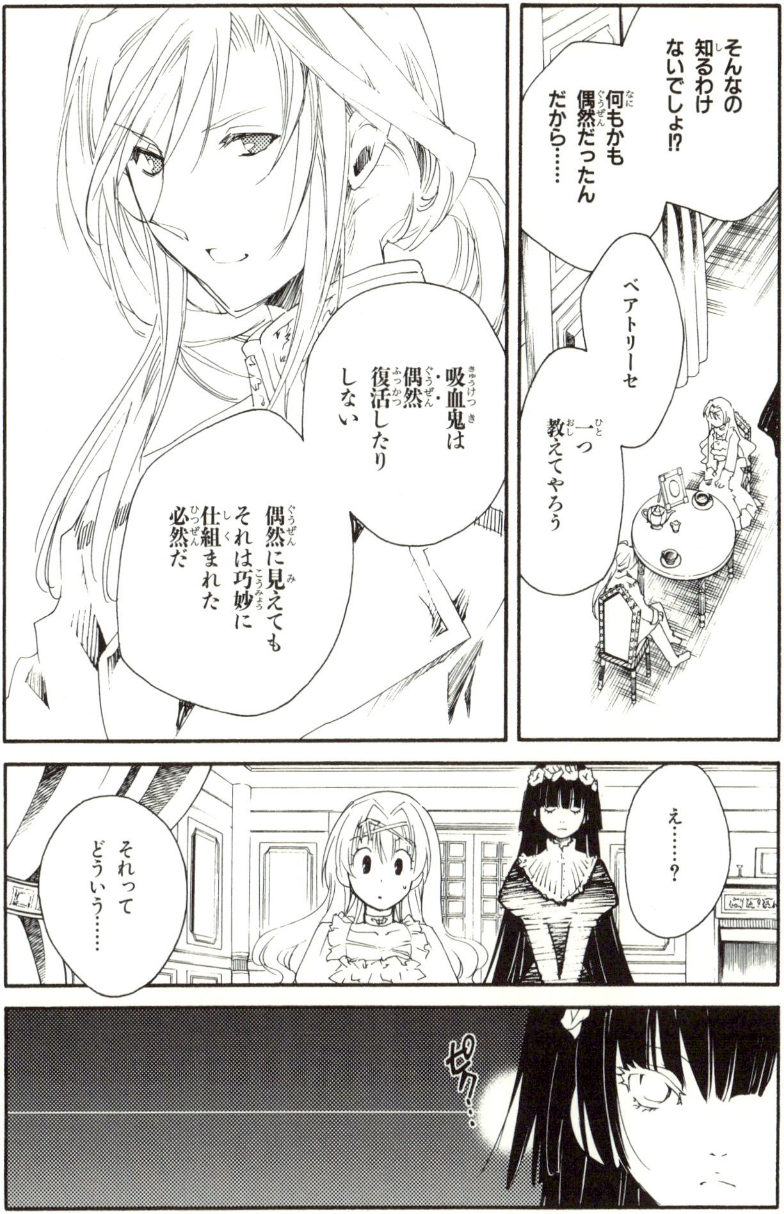
そんなの知るわけないでしょ!?
何もかも偶然だったんだから……
ベアトリーセ
一つ教えてやろう
吸血鬼は偶然復活したりしない
偶然に見えてもそれは巧妙に仕組まれた必然だ
え……?
それってどういう……
ピク……

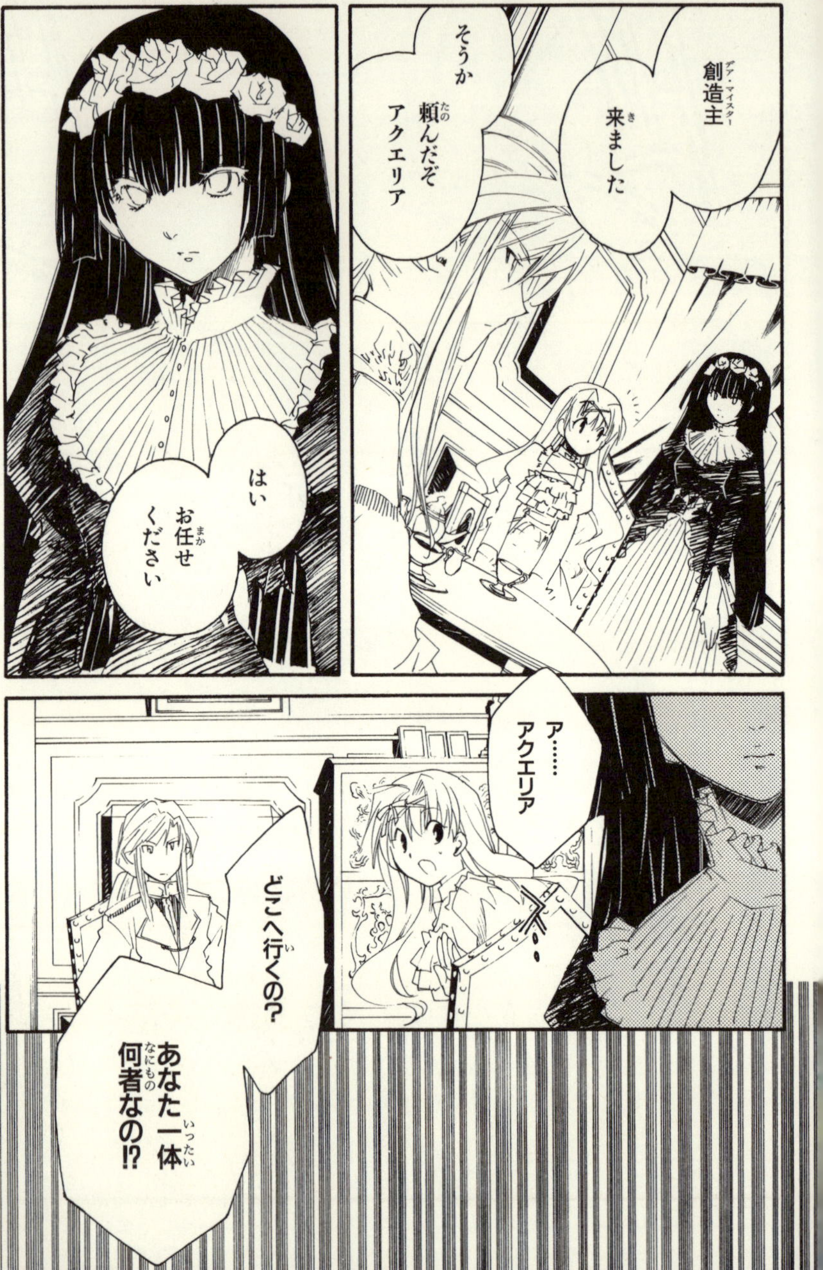
創造主 来ました
そうか 頼んだぞ アクエリア
はい お任せ ください
ア…… アクエリア
どこへ行くの?
あなた一体 何者なの!?

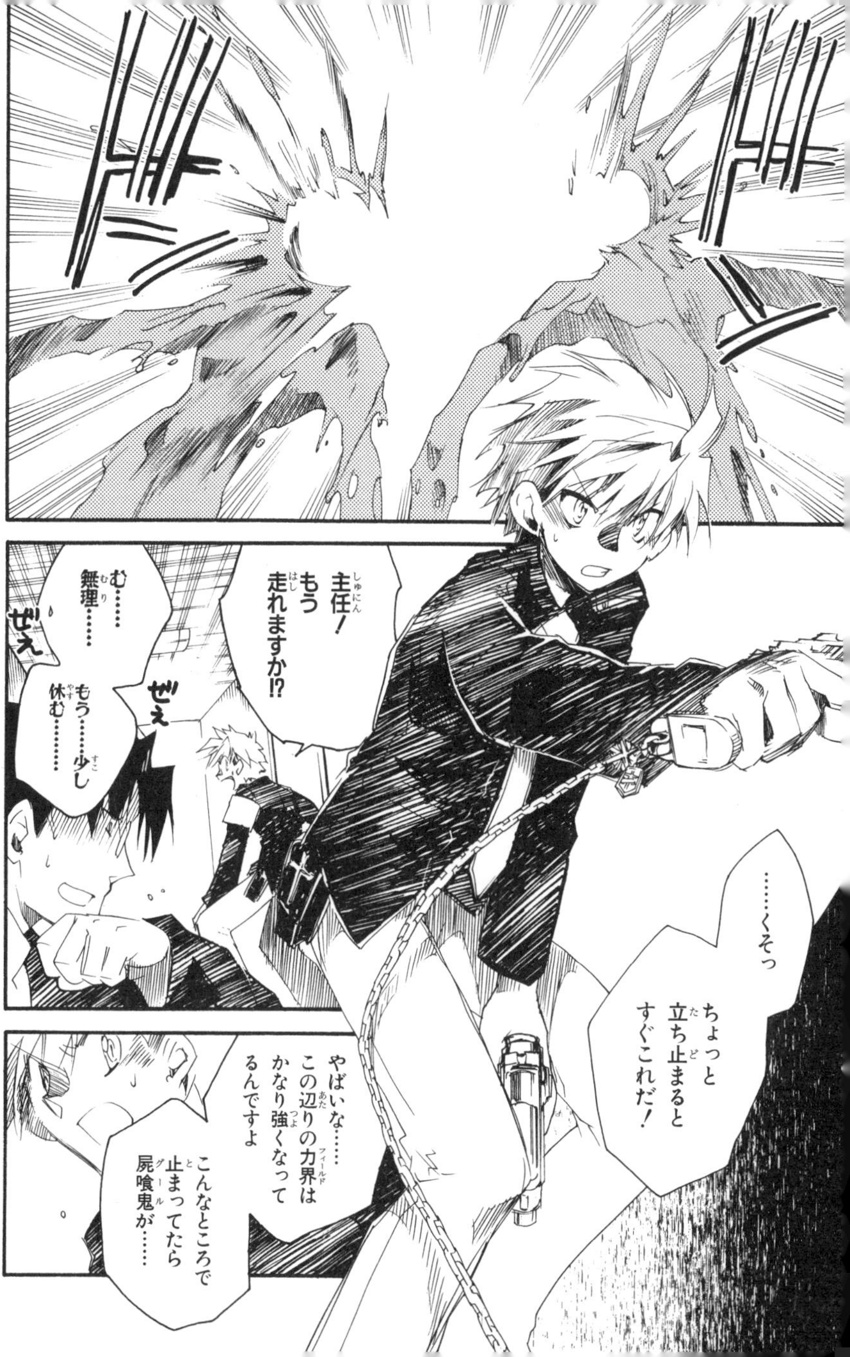
主任！もう走れますか!?
む……無理……
ぜぇ
ぜぇ
もう……少し休む……
……くそっ
ちょっと立ち止まるとすぐこれだ！
やばいな……この辺りの力界はかなり強くなってるんですよ
こんなところで止まってたら屍喰鬼が……

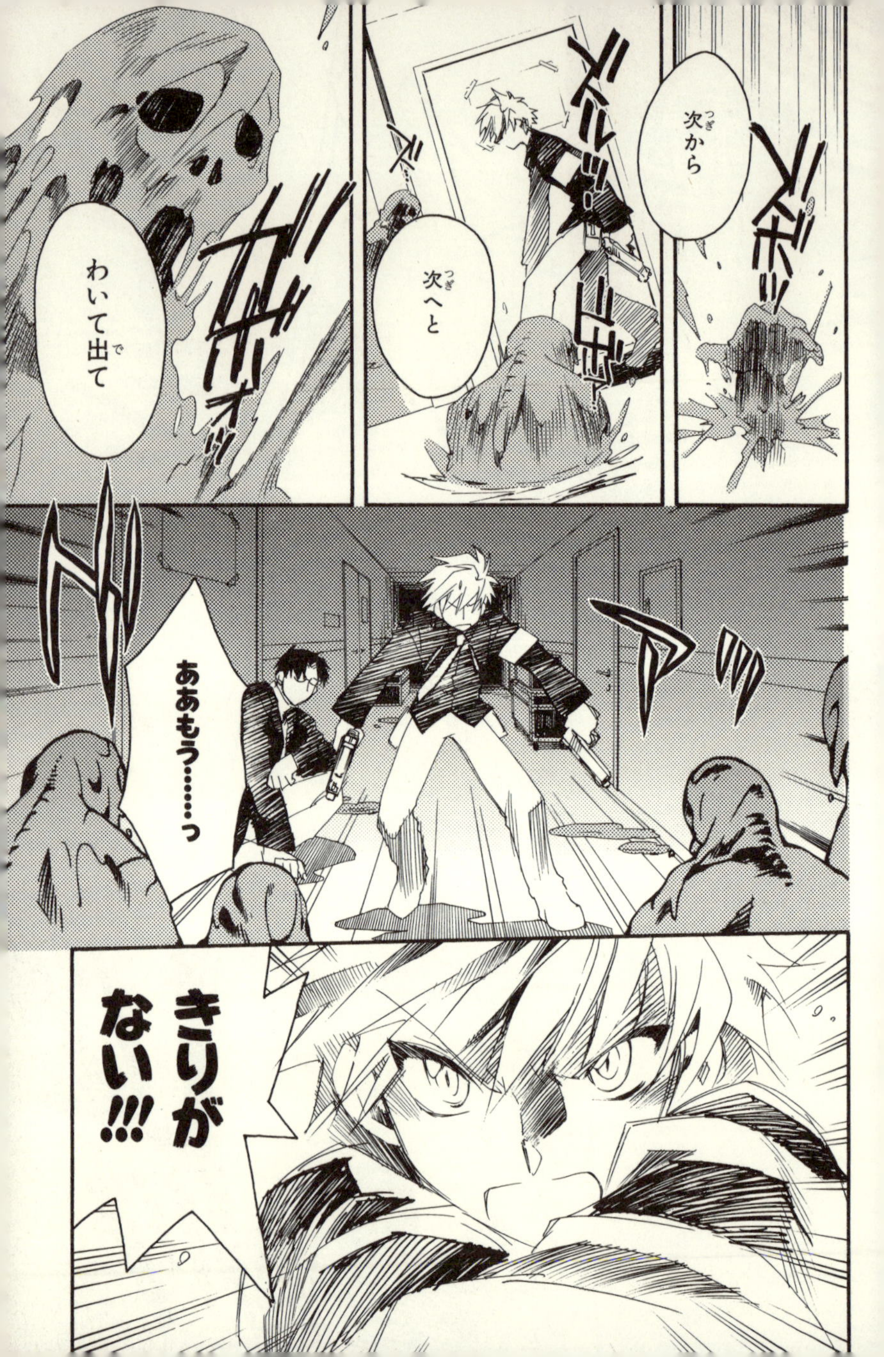
次から
次へと
わいて出て
ああもう……っ
きりがない!!!

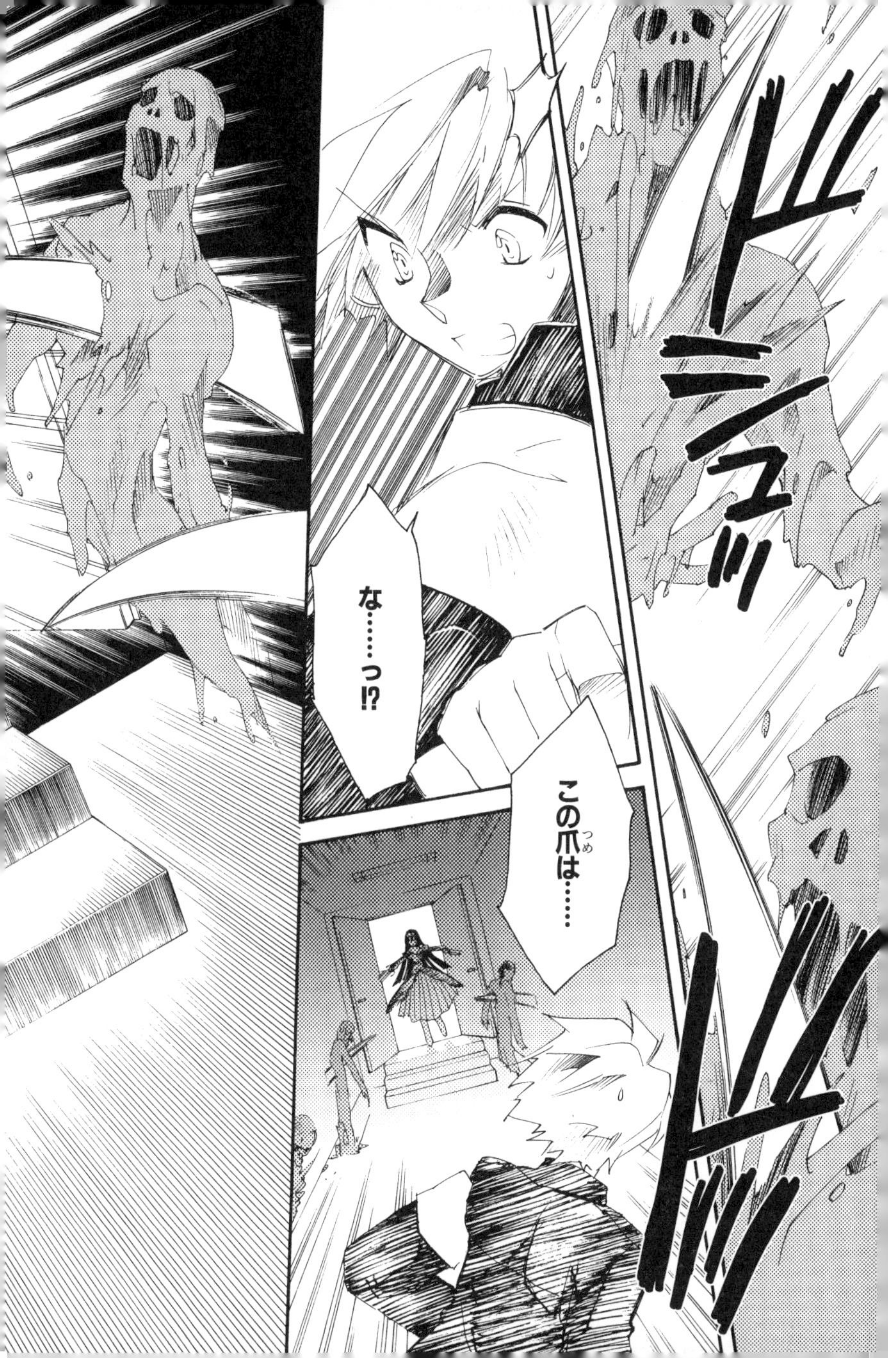
ドシュッ
な……っ!?
この爪は……

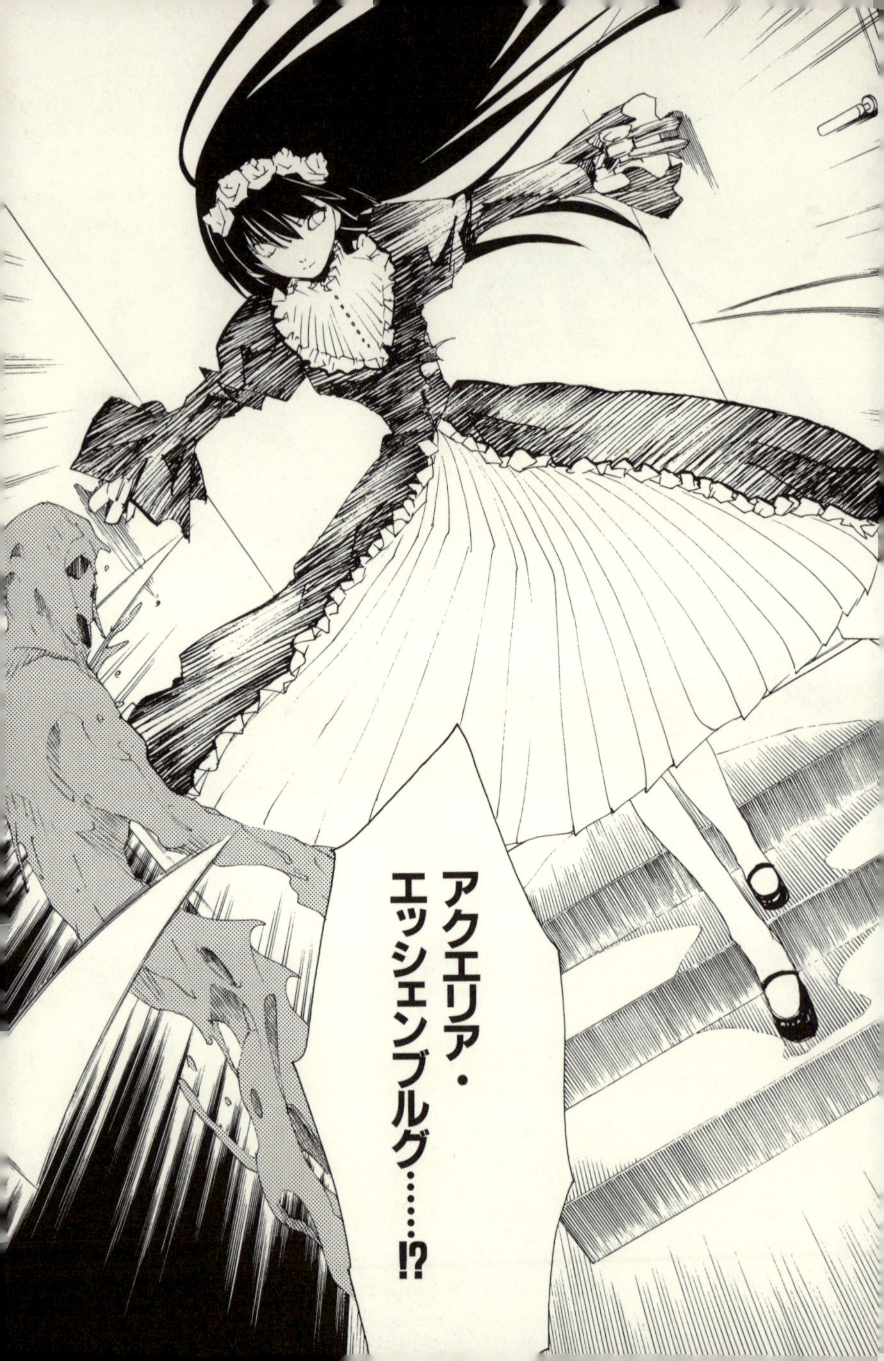
アクエリア・
エッシェンブルグ……!?

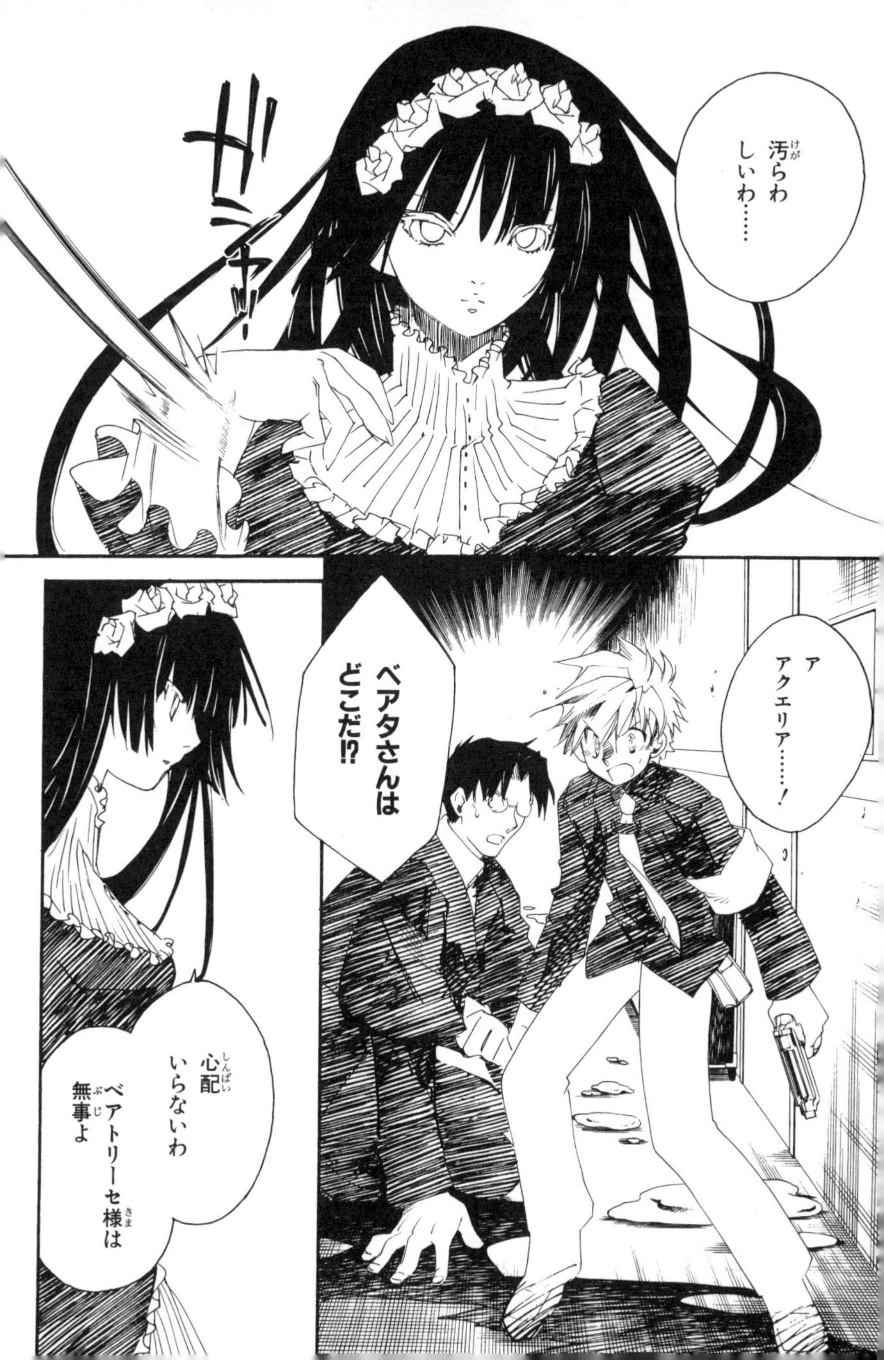

汚らわしいわ……
ガシャッ!
ア　アクエリア……!
ベアタさんはどこだ!?
心配いらないわ
ベアトリーセ様は無事よ

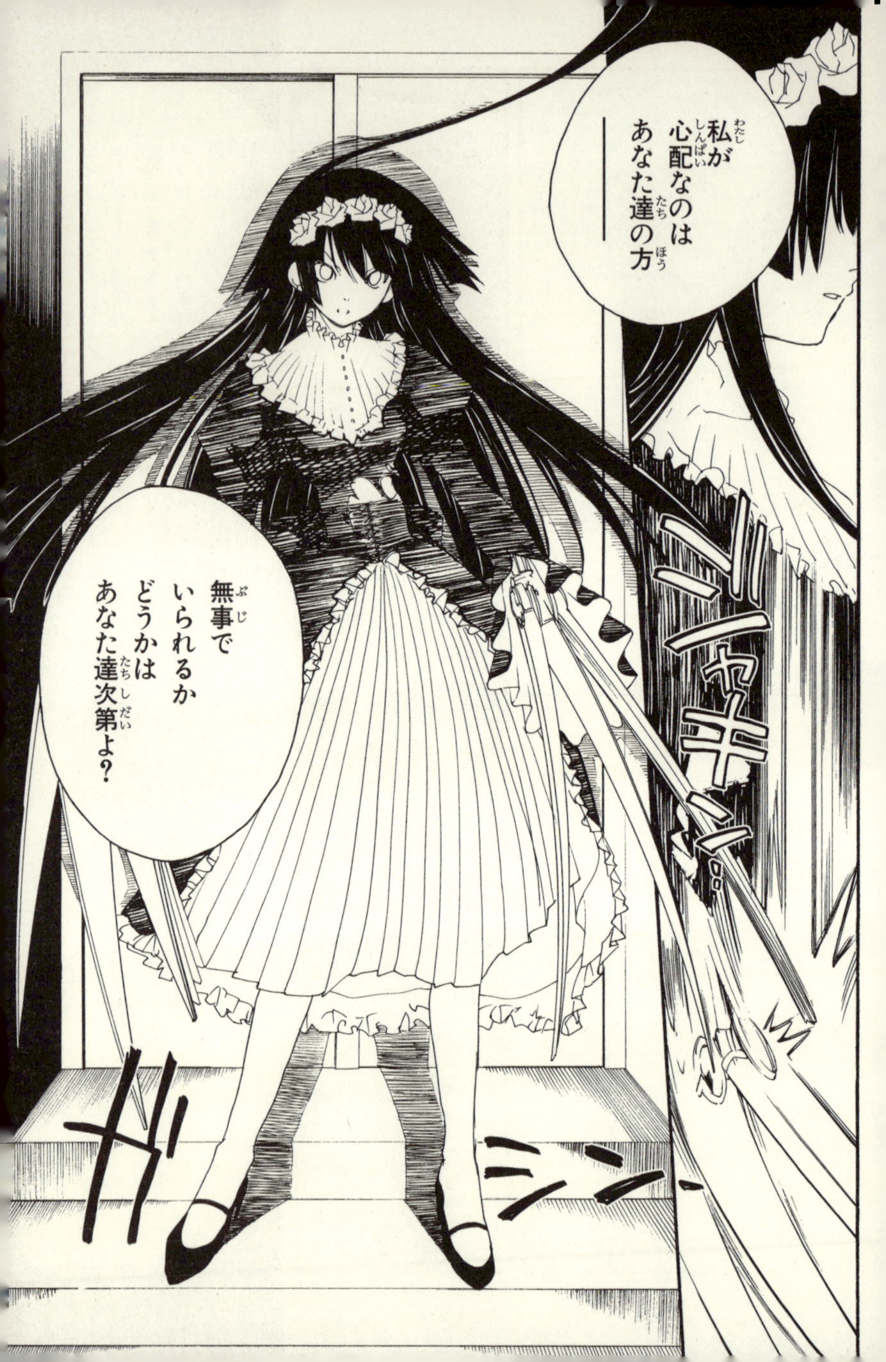
私が心配なのはあなた達の方
ジャキン!!
無事でいられるかどうかはあなた達次第よ?
ガシン

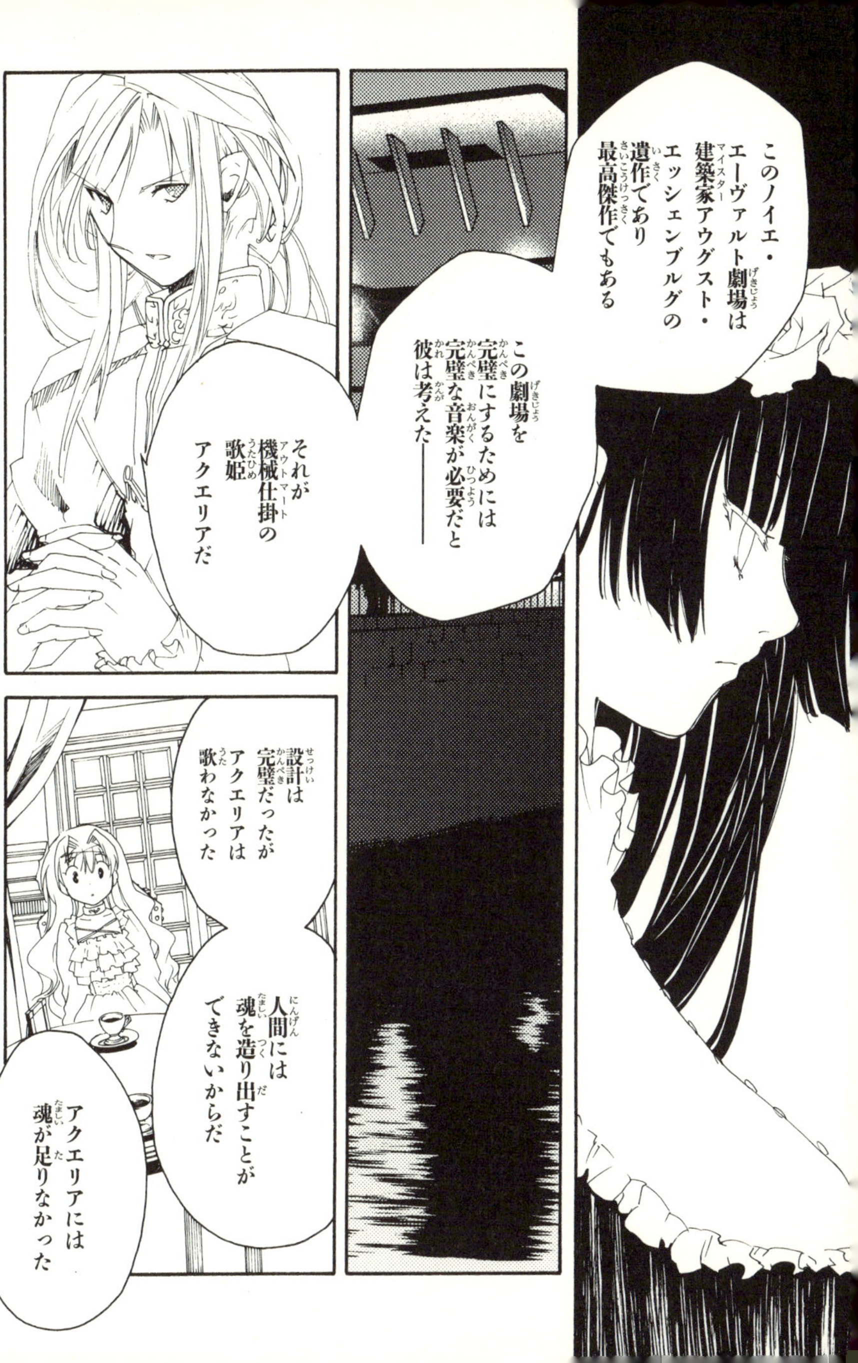
このノイエ・エーヴァルト劇場は建築家アウグスト・エッシェンブルグの遺作であり最高傑作でもある
この劇場を完璧にするためには完璧な音楽が必要だと彼は考えた――
それが機械仕掛の歌姫アクエリアだ
設計は完璧だったがアクエリアは歌わなかった
人間には魂を造り出すことができないからだ
アクエリアには魂が足りなかった

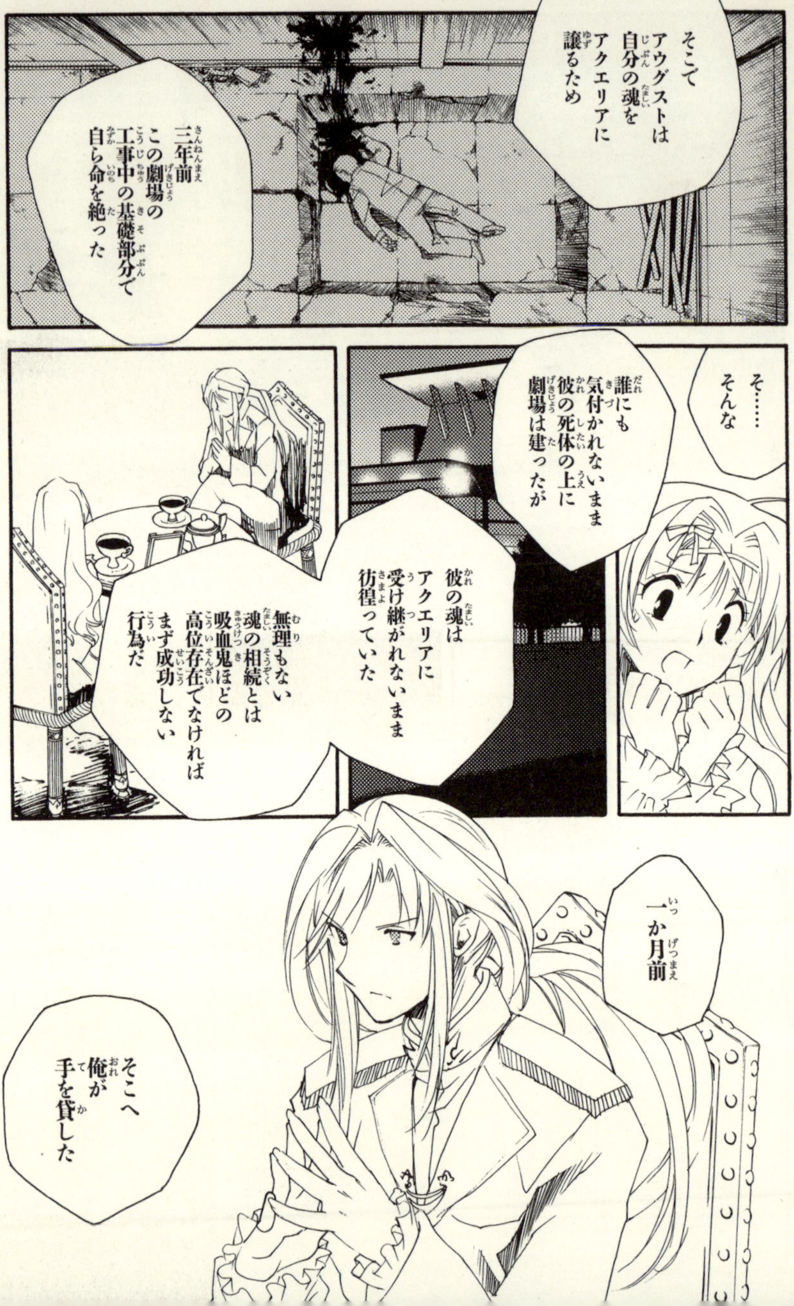
そこで アウグストは 自分の魂を アクエリアに 譲るため
三年前 この劇場の 工事中の基礎部分で 自ら命を絶った
そ…… そんな
誰にも 気付かれないまま 彼の死体の上に 劇場は建ったが
彼の魂は アクエリアに 受け継がれないまま 彷徨っていた
無理もない 魂の相続とは 吸血鬼ほどの 高位存在でなければ まず成功しない 行為だ
一か月前
そこへ 俺が 手を貸した

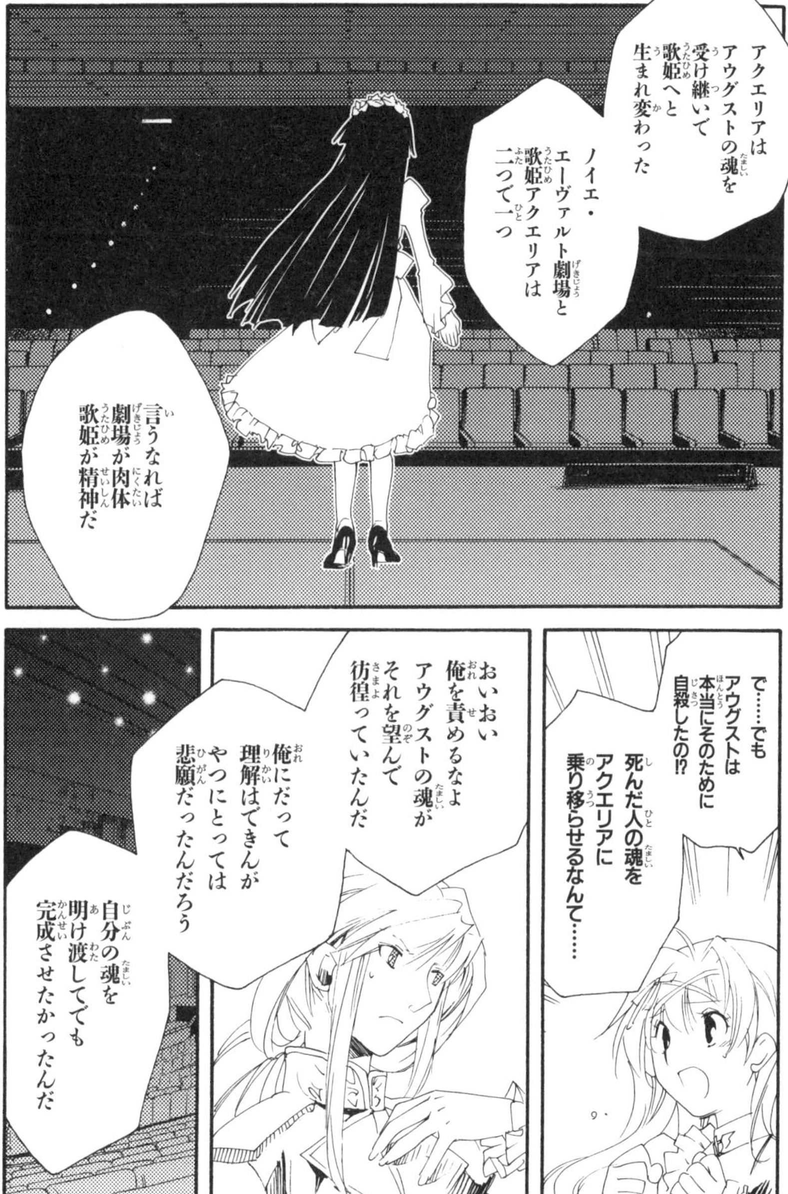

アクエリアはアウグストの魂を受け継いで歌姫へと生まれ変わった
ノイエ・エーヴァルト劇場と歌姫アクエリアは二つで一つ
言うなれば劇場が肉体歌姫が精神だ
で……でもアウグストは本当にそのために自殺したの⁉
死んだ人の魂をアクエリアに乗り移らせるなんて……
おいおい俺を責めるなよアウグストの魂がそれを望んで彷徨っていたんだ
俺にだって理解はできんがやつにとっては悲願だったんだろう
自分の魂を明け渡してでも完成させたかったんだ

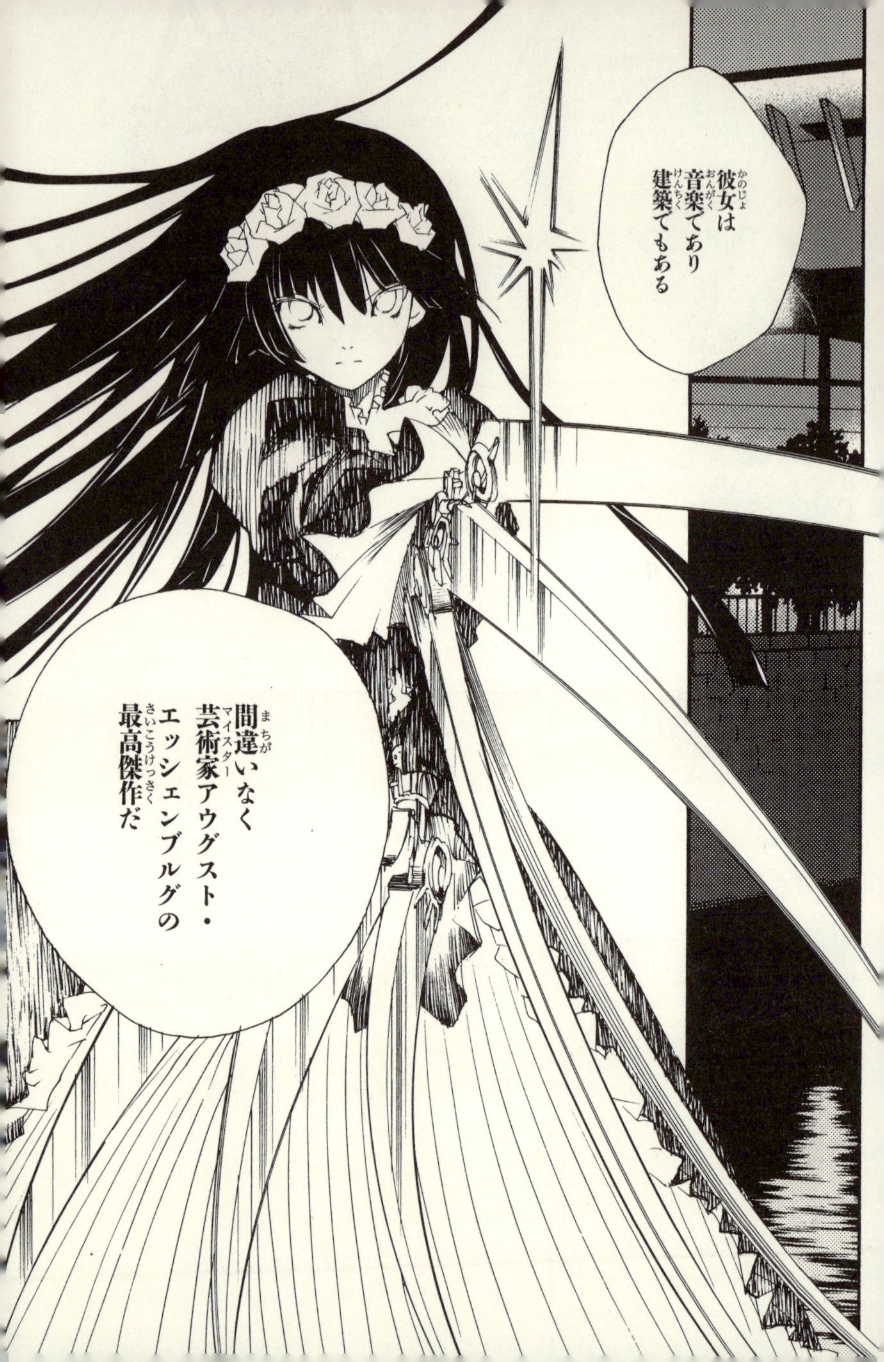
彼女は音楽であり建築でもある
間違いなく芸術家アウグスト・エッシェンブルグの最高傑作だ

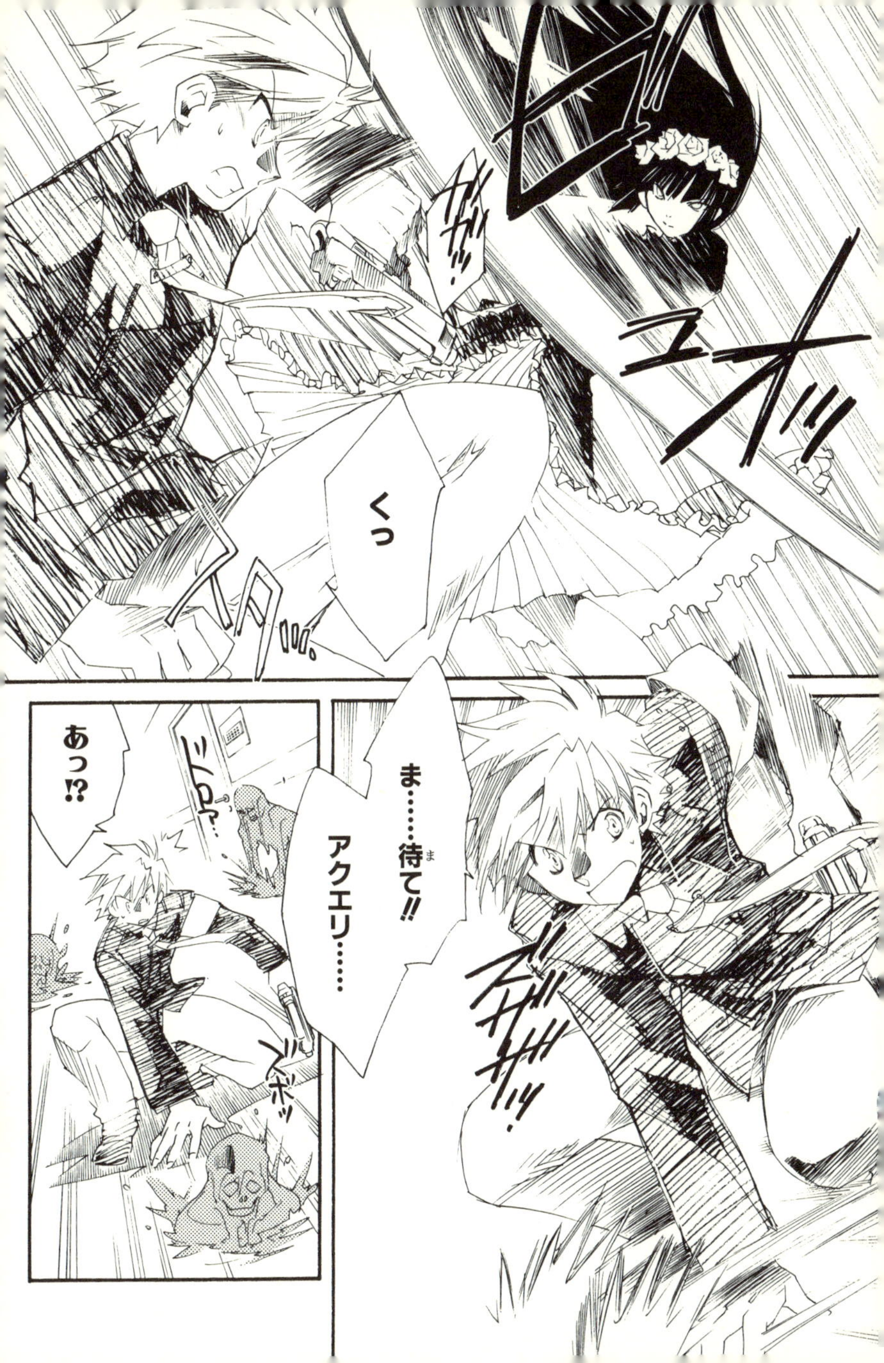
ユオッ
くっ
ま……待て!!
アクエリ……
あっ!?
ズボッ

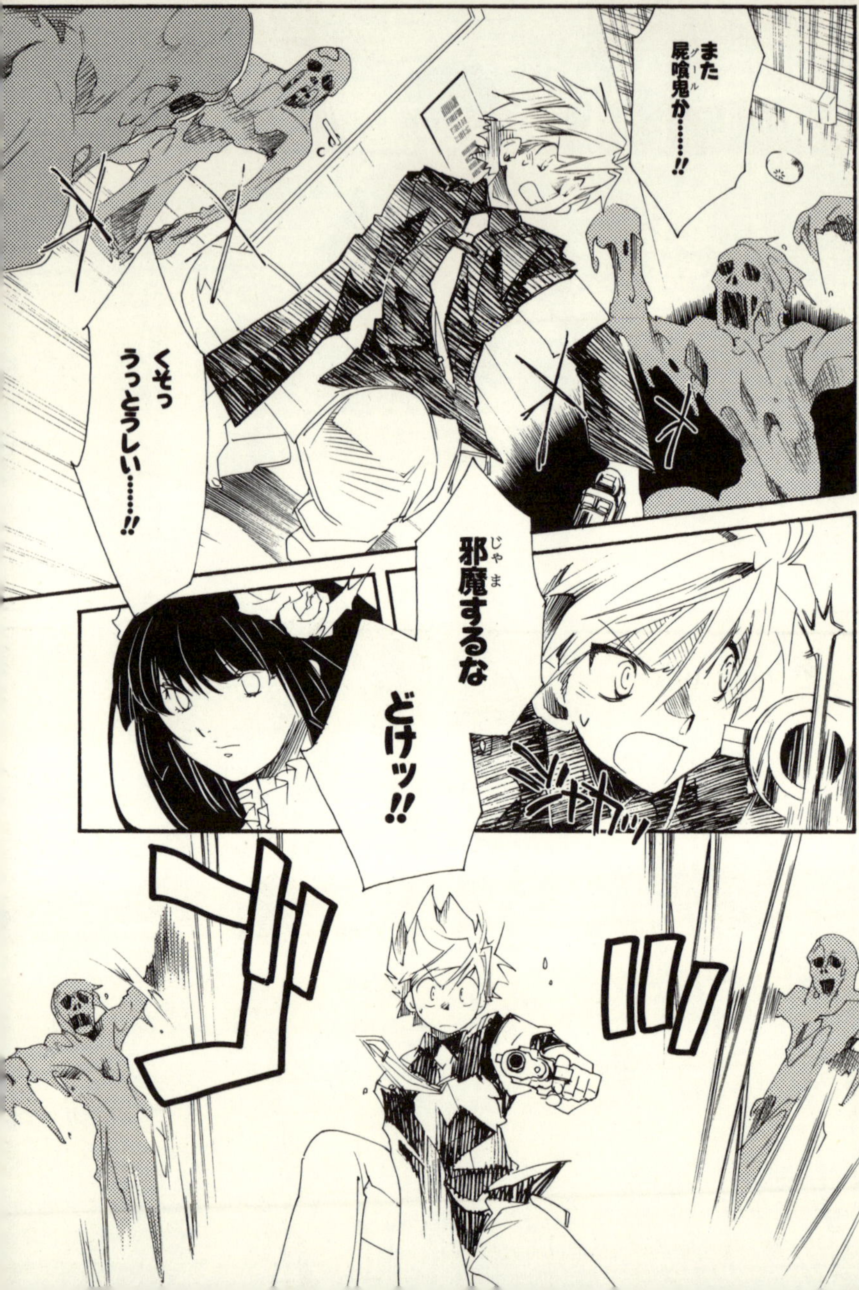
また
屍喰鬼か……!!
くそっ
うっとうしい……!!
邪魔するな
どけッ!!
ジャカッ

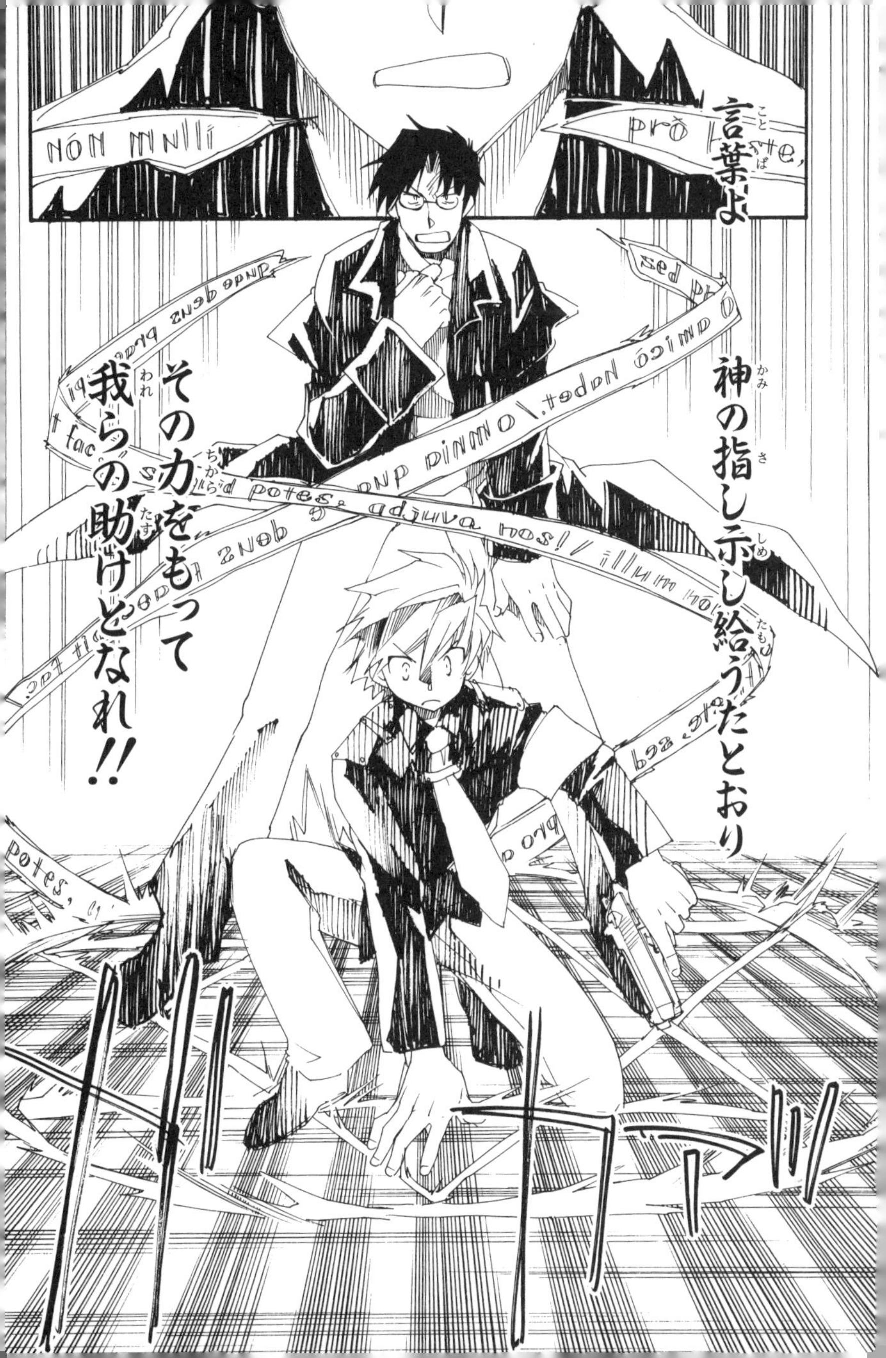

言葉よ
神の指し示し給うたとおり
その力をもって
我らの助けとなれ!!

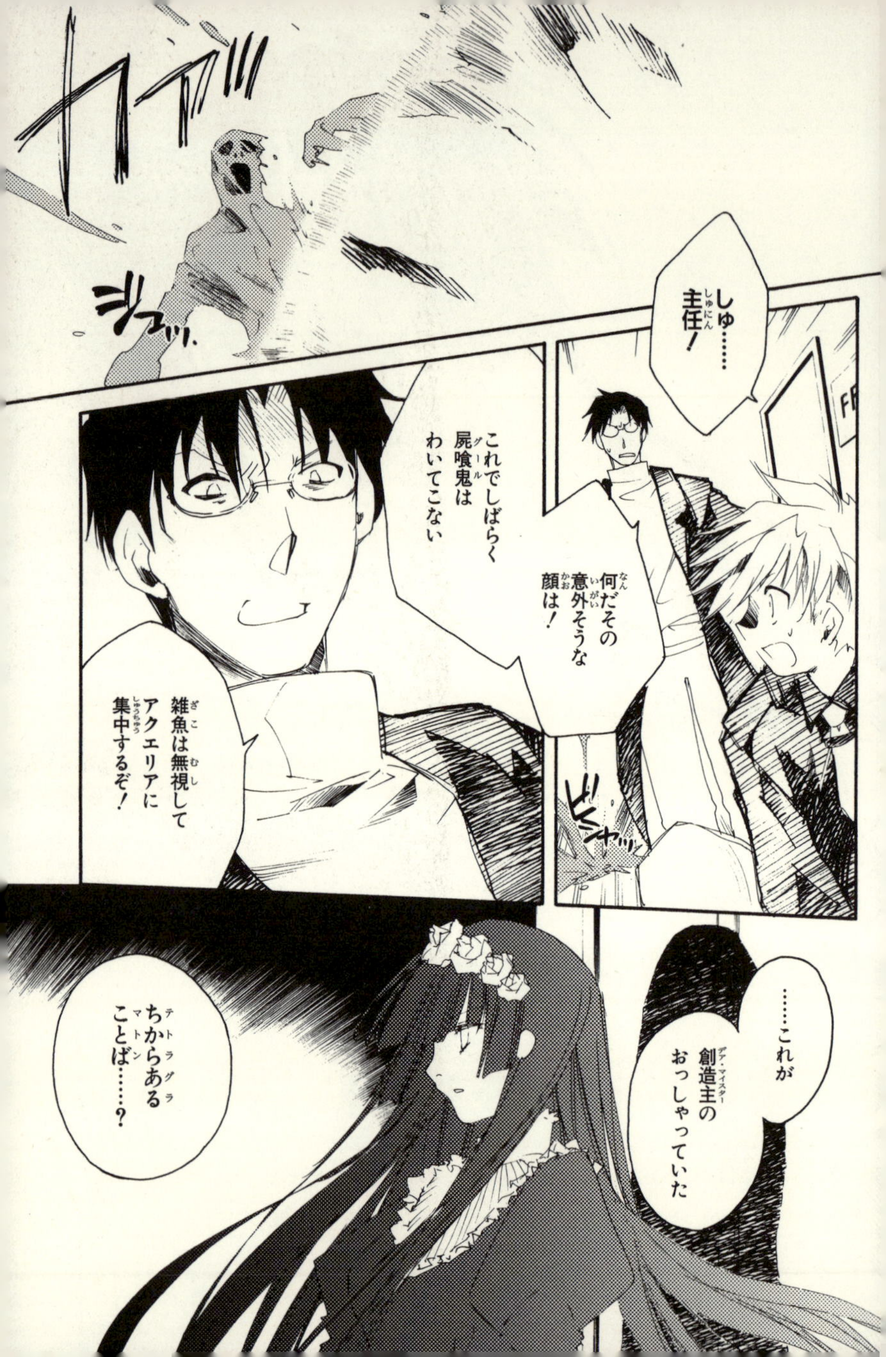
ジュッ
しゅ……主任!
何だその意外そうな顔は!
これでしばらく屍喰鬼はわいてこない
雑魚は無視してアクエリアに集中するぞ!
……これが創造主のおっしゃっていた
ちからあることば……?

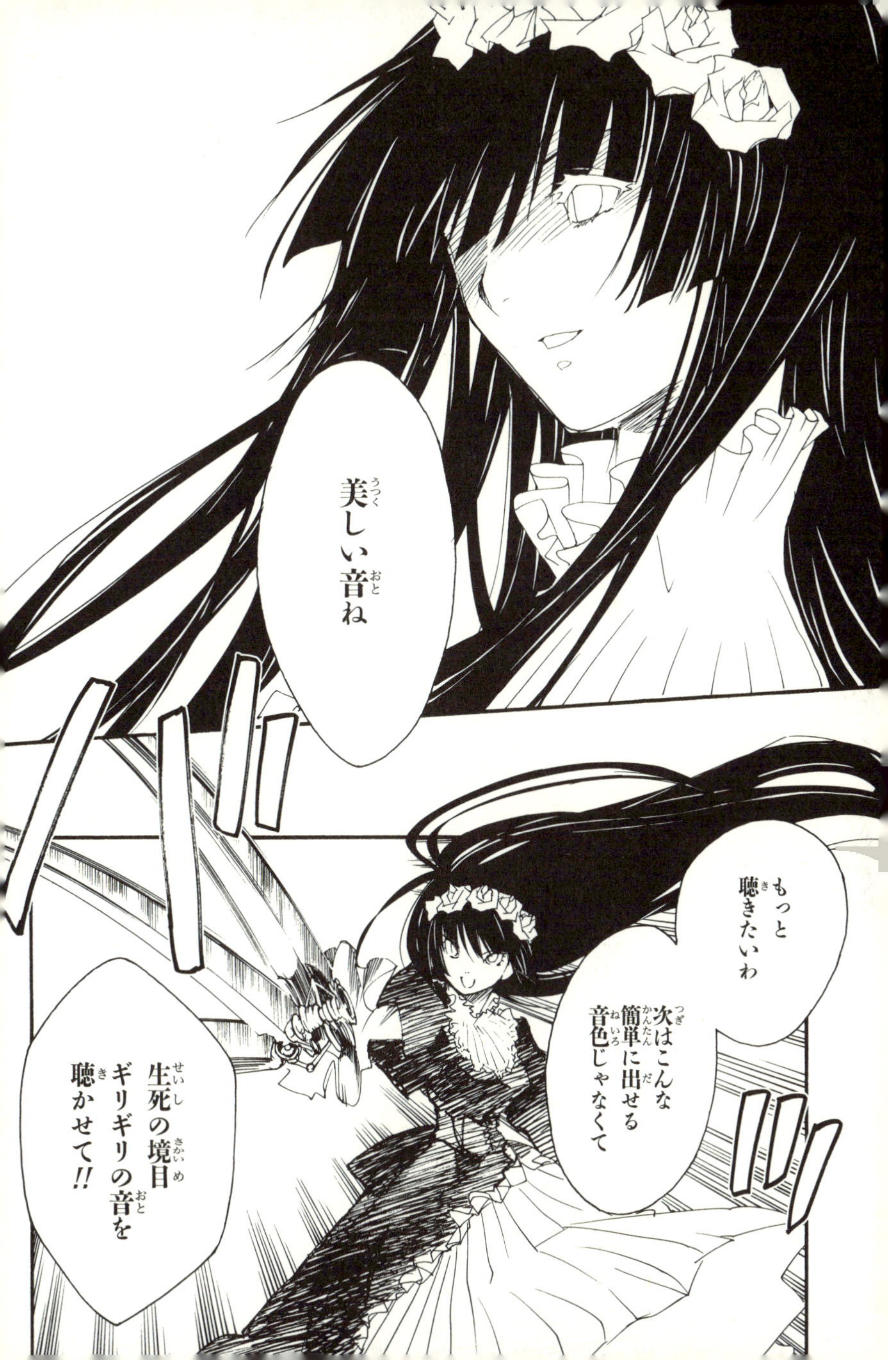
美しい音ね
もっと聴きたいわ
次はこんな簡単に出せる音色じゃなくて
生死の境目ギリギリの音を聴かせて!!

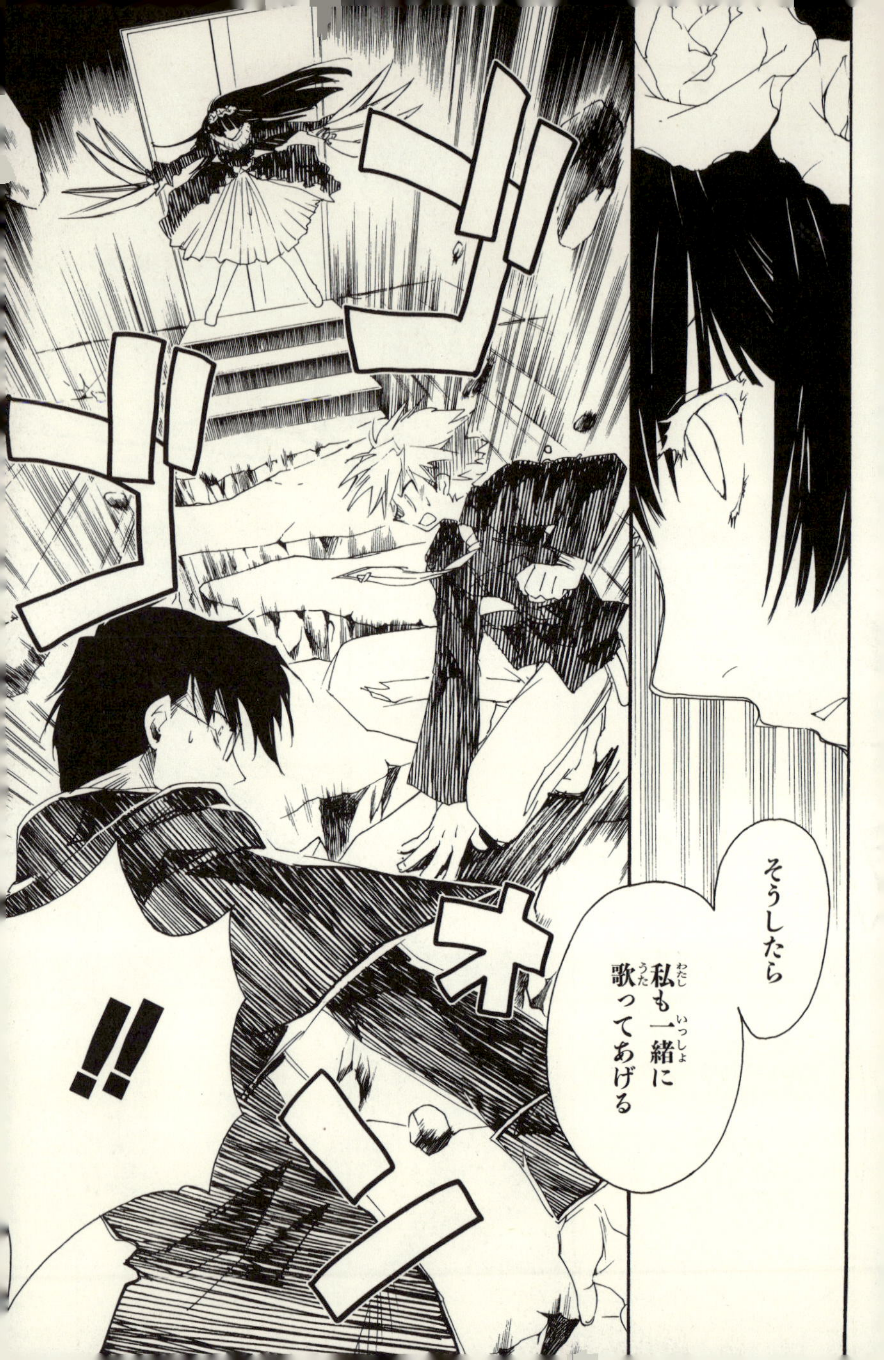
そうしたら
私も一緒に歌ってあげる
ゴゴ
オン!!

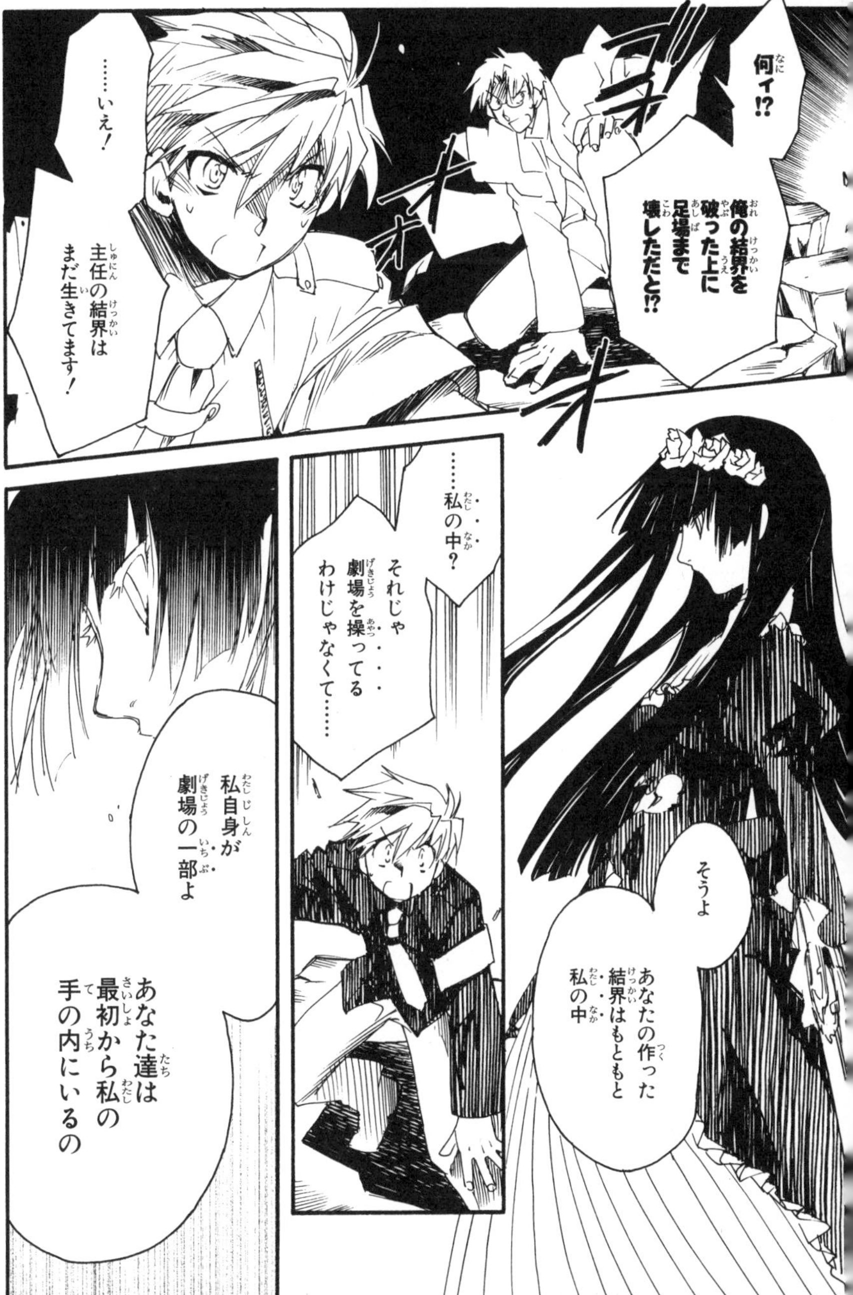
何イ!?
俺の結界を破った上に足場まで壊しただと!?
……いえ!
主任の結界はまだ生きてます!
そうよ
あなたの作った結界はもともと私の中
……私の中?
それじゃ劇場を操ってるわけじゃなくて……
私自身が劇場の一部よ
あなた達は最初から私の手の内にいるの

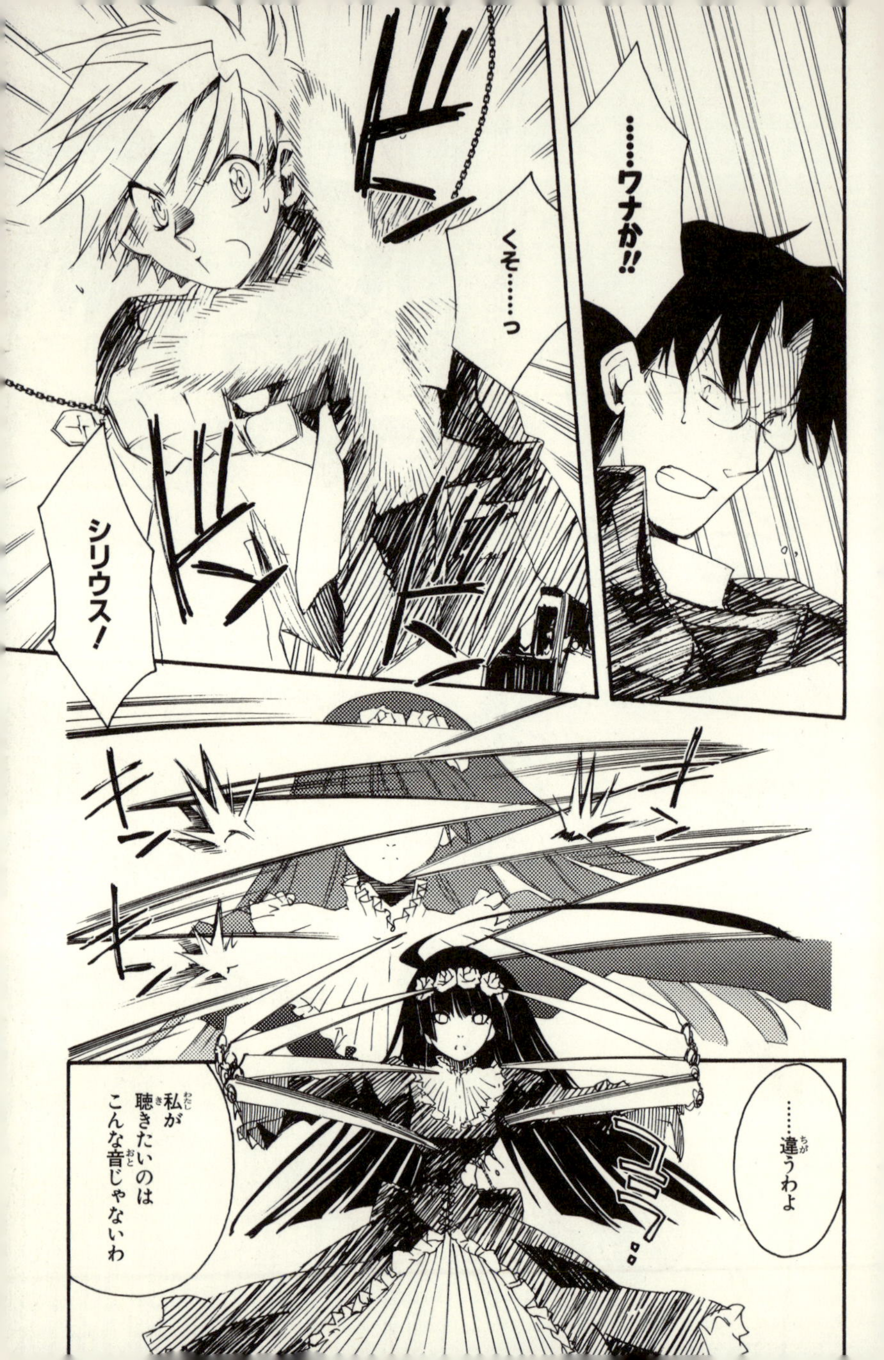
……ワナか!!
くそ……っ
シリウス!
……違うわよ
私が聴きたいのはこんな音じゃないわ

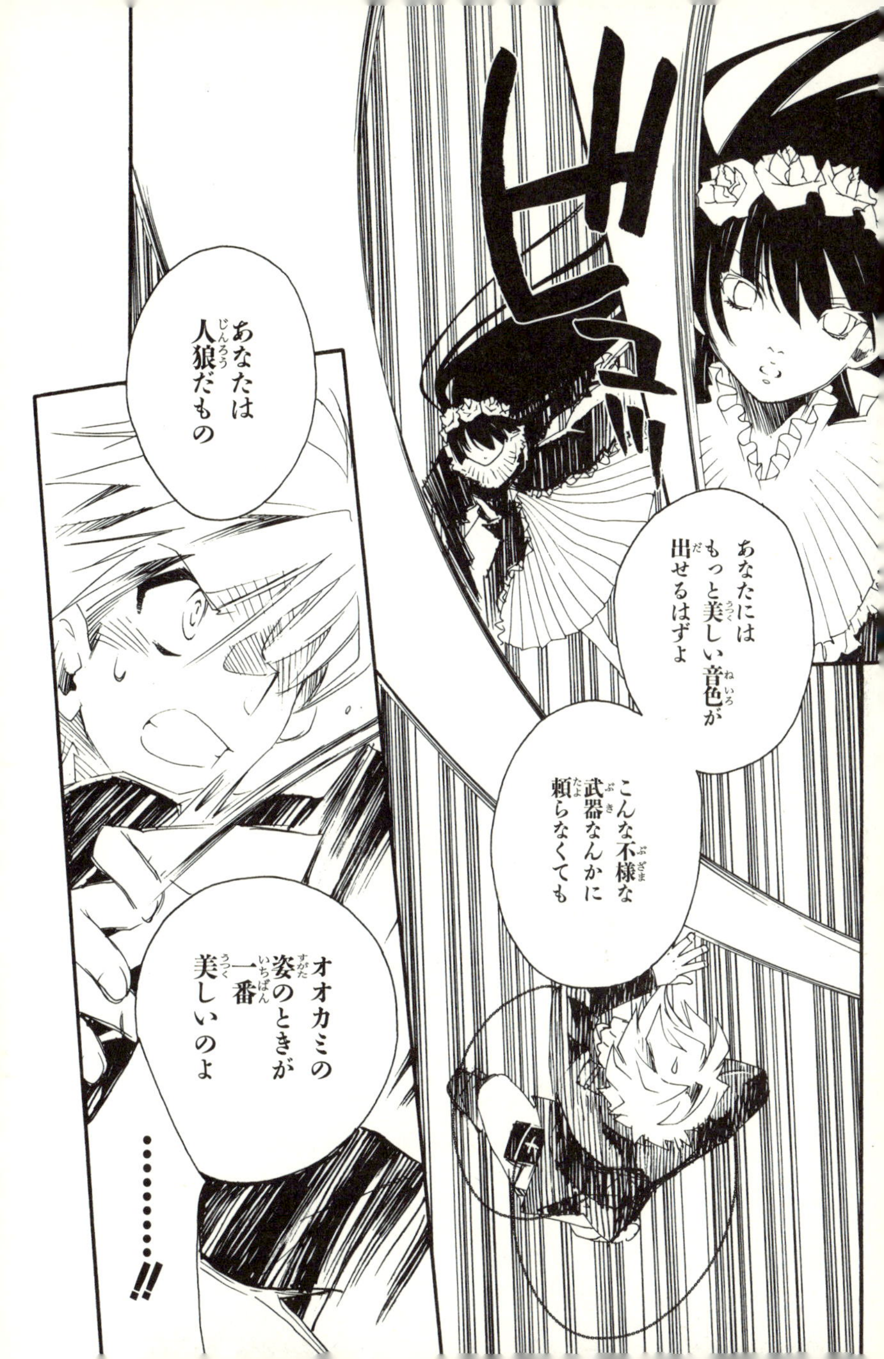
あなたにはもっと美しい音色が出せるはずよ
こんな不様な武器なんかに頼らなくても
あなたは人狼だもの
オオカミの姿のときが一番美しいのよ
…………!!

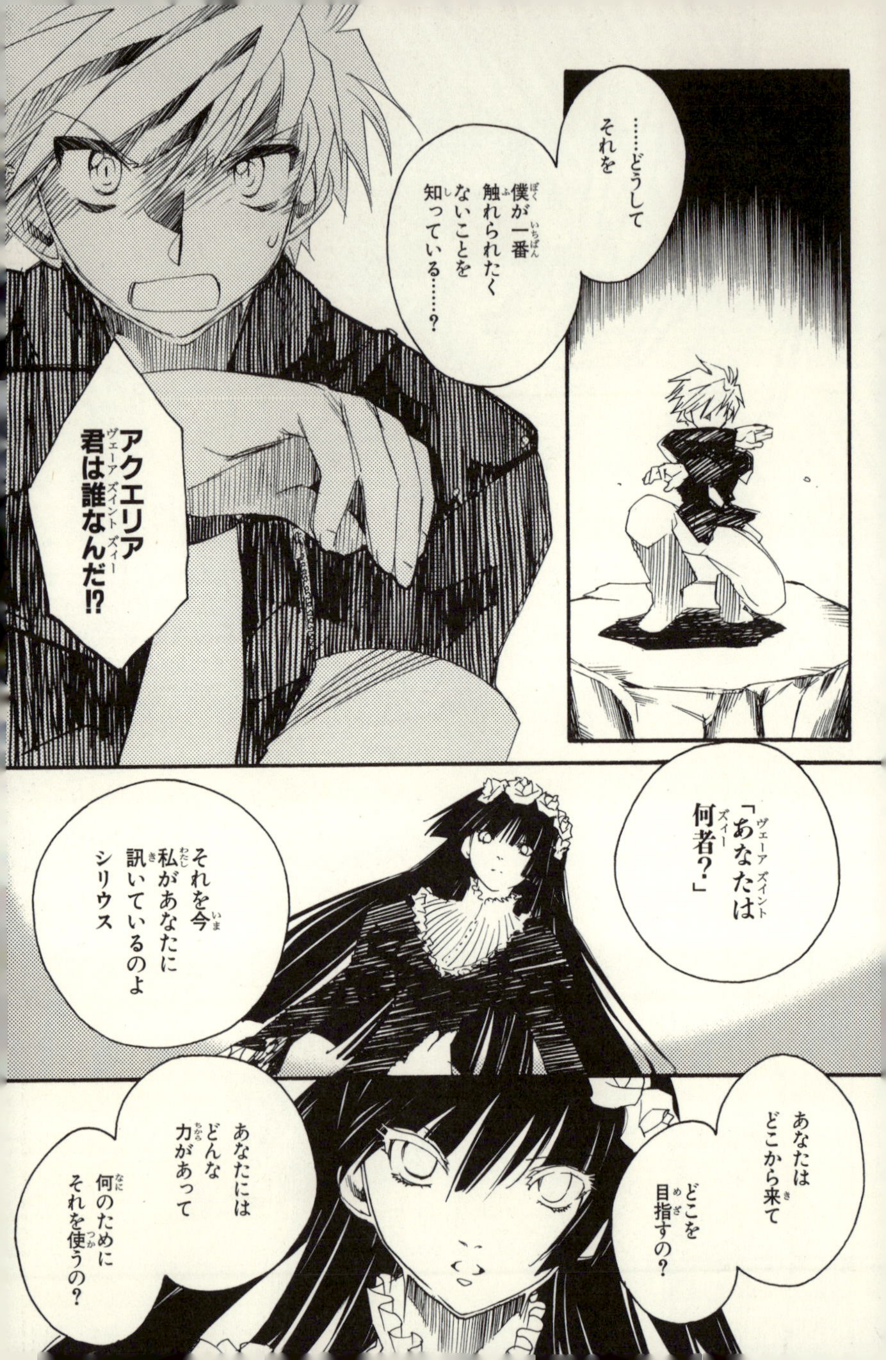
……どうして それを 僕が一番 触れられたく ないことを 知っている……？
アクエリア 君は誰なんだ!?
「あなたは 何者？」
それを今 私があなたに 訊いているのよ シリウス
あなたは どこから来て どこを 目指すの？
あなたには どんな 力があって 何のために それを使うの？

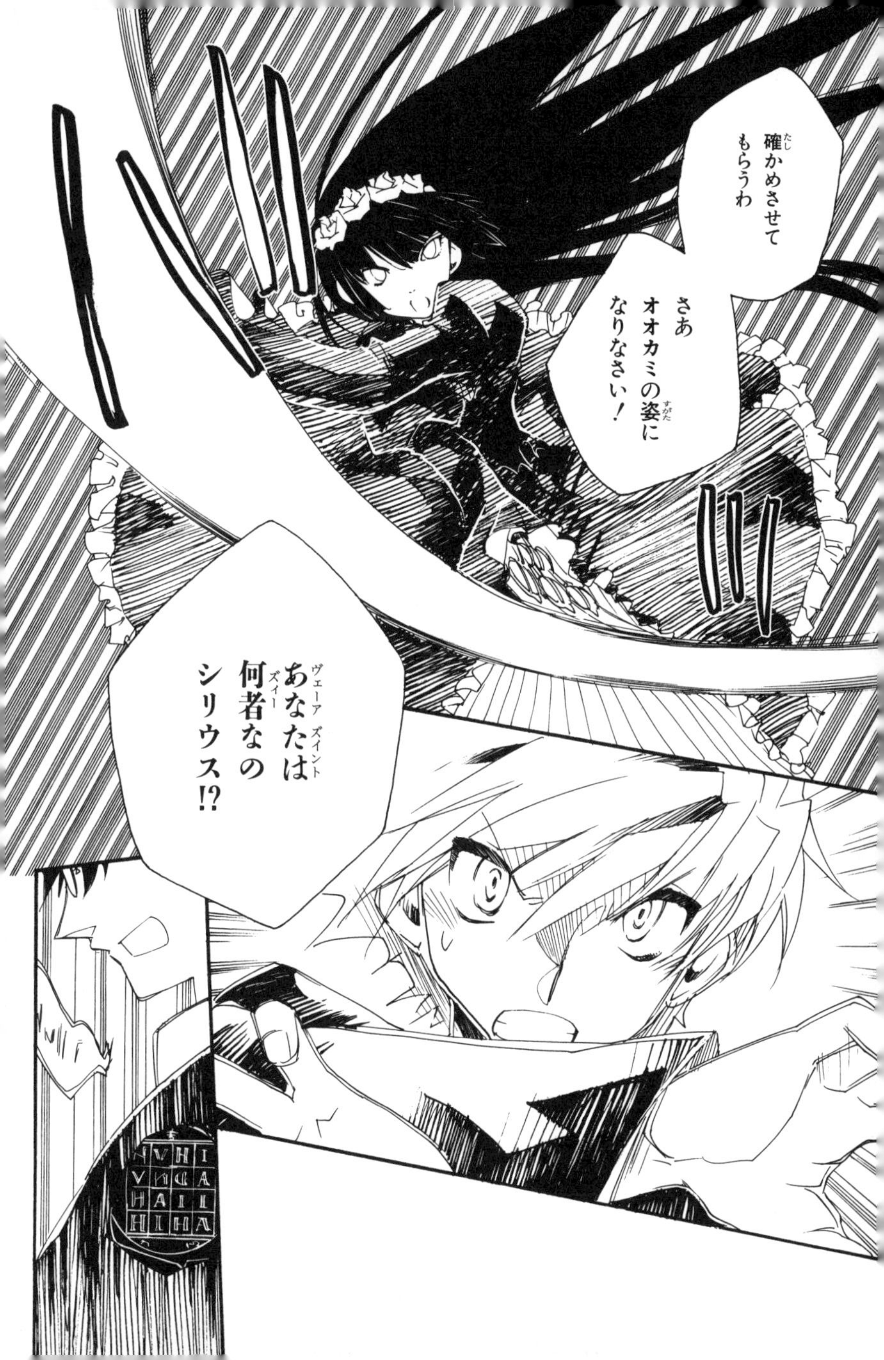
確かめさせて
もらうわ
さあ
オオカミの姿に
なりなさい！
あなたは
何者なの
シリウス!?

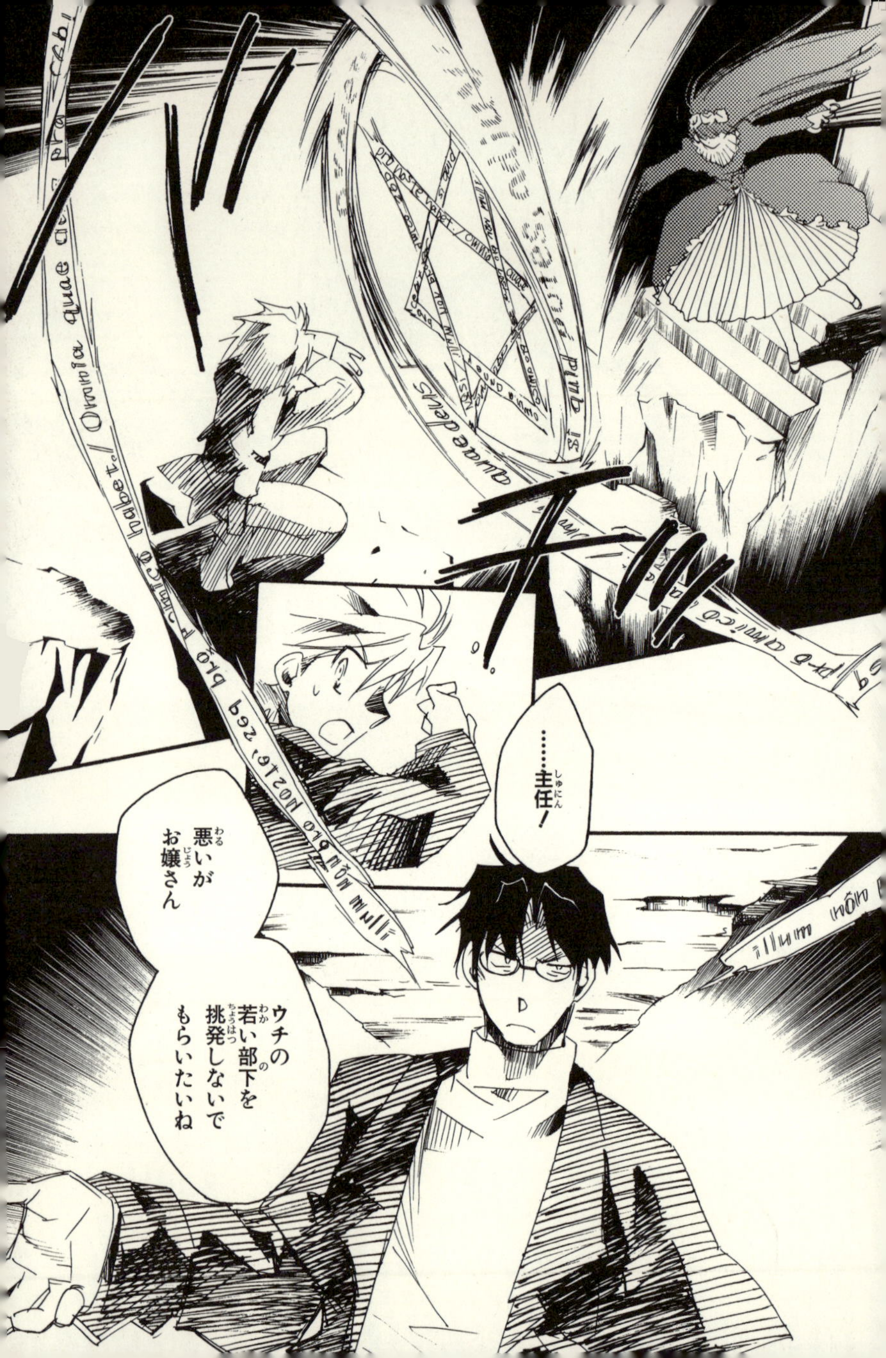
……主任！
悪いがお嬢さん
ウチの若い部下を挑発しないでもらいたいね

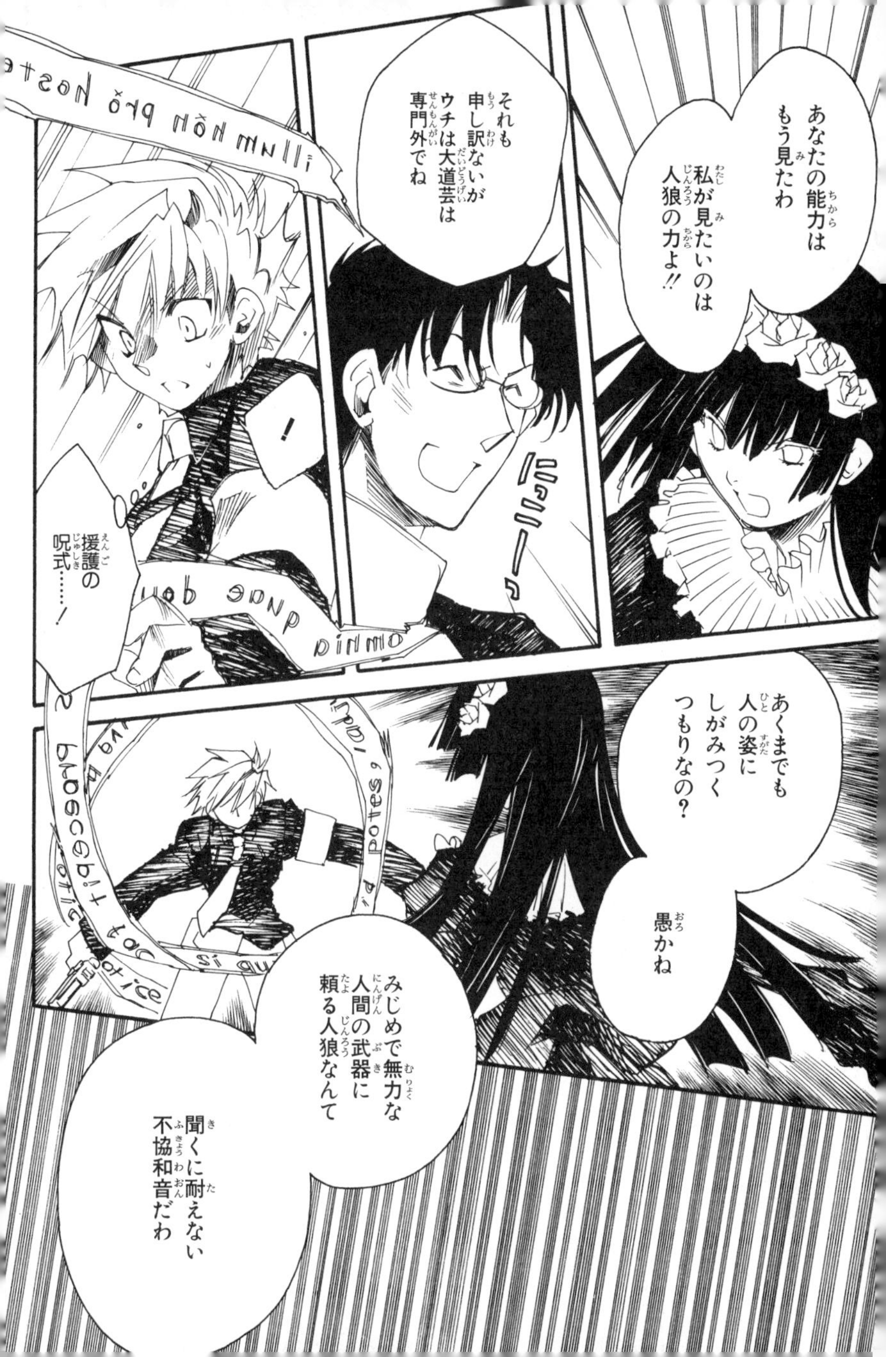
あなたの能力はもう見たわ
私が見たいのは人狼の力よ!!
それも申し訳ないがウチは大道芸は専門外でね
!
援護の呪式……!
あくまでも人の姿にしがみつくつもりなの?
愚かね
みじめで無力な人間の武器に頼る人狼なんて
聞くに耐えない不協和音だわ

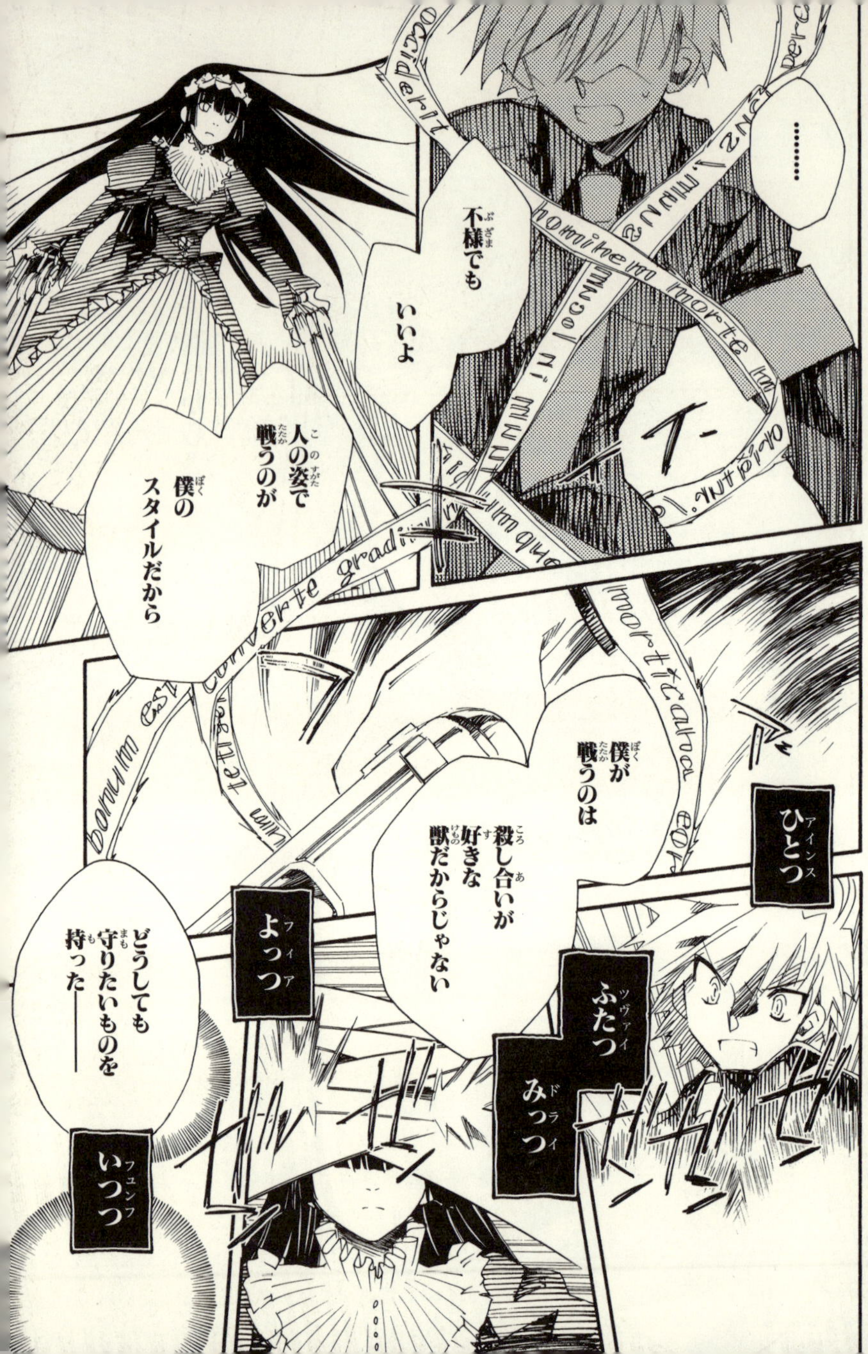
……
不様でもいいよ
人の姿で戦うのが僕のスタイルだから
ひとつ
僕が戦うのは殺し合いが好きな獣だからじゃない
ふたつ
みっつ
よっつ
どうしても守りたいものを持った——
いつつ

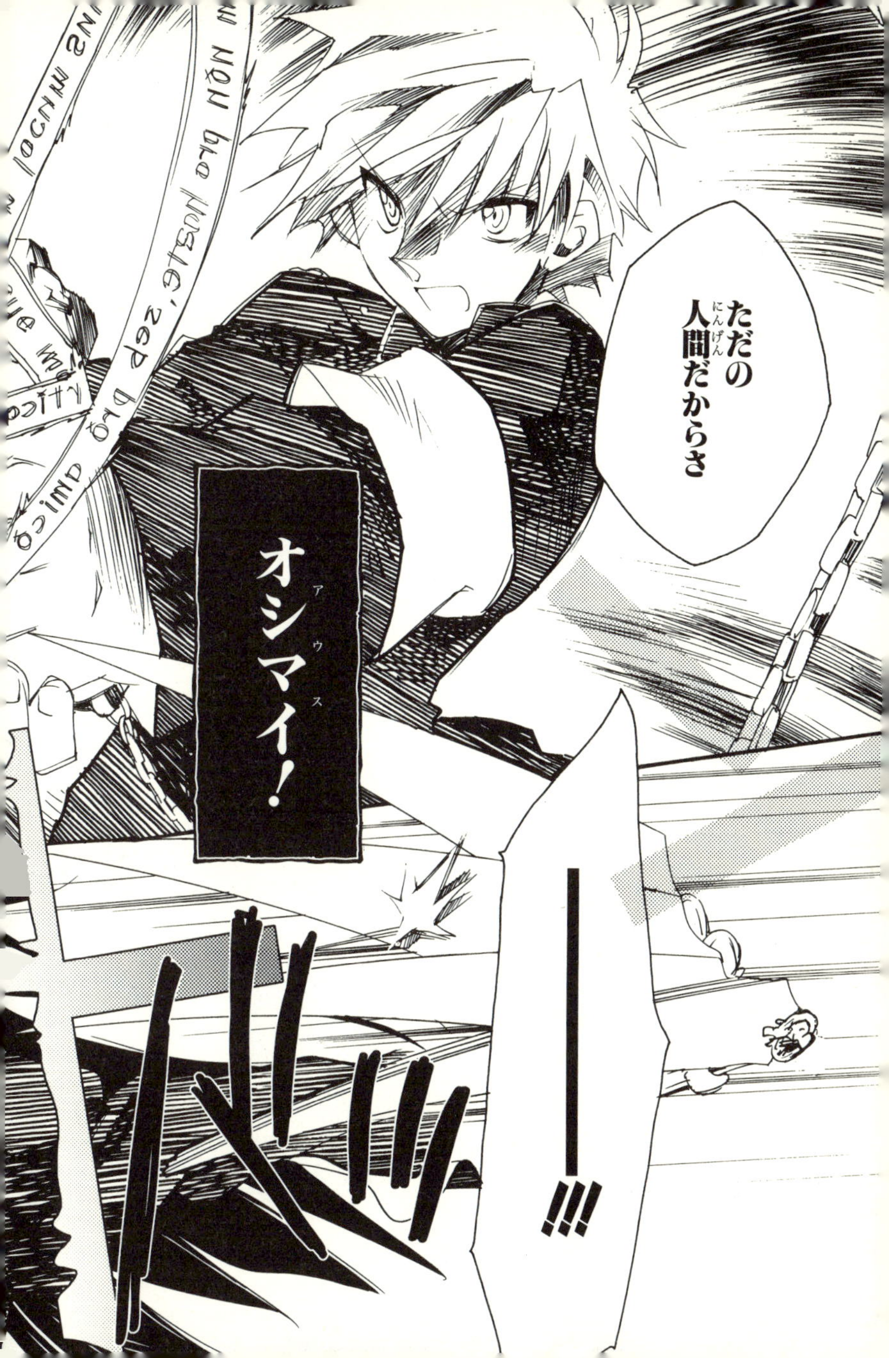
ただの人間(にんげん)だからさ
オシマイ(アウス)!
ーー!!!

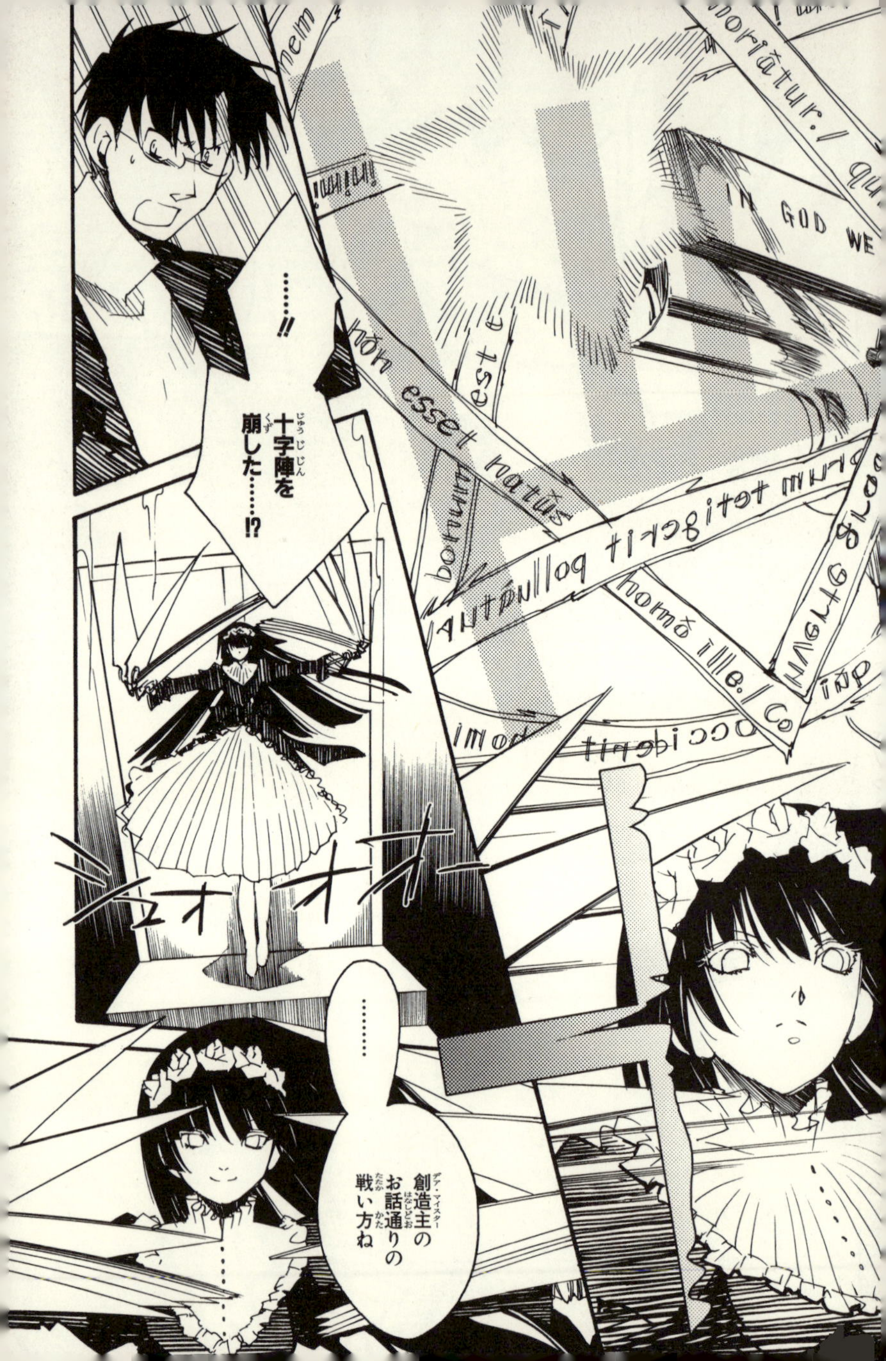
IN GOD WE
……!!
十字陣を崩した……!?
シュオオオー
………
……
創造主のお話通りの戦い方ね
……

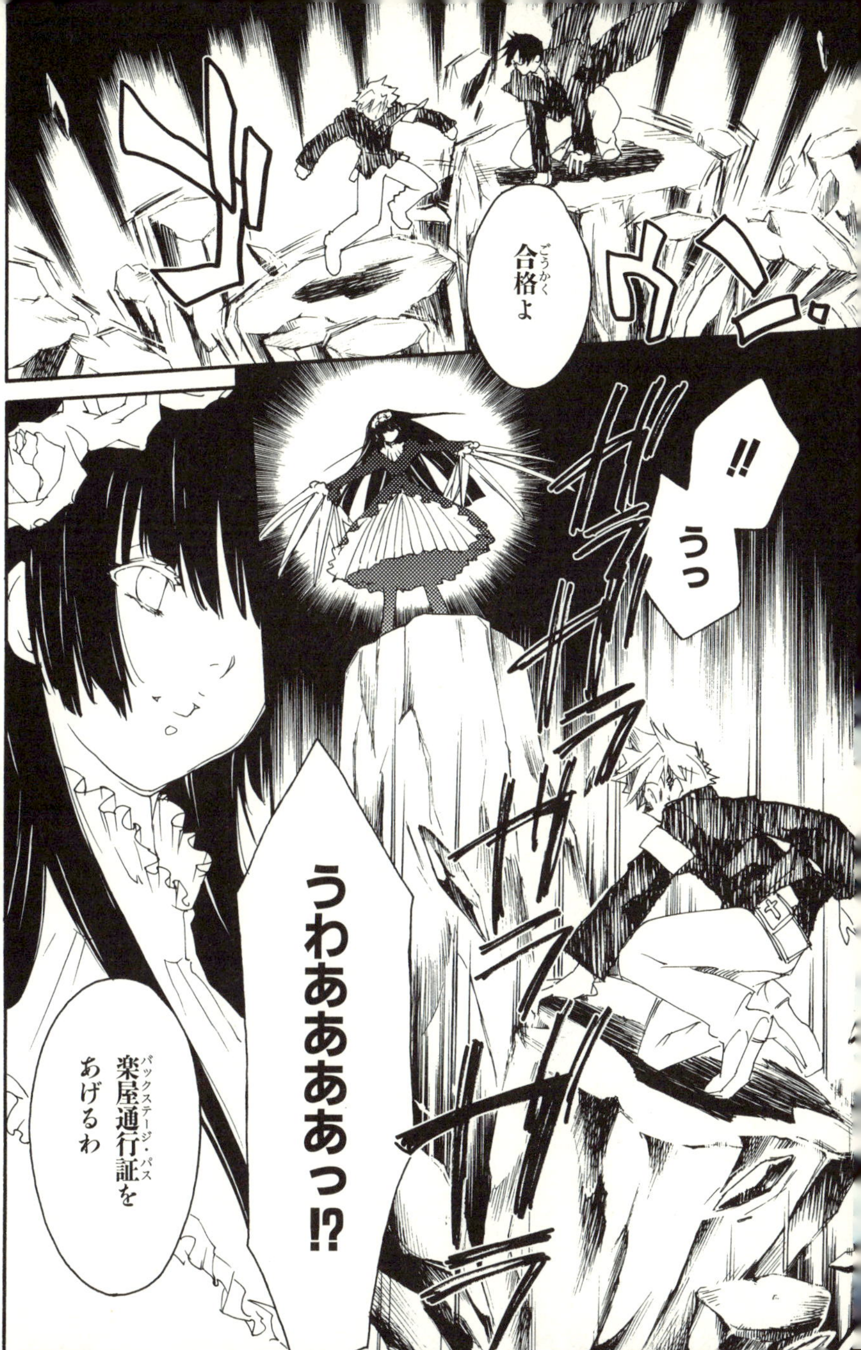

合格(ごうかく)よ
!! うっ
うわあああああっ!?
楽屋通行証(バックステージ・パス)をあげるわ

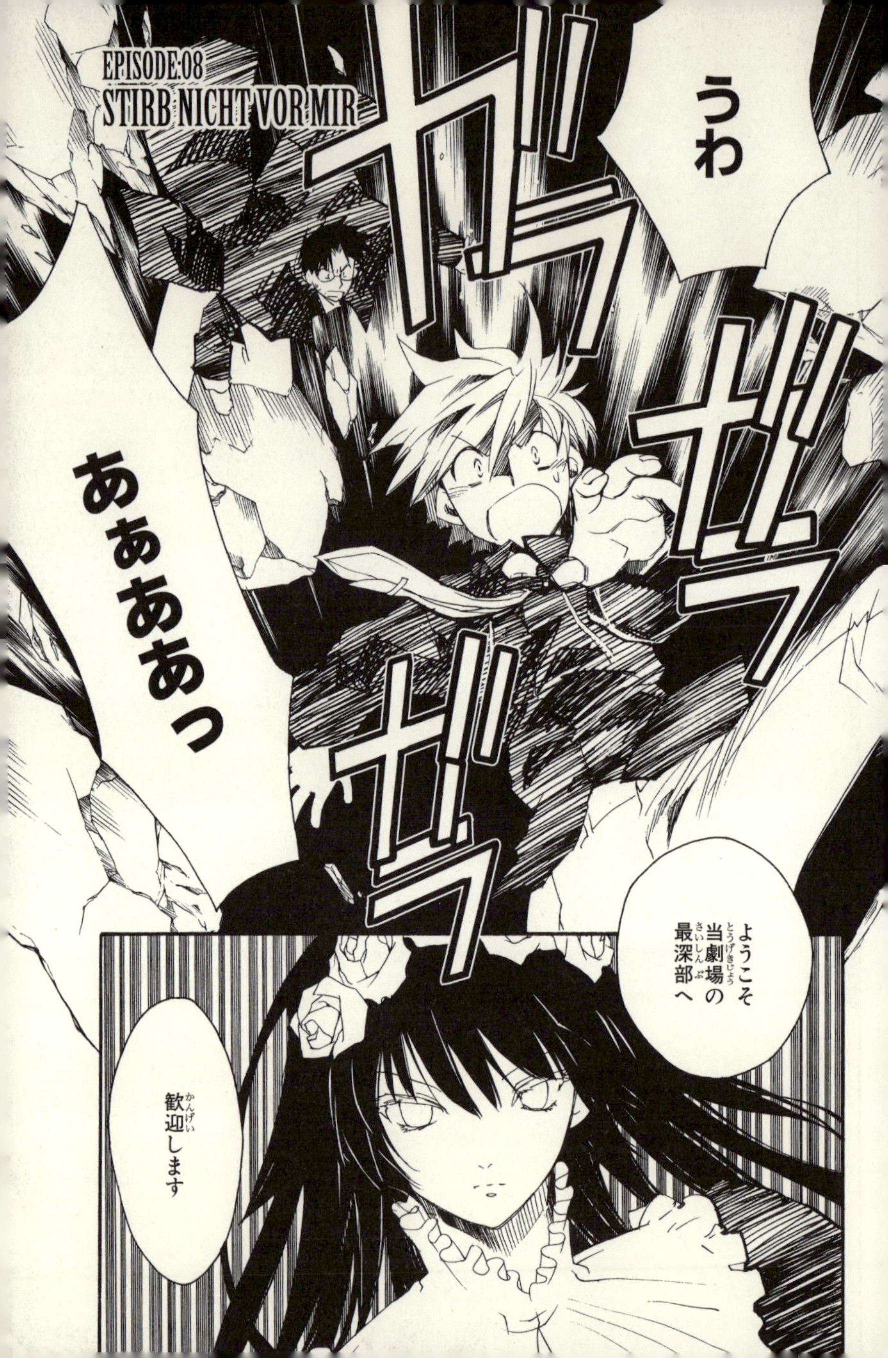
EPISODE:08
STIRB NICHT VOR MIR
うわ
ガラ
ガラ
ガラ
ああああっ
ようこそ当劇場の最深部へ
歓迎します

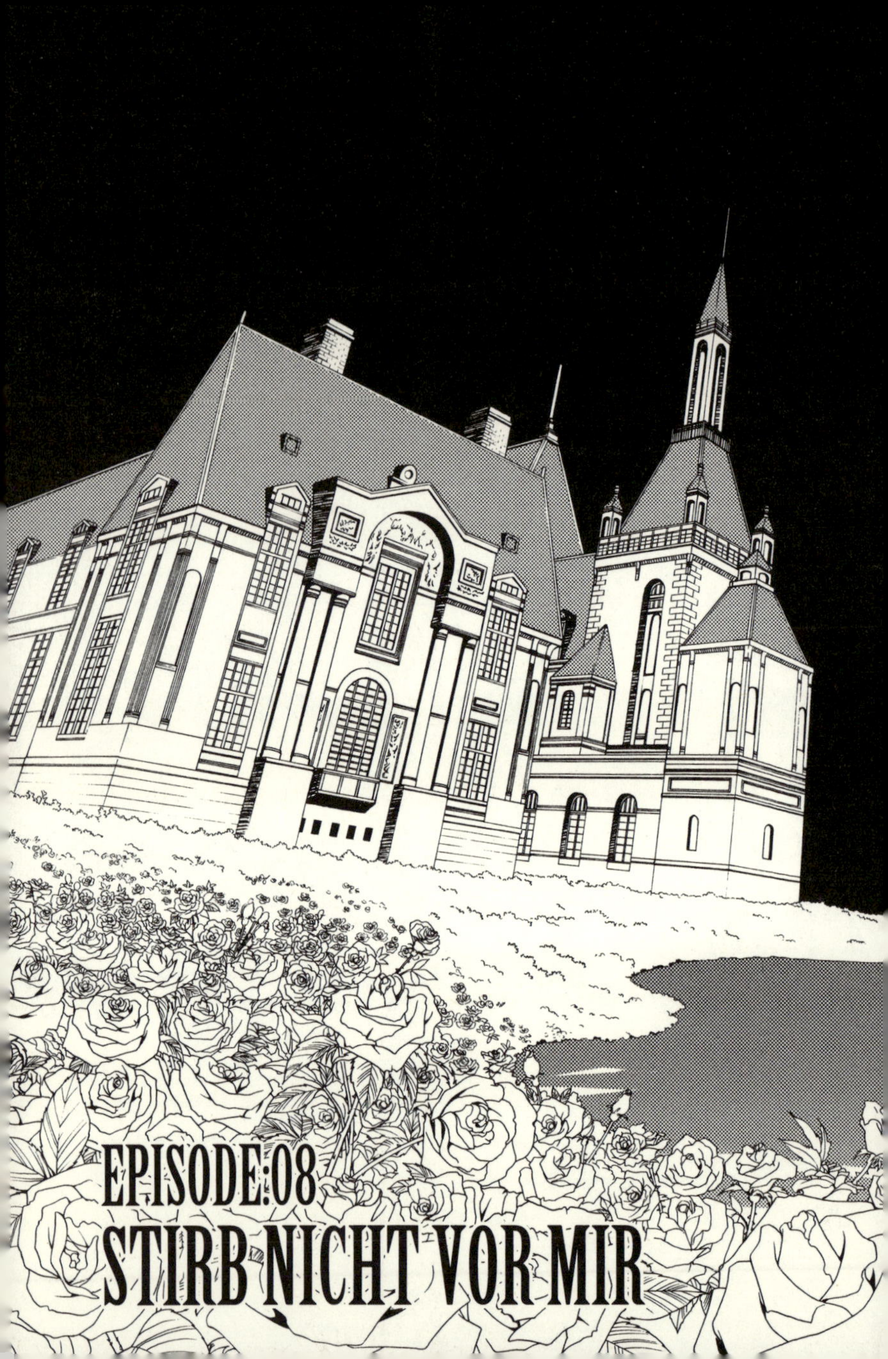
EPISODE:08
STIRB NICHT VOR MIR

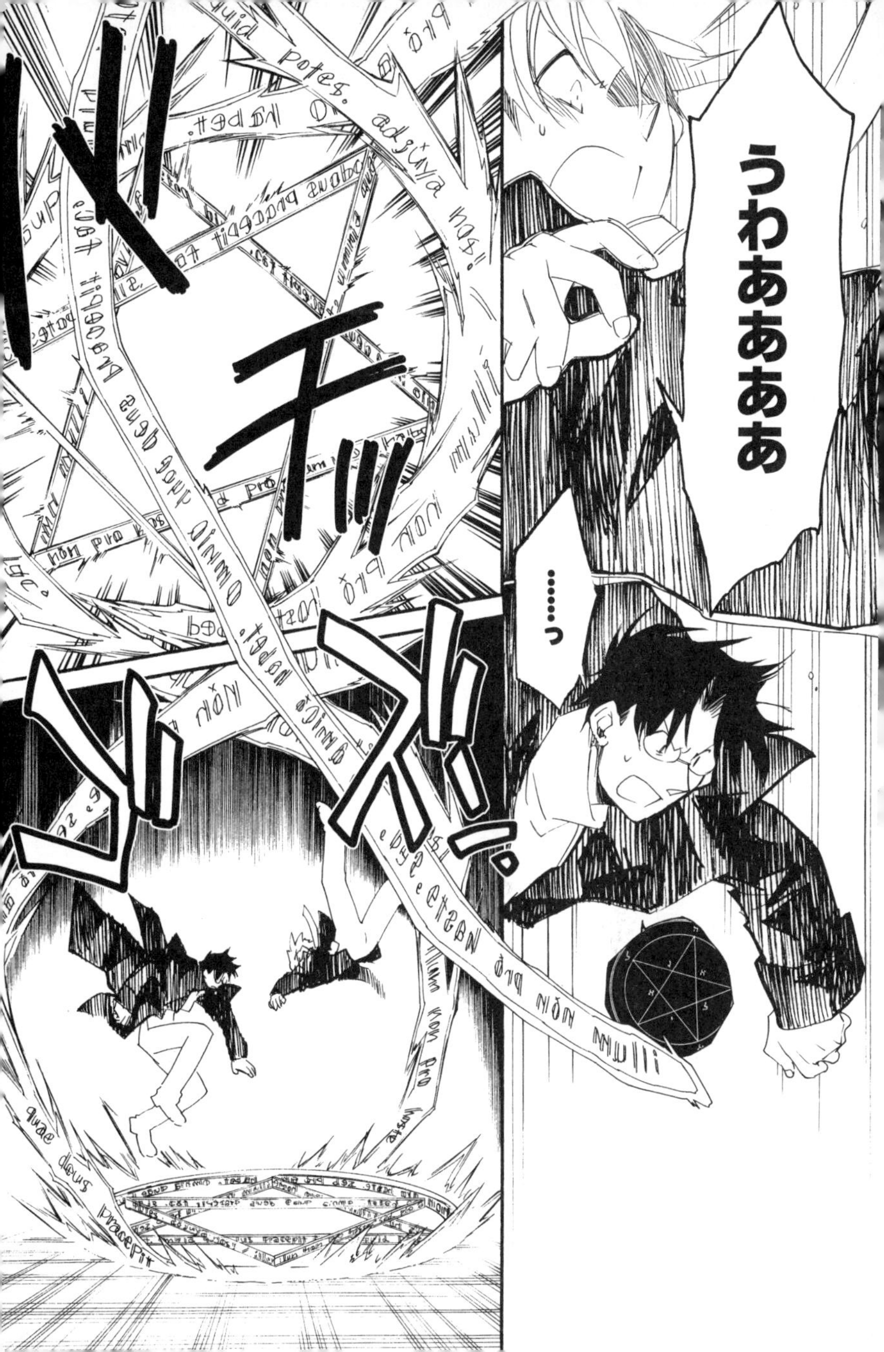
うわああああ
う……

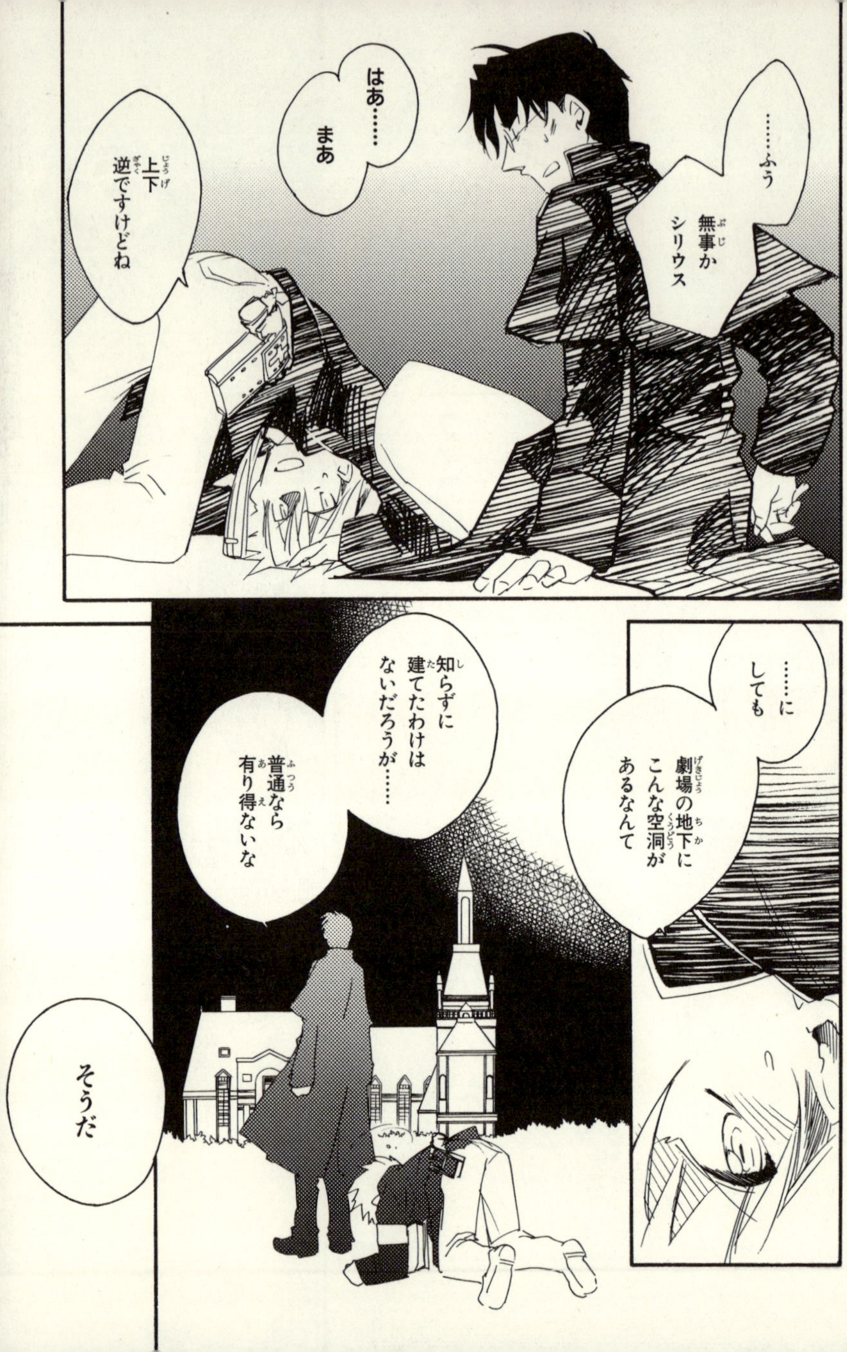
……ふう
無事か
シリウス
はあ……
まあ
上下逆ですけどね
……にしても
劇場の地下にこんな空洞があるなんて
知らずに建てたわけはないだろうが……
普通なら有り得ないな
そうだ

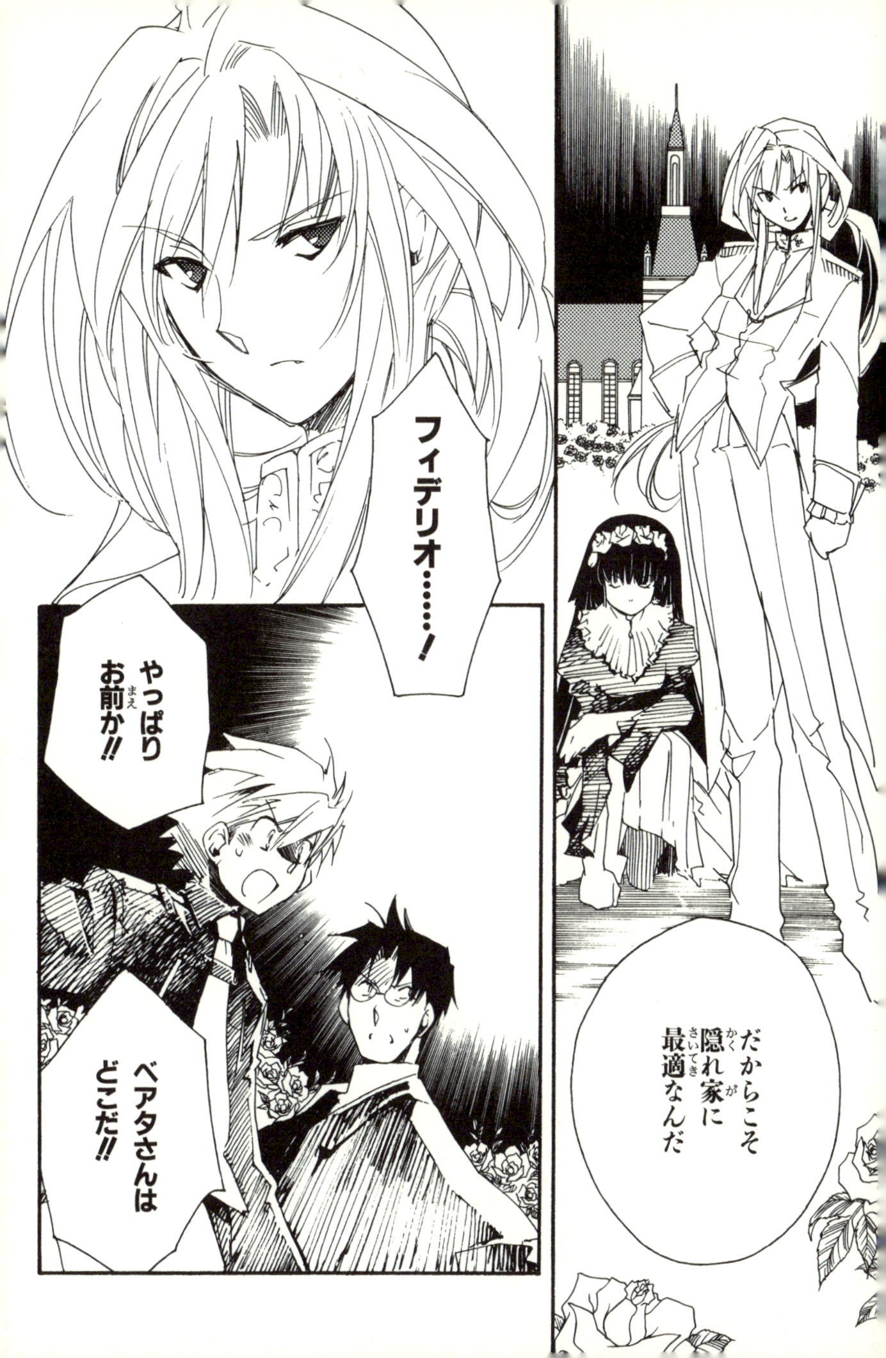
だからこそ隠れ家に最適なんだ
フィデリオ……!
やっぱりお前か!!
ベアタさんはどこだ!!

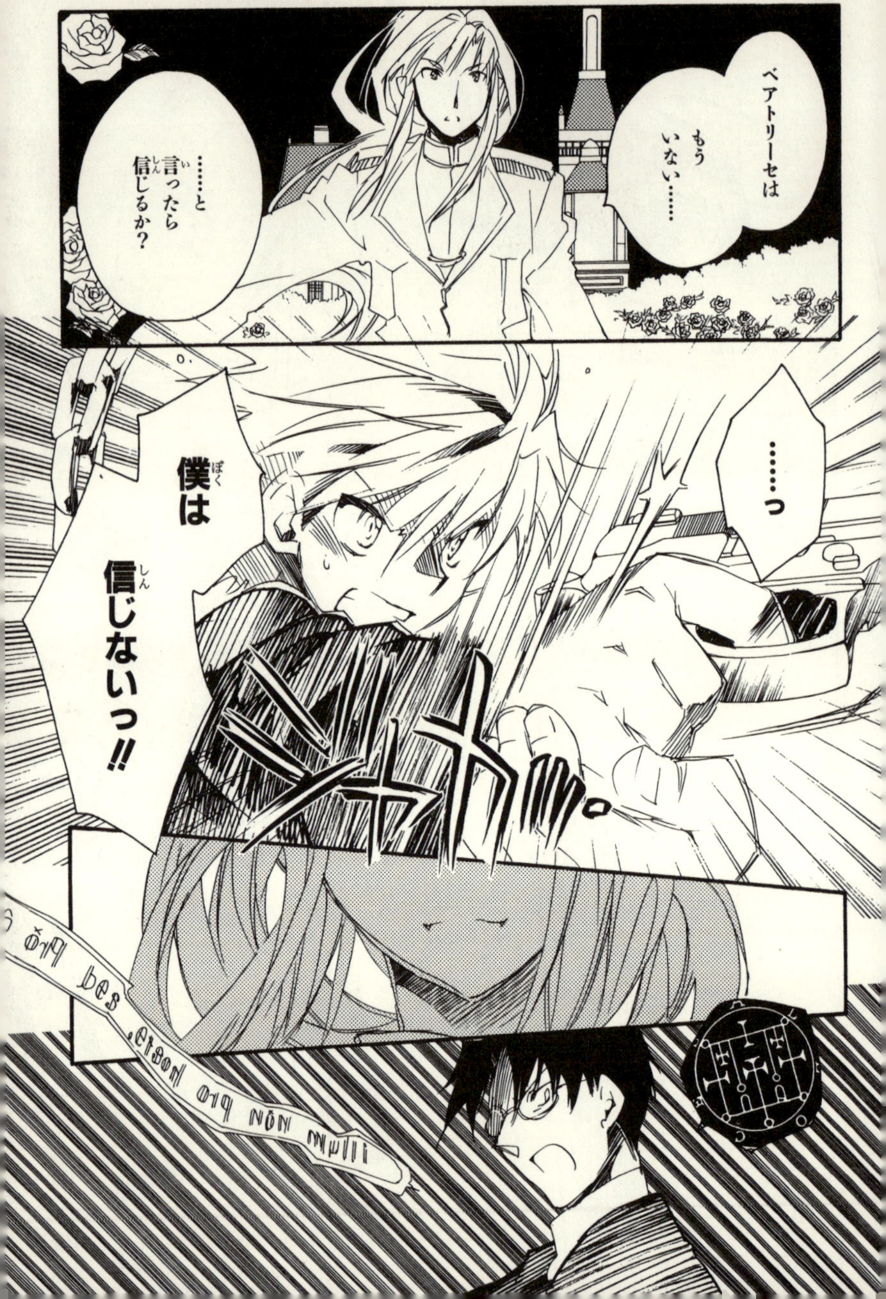
ベアトリーセは
もう
いない……
……と
言ったら
信じるか？
……っ
僕は
信じないっ!!

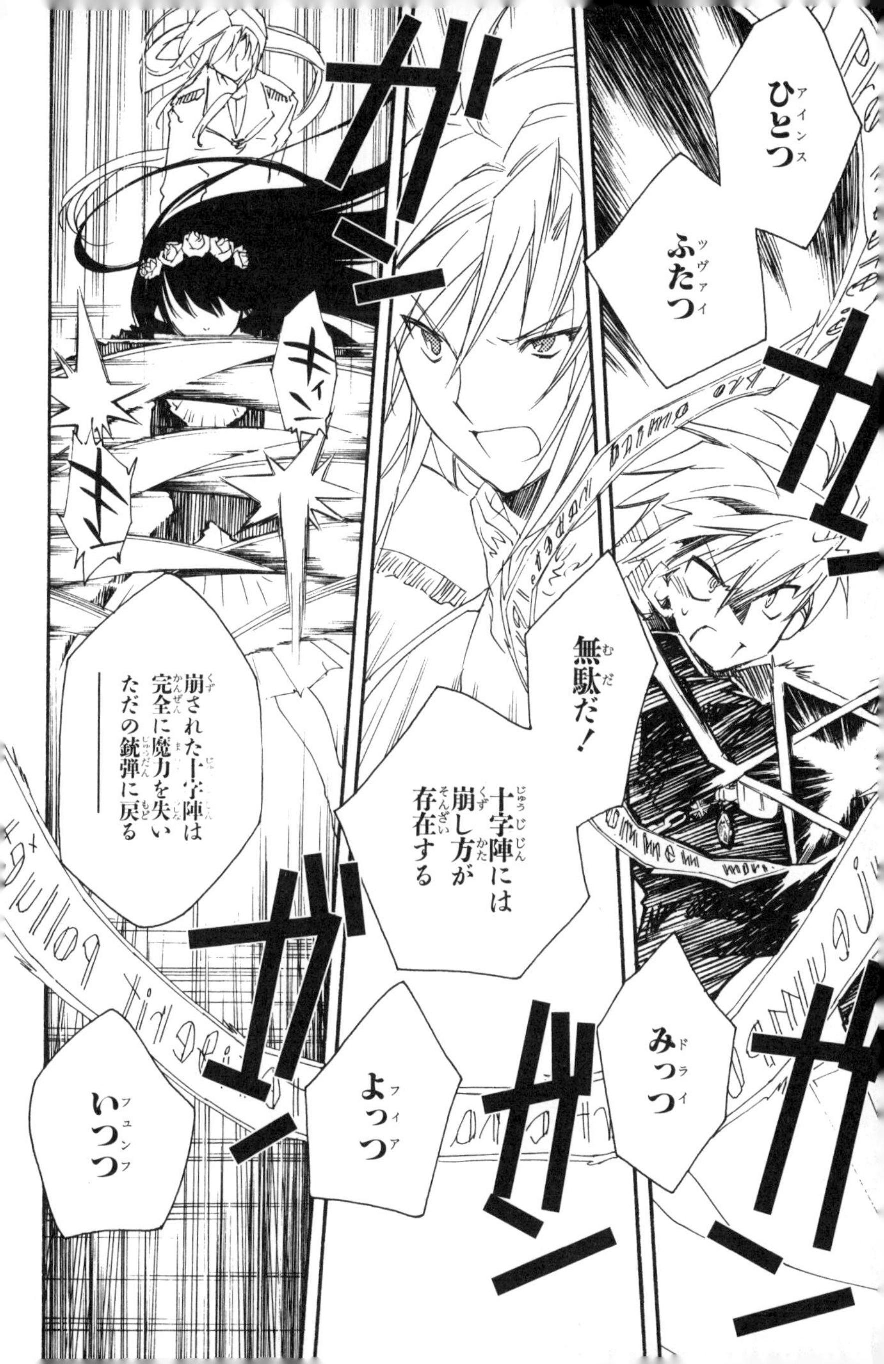
ひとつ(アインス)
ふたつ(ツヴァイ)
無駄(むだ)だ!
十字陣(じゅうじじん)には崩(くず)し方(かた)が存在(そんざい)する
崩(くず)された十字陣(じゅうじじん)は完全(かんぜん)に魔力(まりょく)を失(うしな)いただの銃弾(じゅうだん)に戻(もど)る
みっつ(ドライ)
よっつ(フィア)
いつつ(フュンフ)

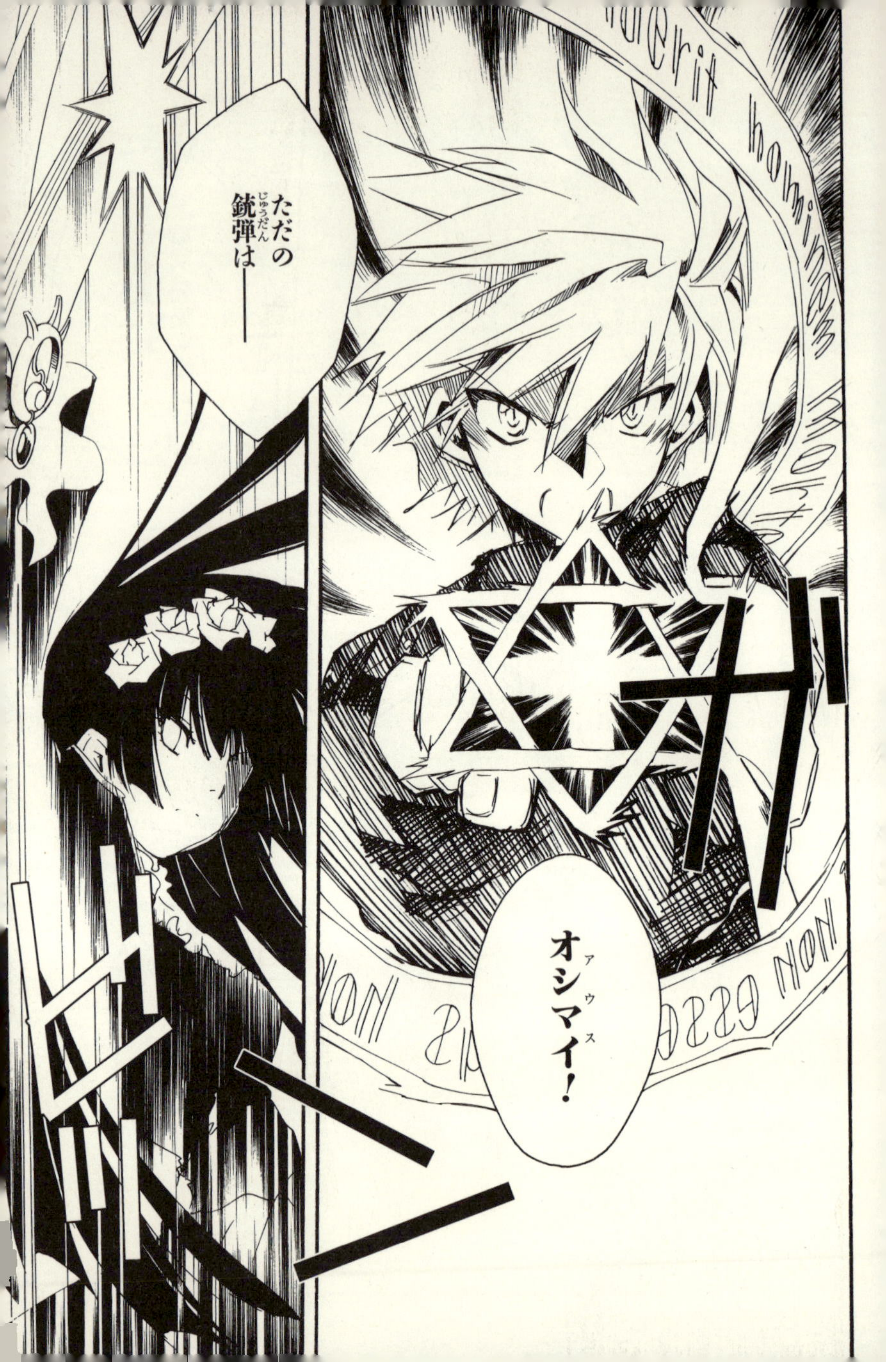
ただの銃弾（じゅうだん）は——
オシマイ（アウス）！

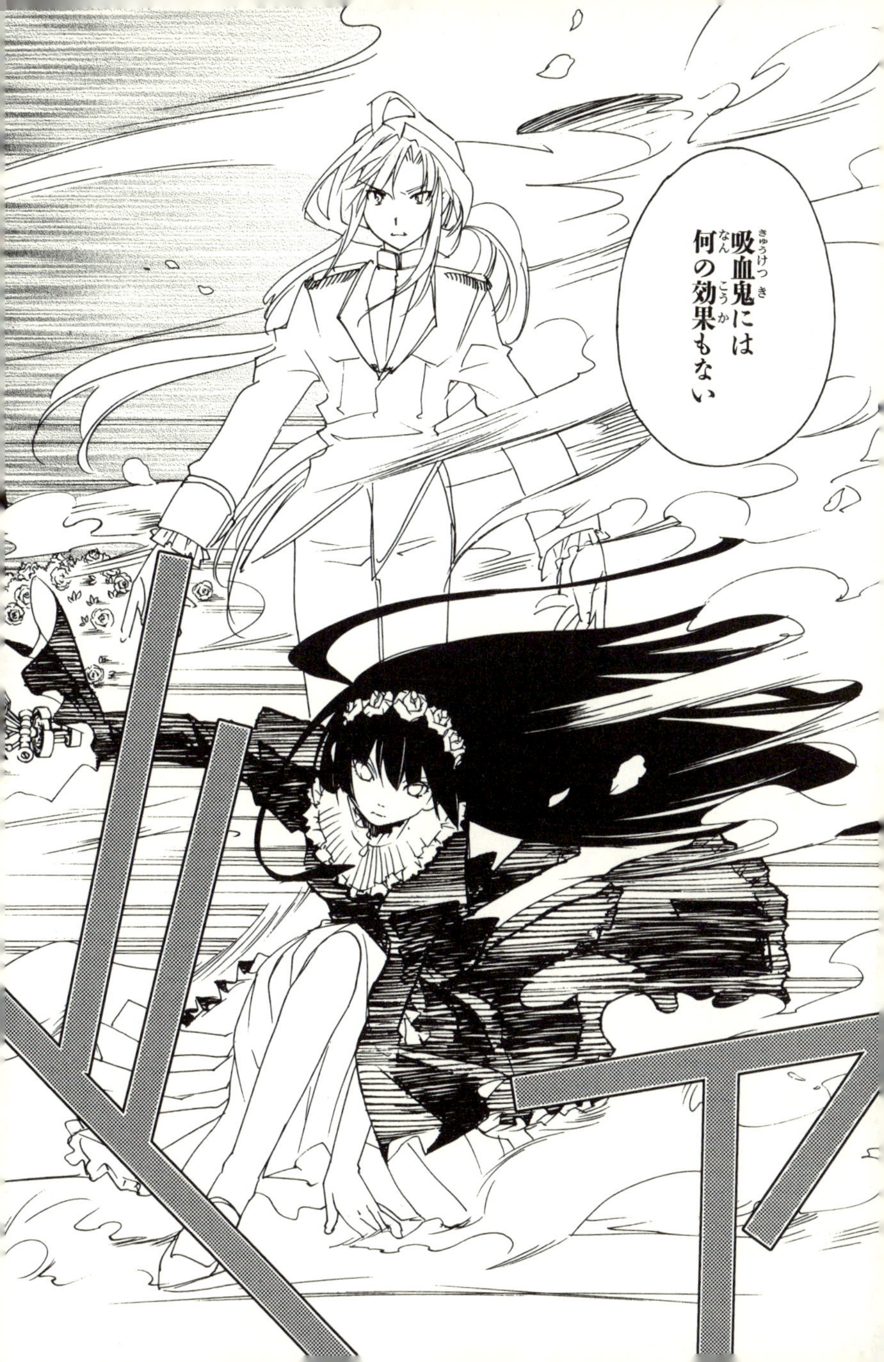
吸血鬼には何の効果もない

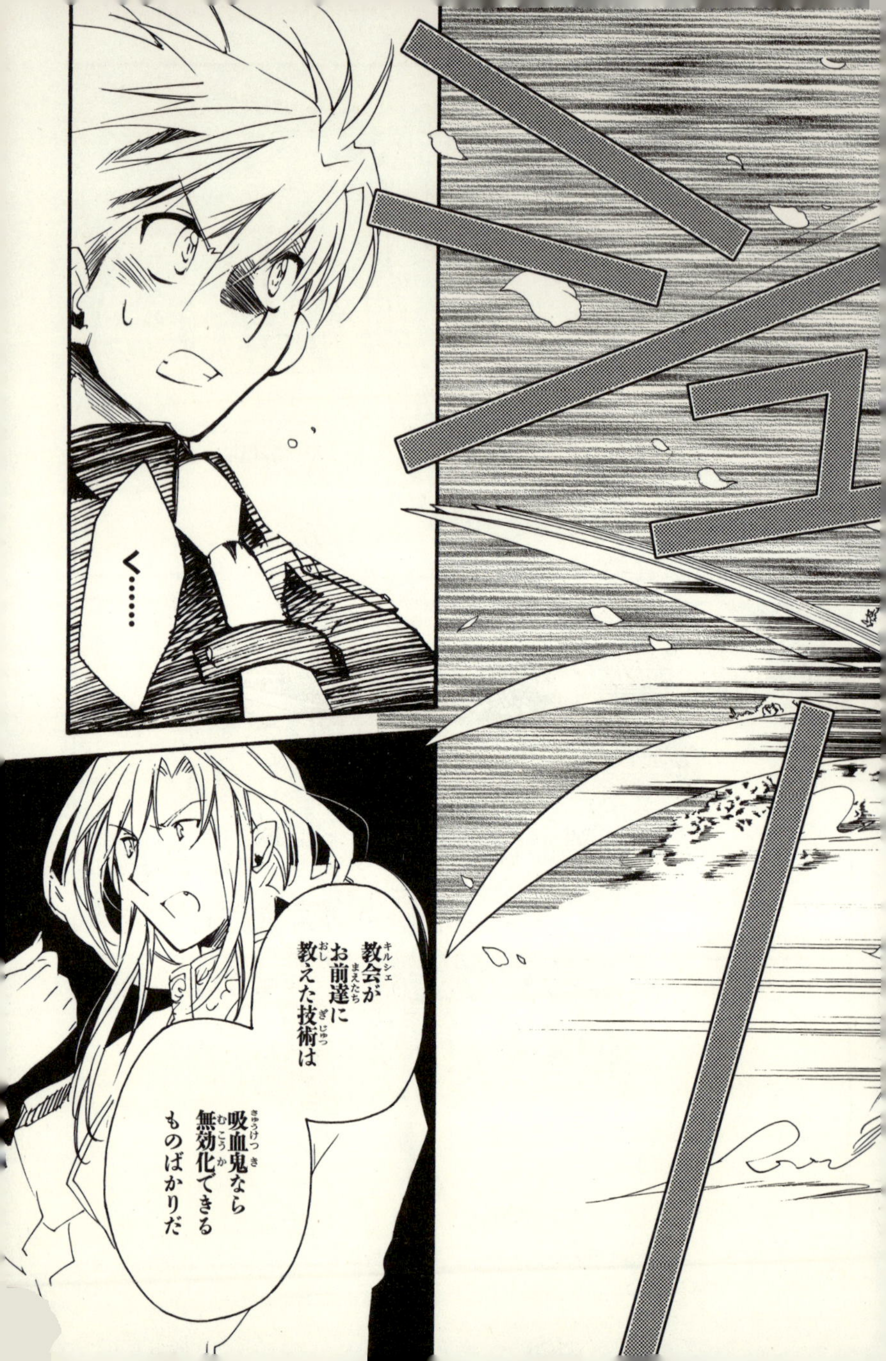
く……
教会がお前達に教えた技術は吸血鬼なら無効化できるものばかりだ

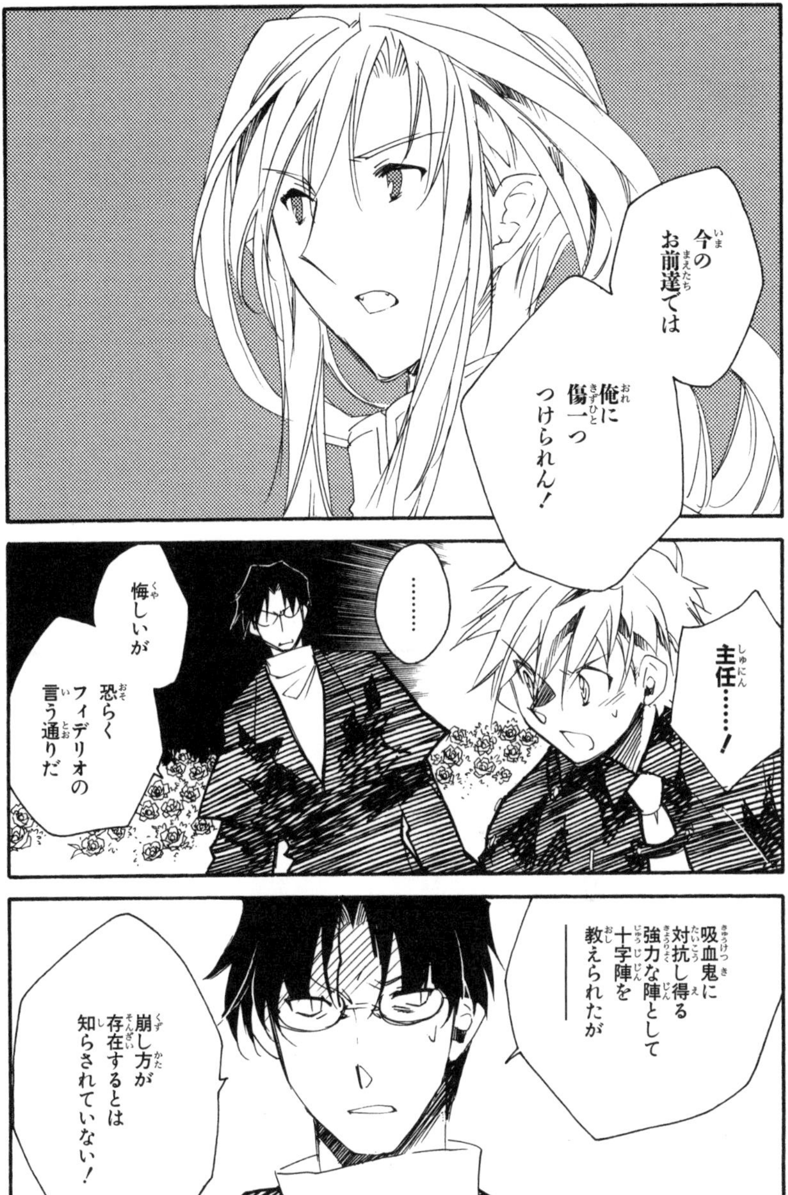
今のお前達では
俺に傷一つつけられん！
主任……！
……
悔しいが恐らくフィデリオの言う通りだ
吸血鬼に対抗し得る強力な陣として十字陣を教えられたが
崩し方が存在するとは知らされていない！

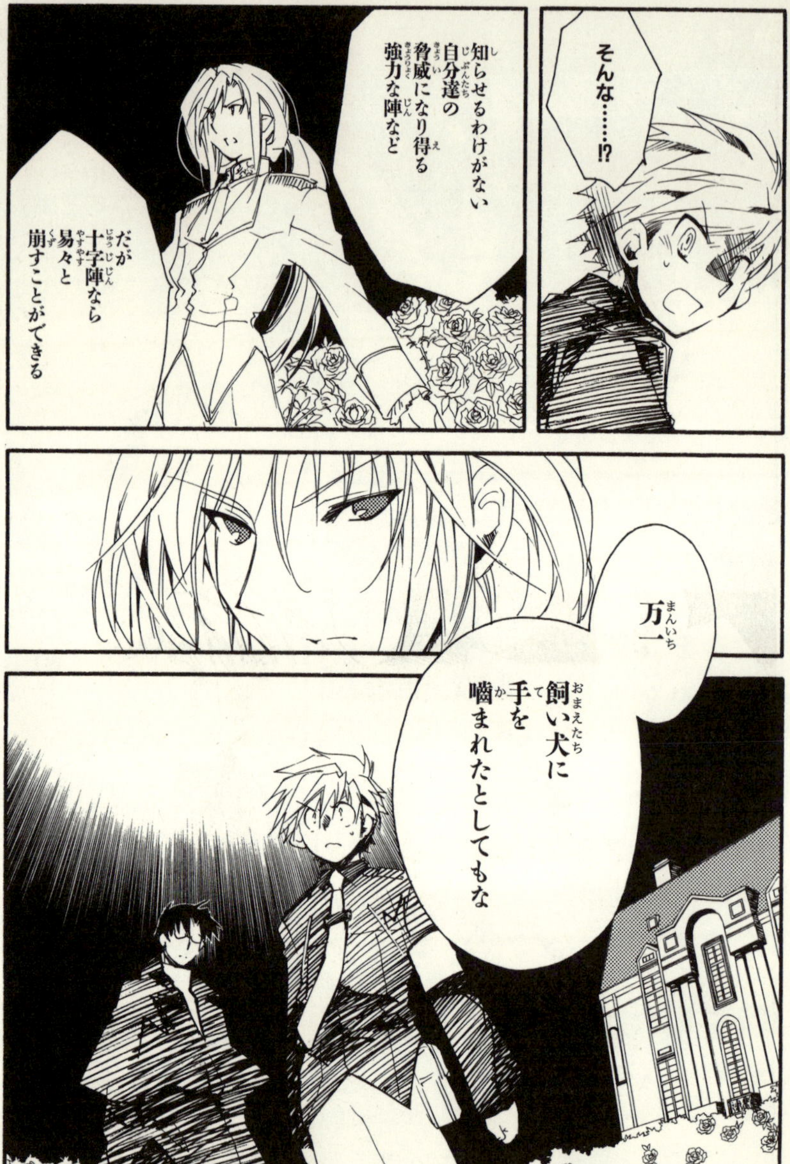
そんな……!?
知らせるわけがない
自分達の脅威になり得る強力な陣など
だが十字陣なら易々と崩すことができる
万一
飼い犬に手を噛まれたとしてもな

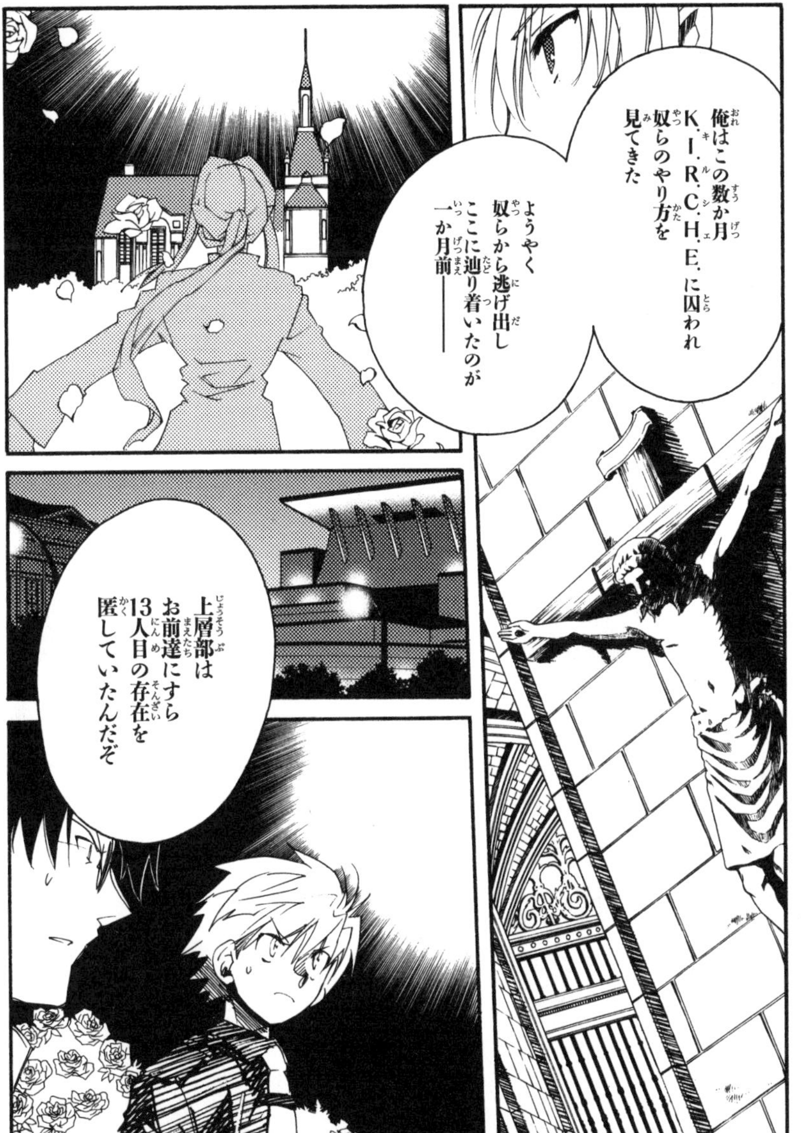
俺はこの数か月K.I.R.C.H.E.に囚われ奴らのやり方を見てきた
ようやく奴らから逃げ出しここに辿り着いたのが一か月前――
上層部はお前達にすら13人目の存在を匿していたんだぞ

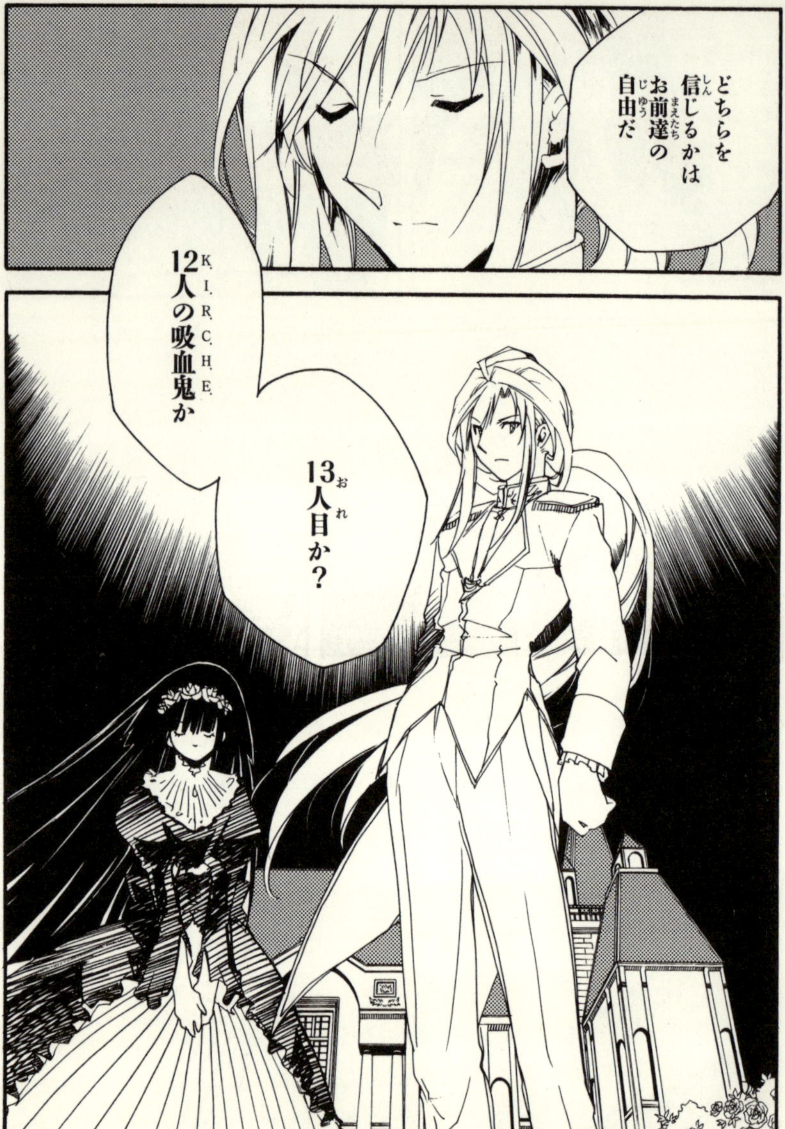
どちらを信じるかはお前達の自由だ
12人の吸血鬼か
13人目か？

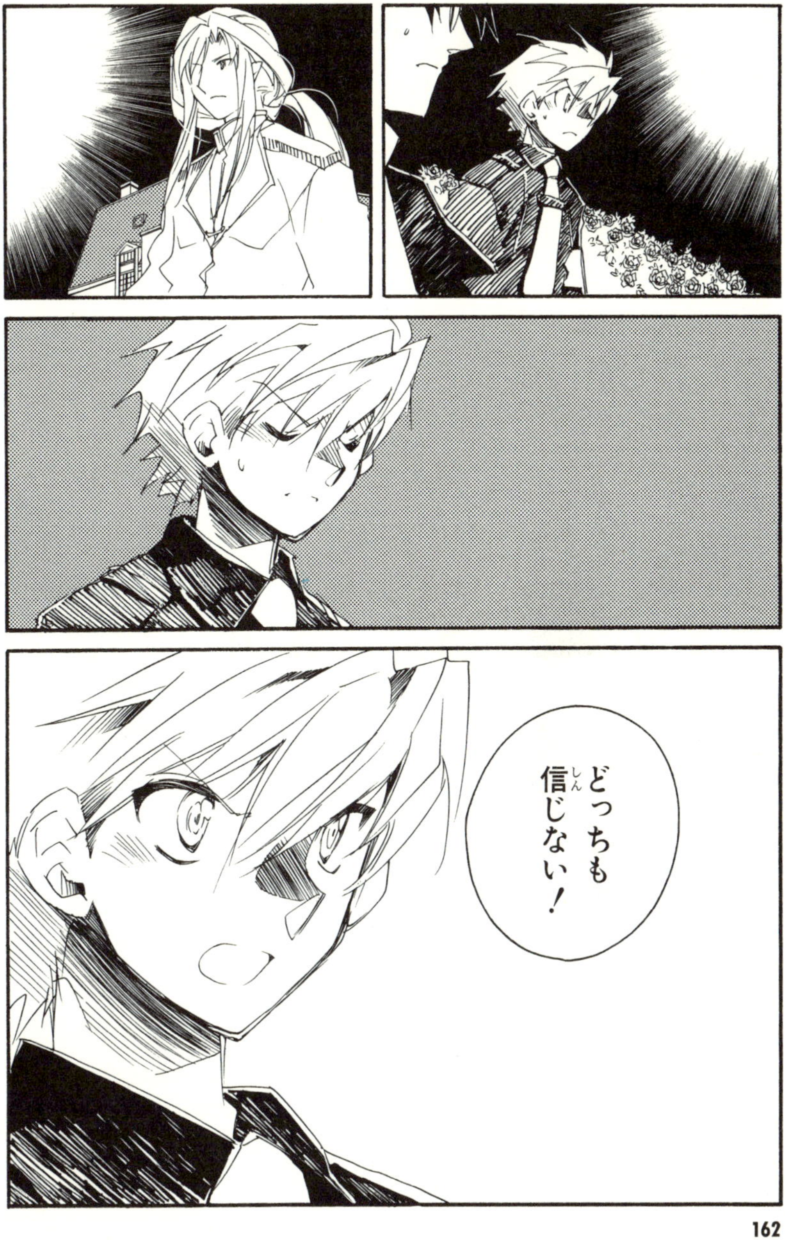
どっちも
信じない!

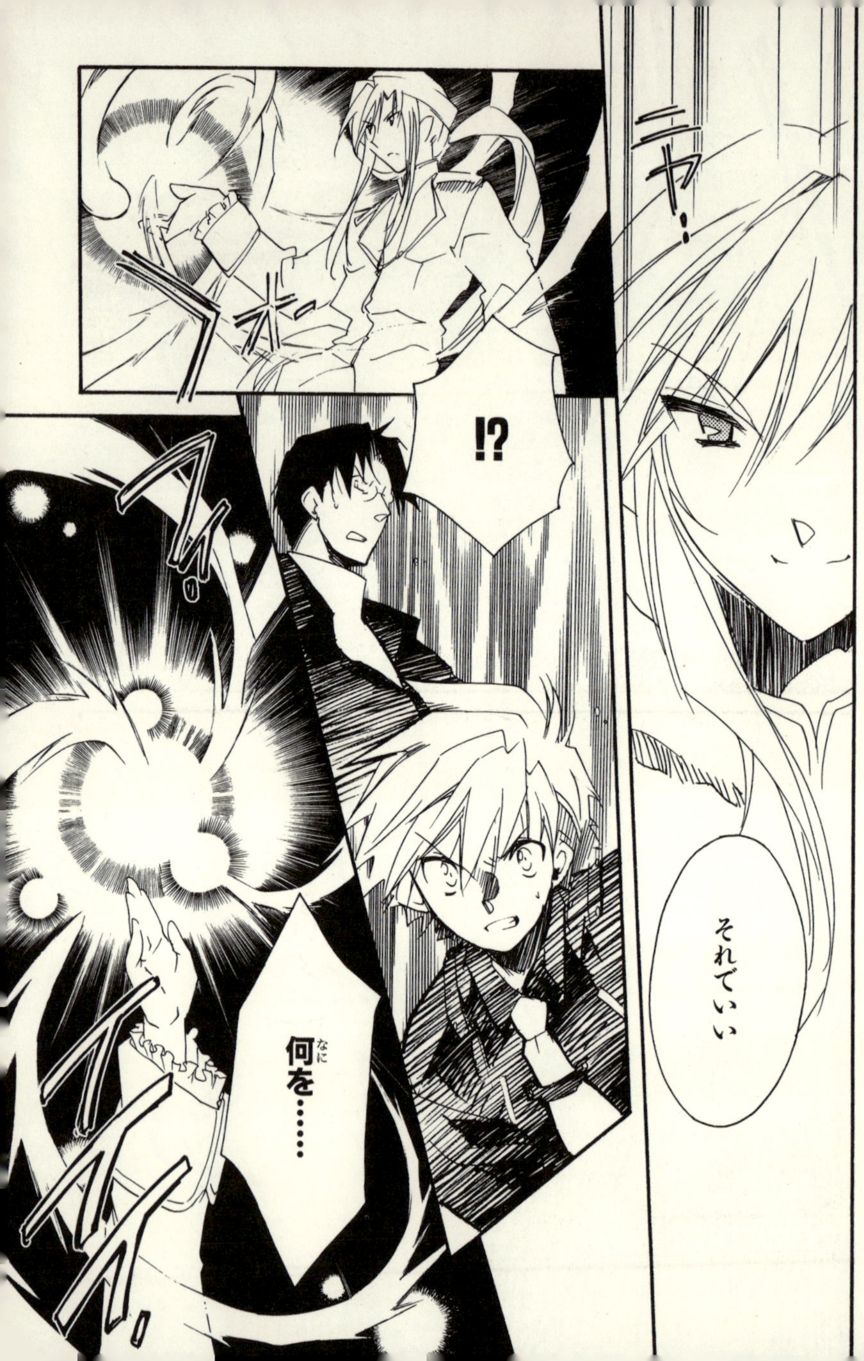
ニヤ!!
それでいい
!?
何を……

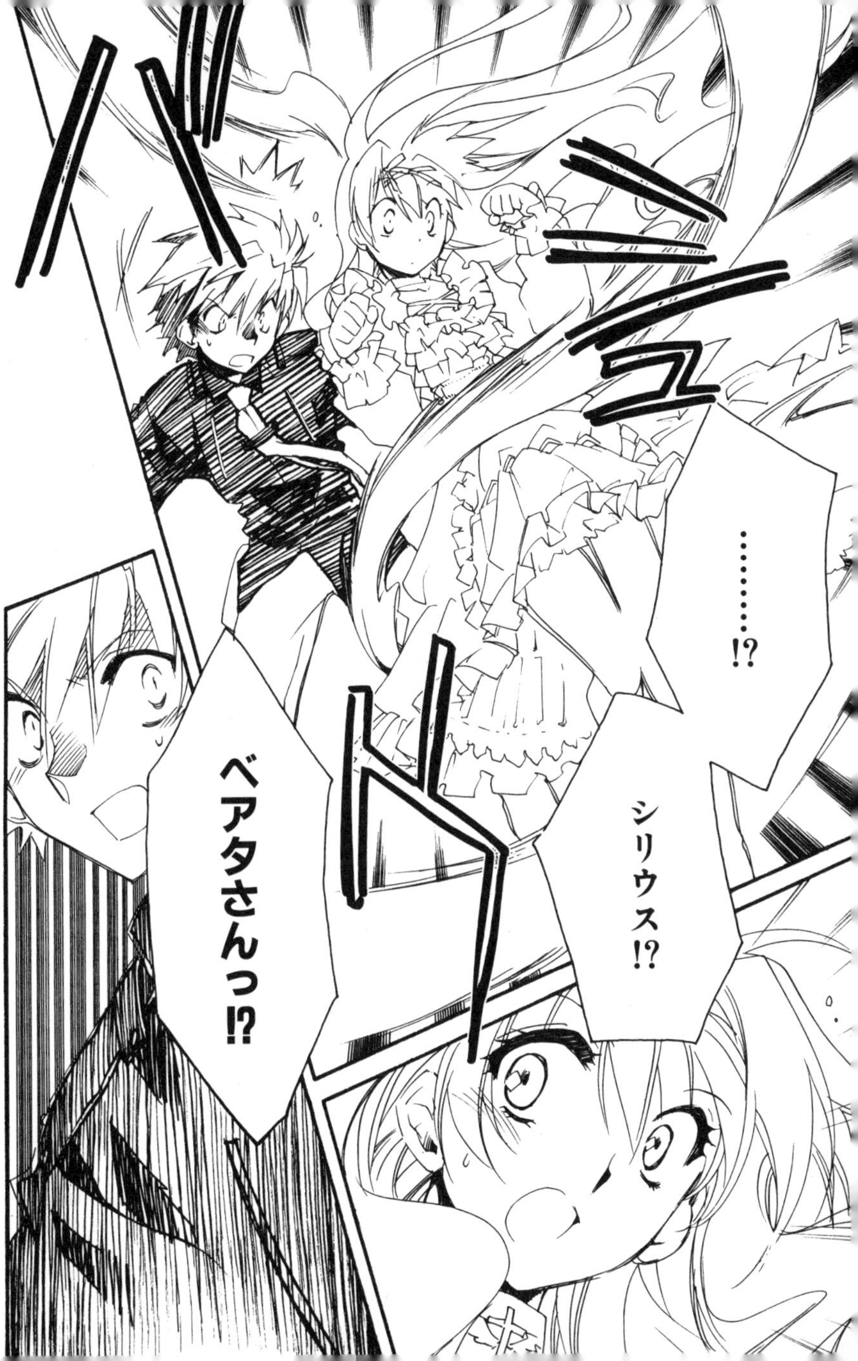
……!?
シリウス!?
ベアタさんっ!?

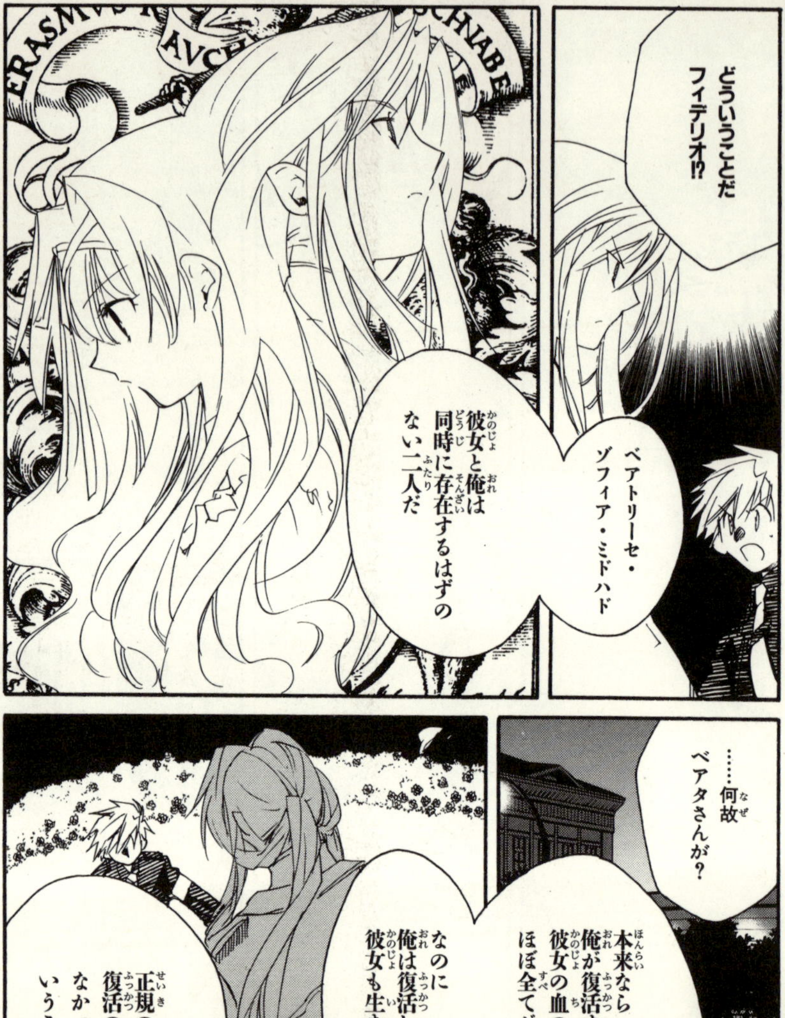
どういうことだ
フィデリオ!?
ベアトリーセ・ゾフィア・ミドハド
彼女と俺は同時に存在するはずのない二人だ
……何故ベアタさんが?
本来なら俺が復活する為には彼女の血のほぼ全てが必要なはずだ
なのに俺は復活し彼女も生き残った
正規の復活の儀式ではなかったということ———

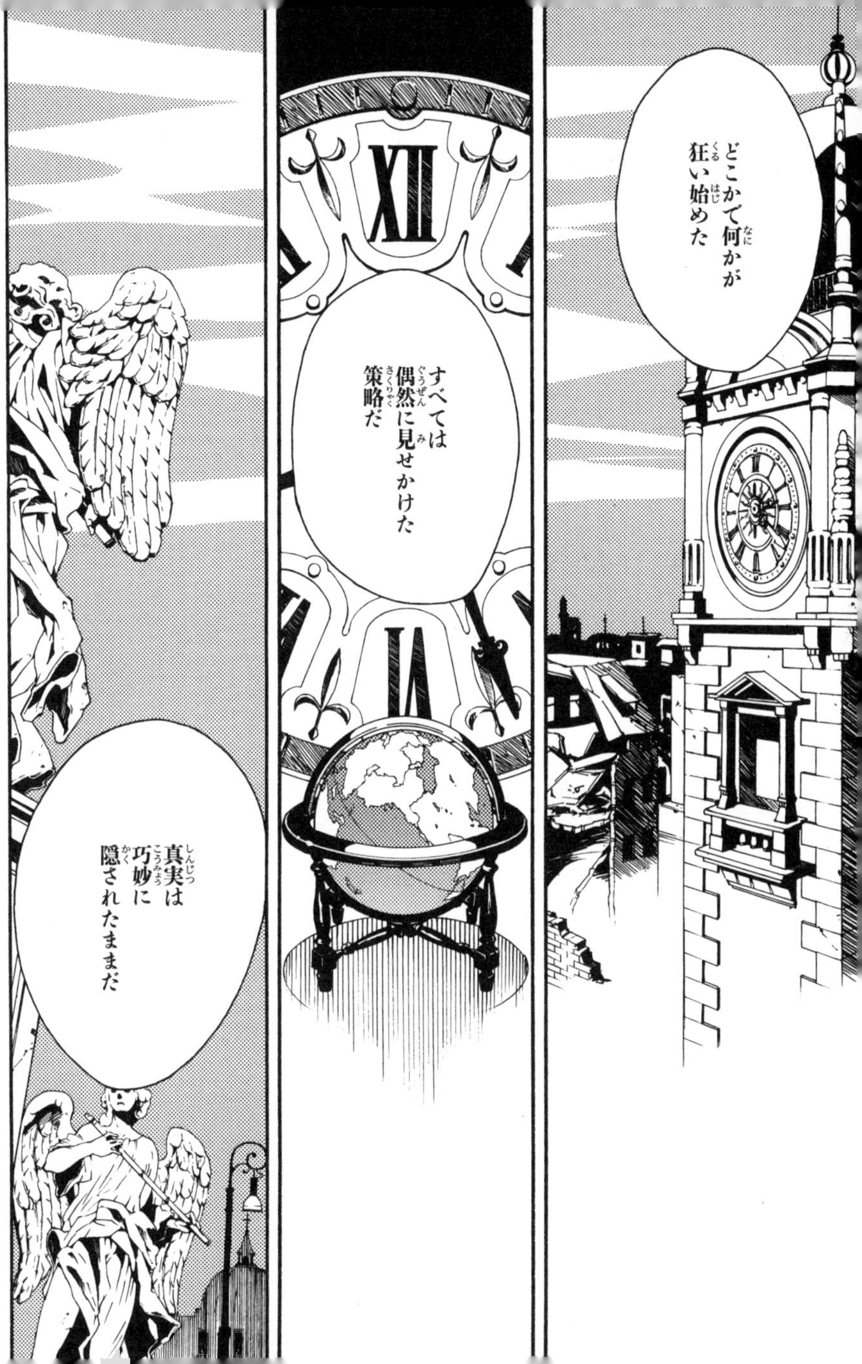
どこかで何かが狂い始めた
すべては偶然に見せかけた策略だ
真実は巧妙に隠されたままだ

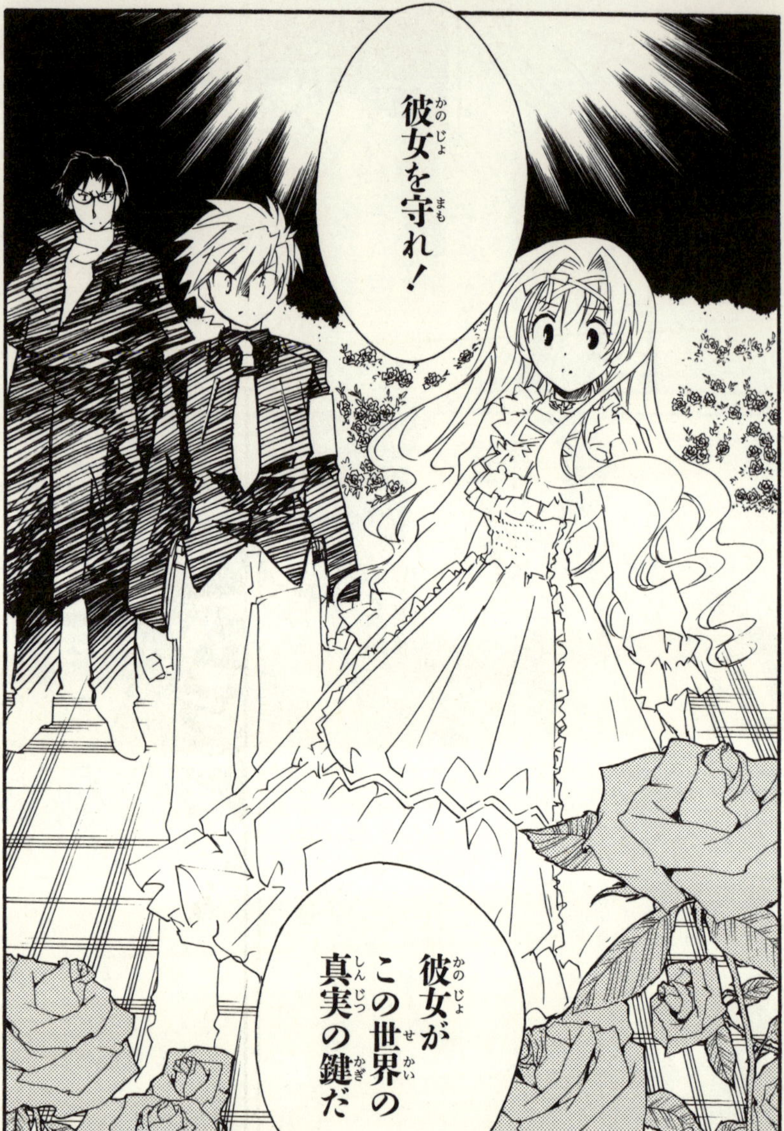
彼女を守れ！
彼女がこの世界の真実の鍵だ

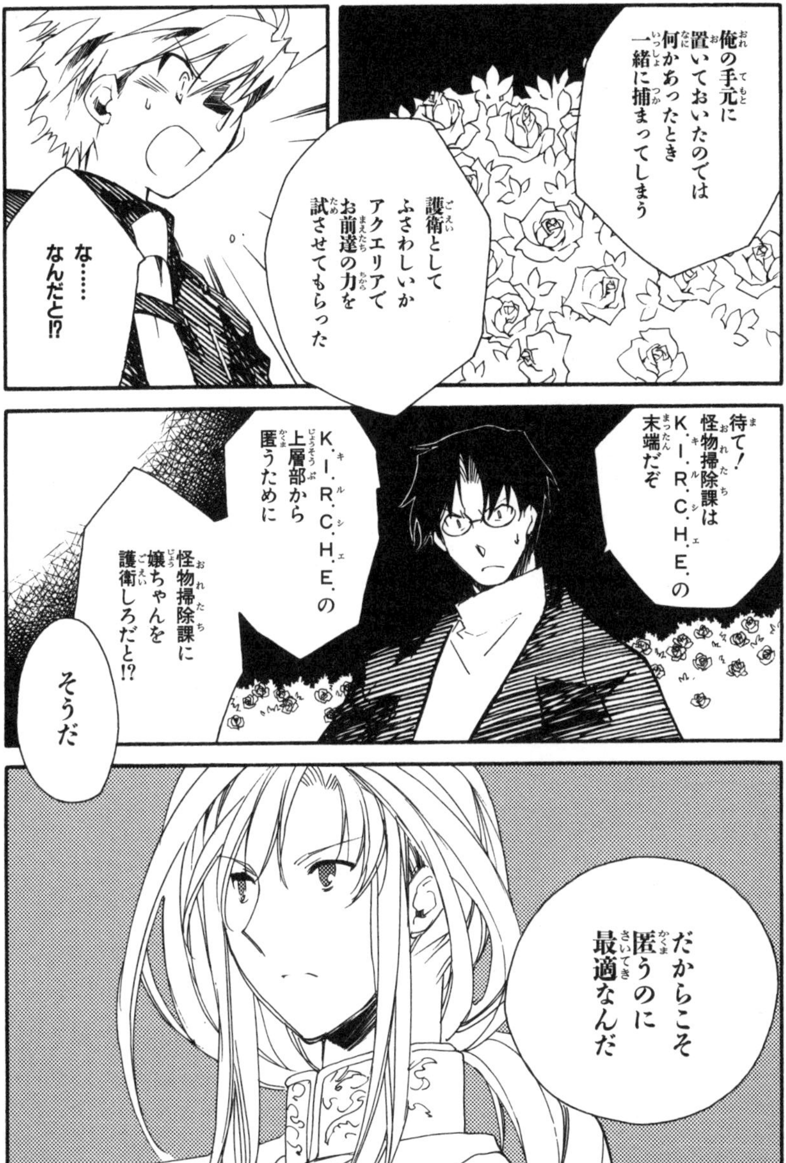

俺の手元に置いておいたのでは何かあったとき一緒に捕まってしまう
護衛としてふさわしいかアクエリアでお前達の力を試させてもらった
な……なんだと!?
待て! 怪物掃除課はK.I.R.C.H.E.の末端だぞ
K.I.R.C.H.E.の上層部から匿うために
怪物掃除課に嬢ちゃんを護衛しろだと!?
そうだ
だからこそ匿うのに最適なんだ

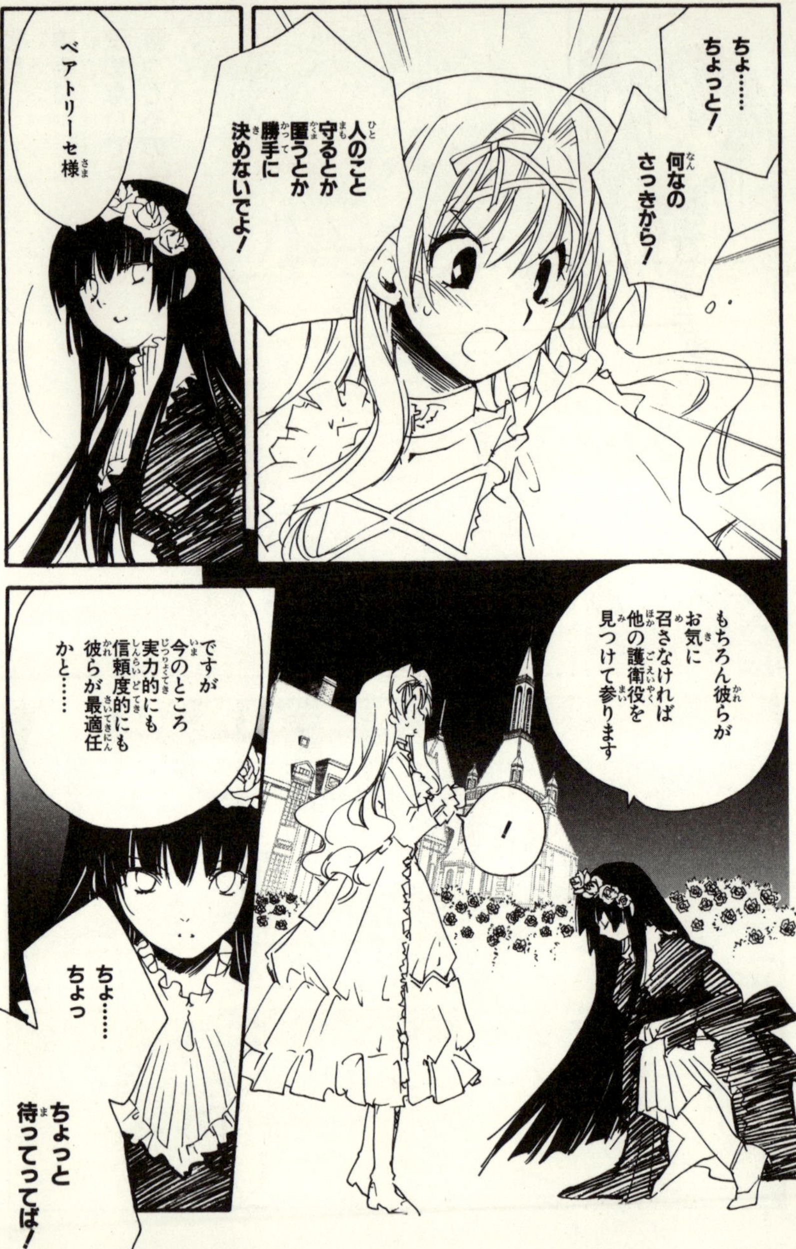
ちょ……
ちょっと！
何なの
さっきから！
人のこと守るとか匿うとか勝手に決めないでよ！
ベアトリーセ様
もちろん彼らがお気に召さなければ他の護衛役を見つけて参ります
！
ですが今のところ実力的にも信頼度的にも彼らが最適任かと……
ちょ……ちょっ
ちょっと待ってってば！

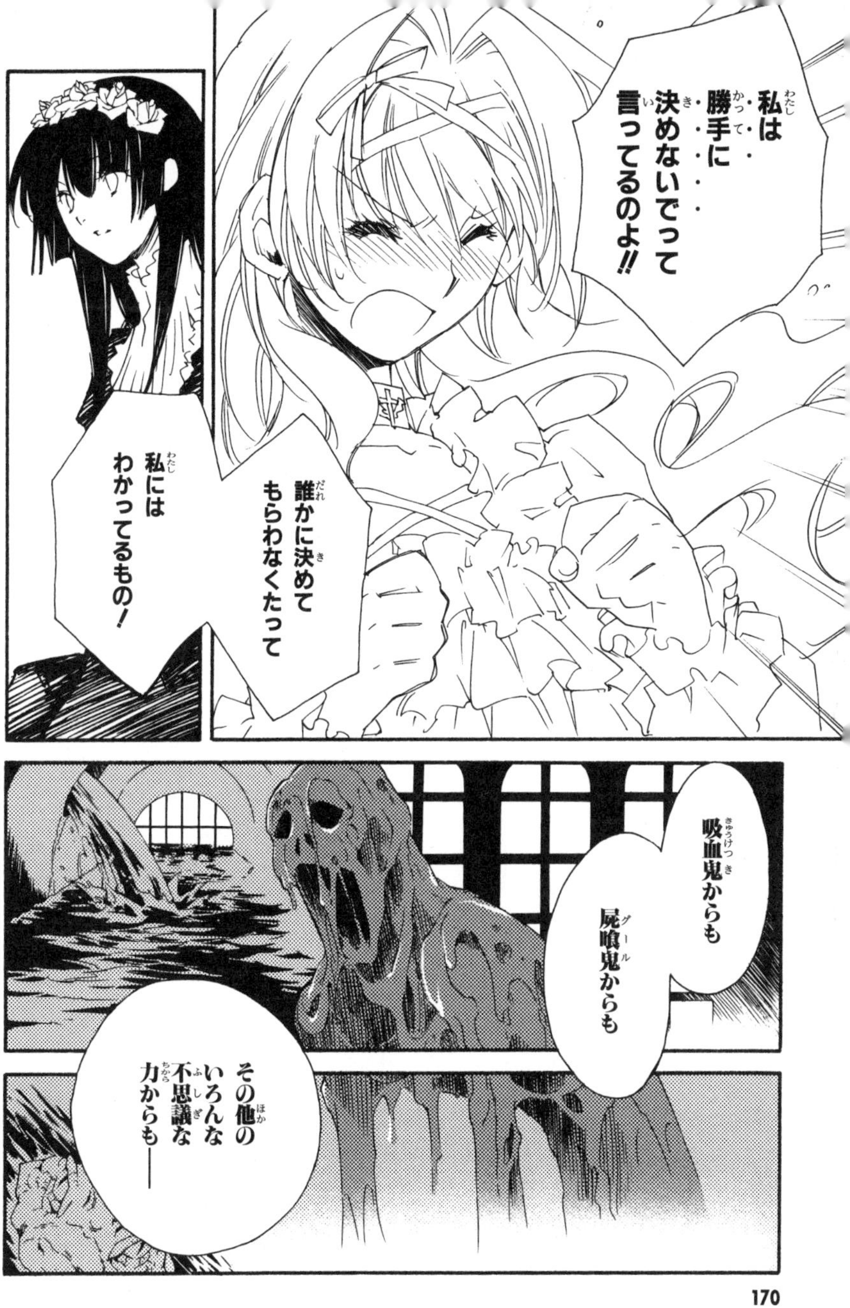
私は・・・
勝手に・・・
決めないでって
言ってるのよ!!
誰かに決めてもらわなくたって
私にはわかってるもの!
吸血鬼からも
屍喰鬼からも
その他のいろんな不思議な力からも——

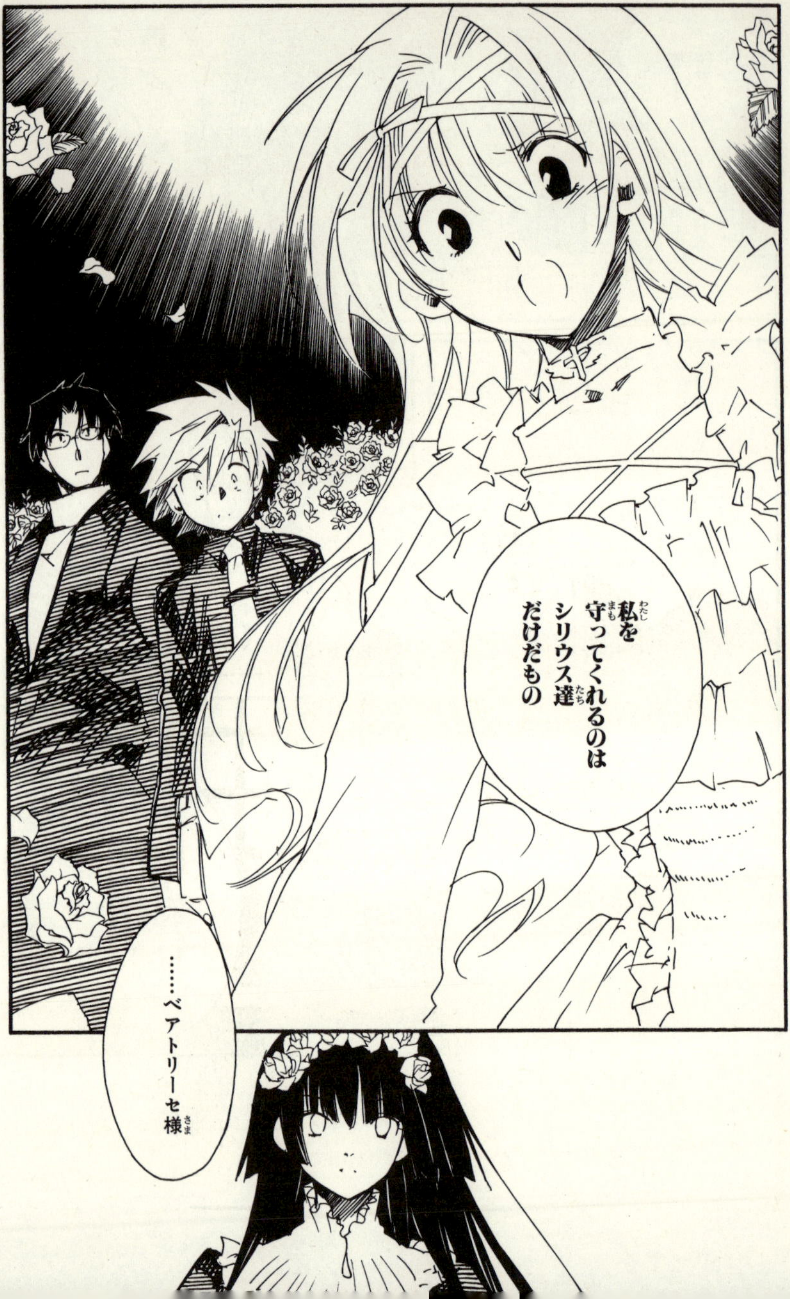
私を守ってくれるのはシリウス達だけだもの
……ベアトリーセ様

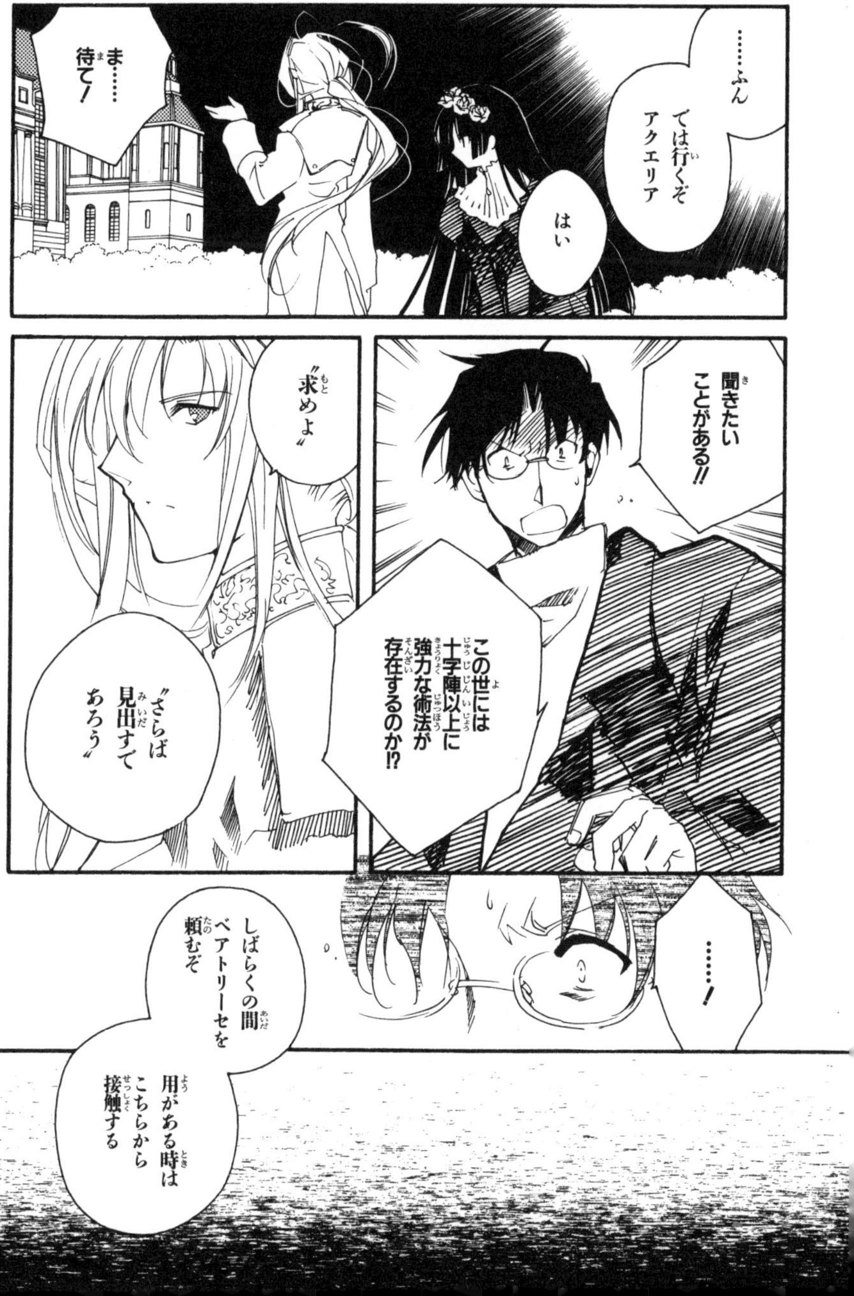
……ふん
では行くぞ
アクエリア
はい
ま……
待て!
聞きたい
ことがある!!
この世には
十字陣以上に
強力な術法が
存在するのか!?
〝求めよ〟
〝さらば
見出すで
あろう〟
……!
しばらくの間
ベアトリーセを
頼むぞ
用がある時は
こちらから
接触する

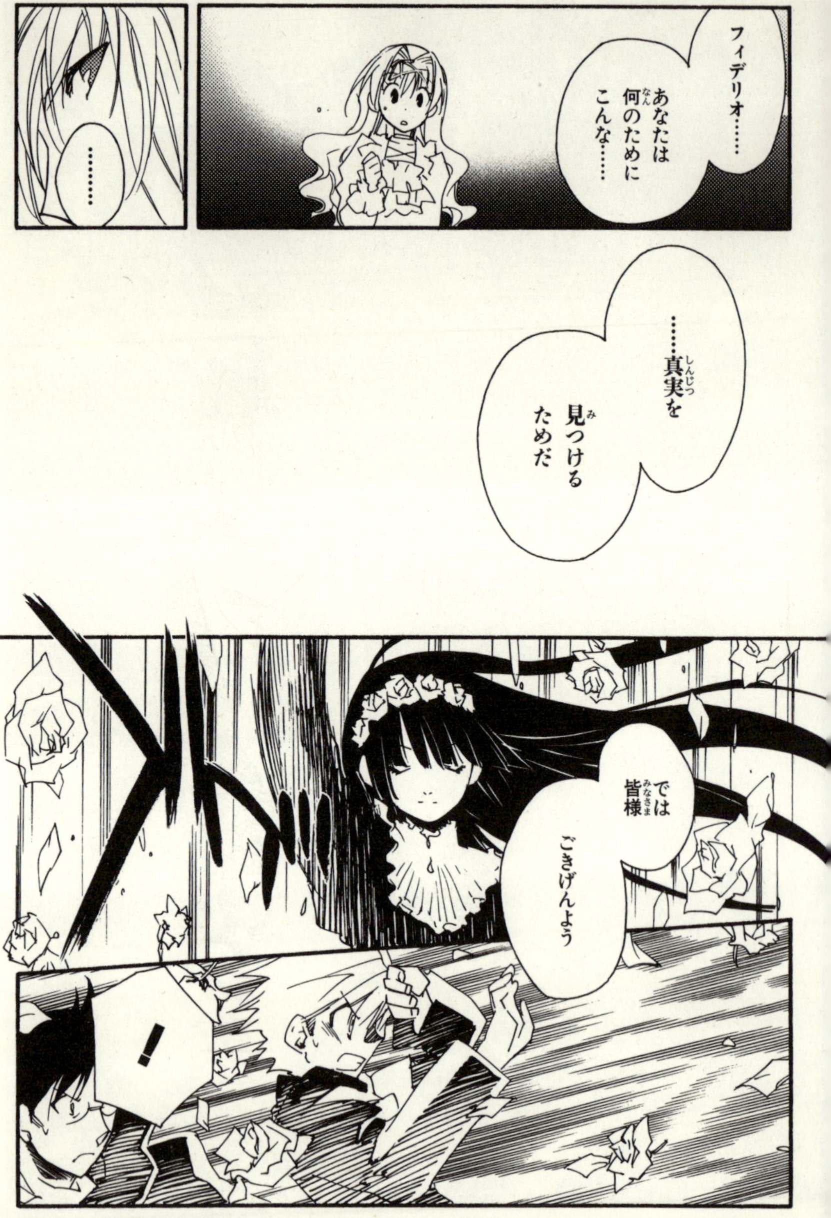
フィデリオ……
あなたは何のためにこんな……
……
……真実を見つけるためだ
では皆様ごきげんよう
!

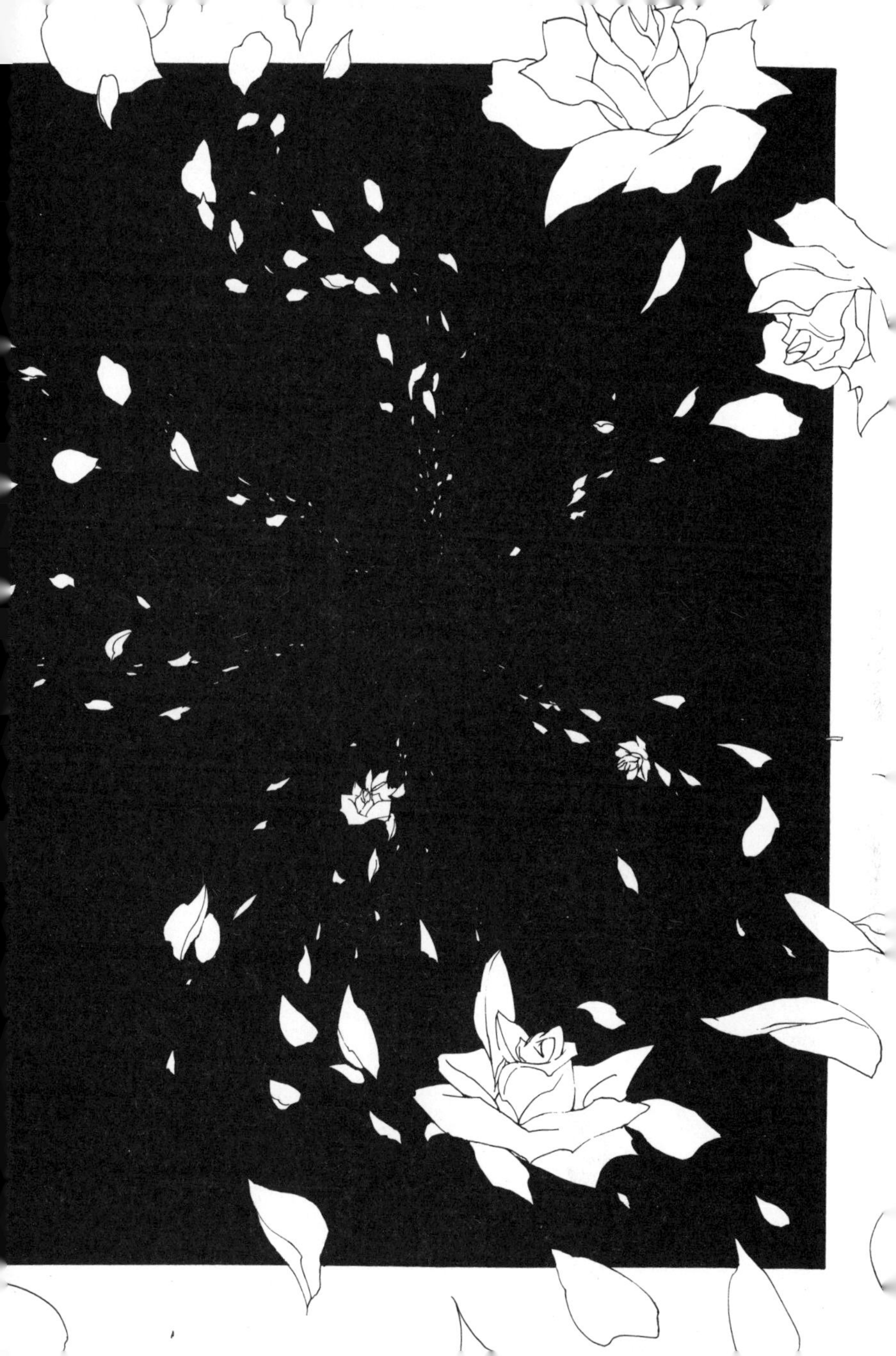

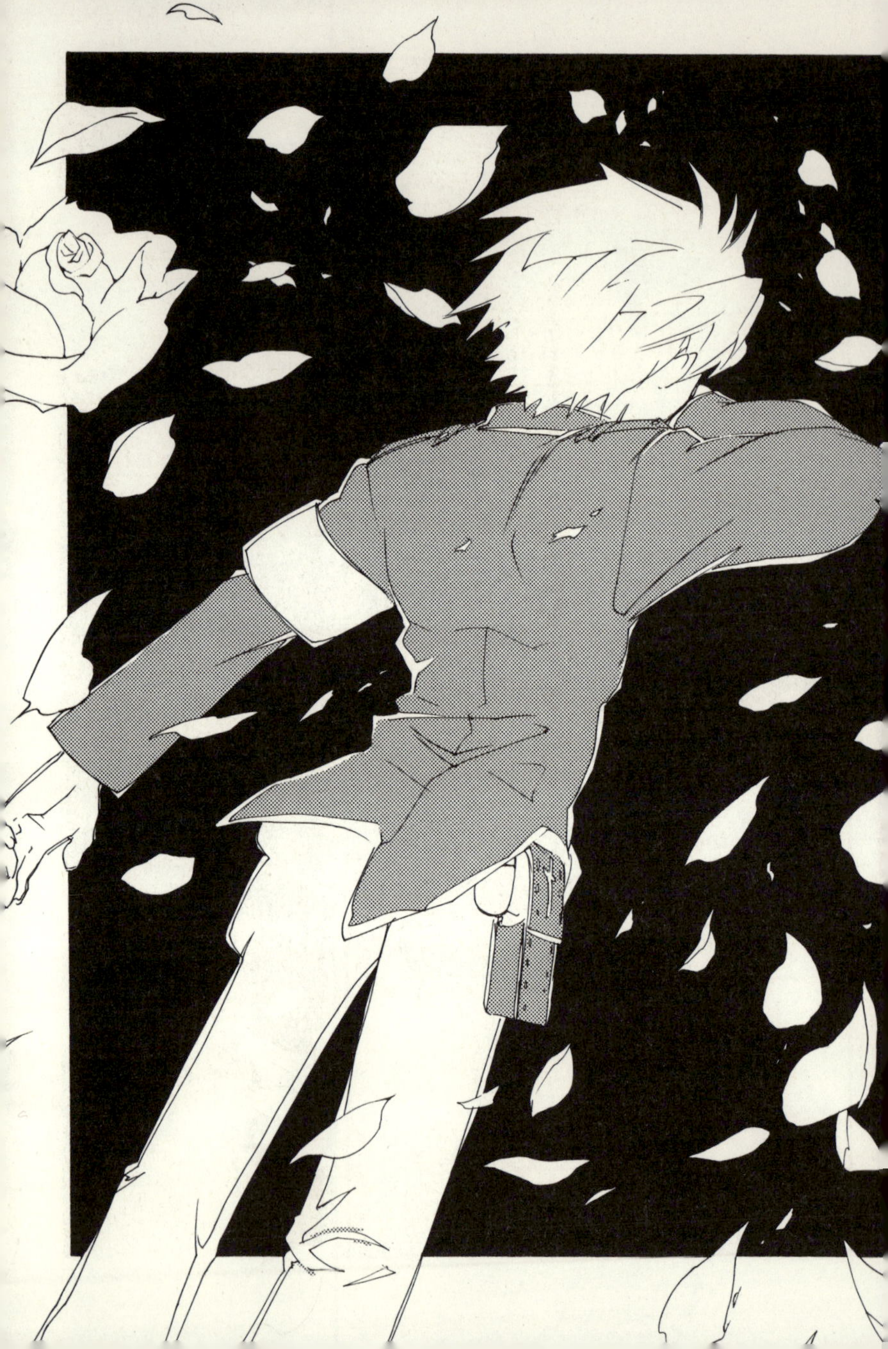

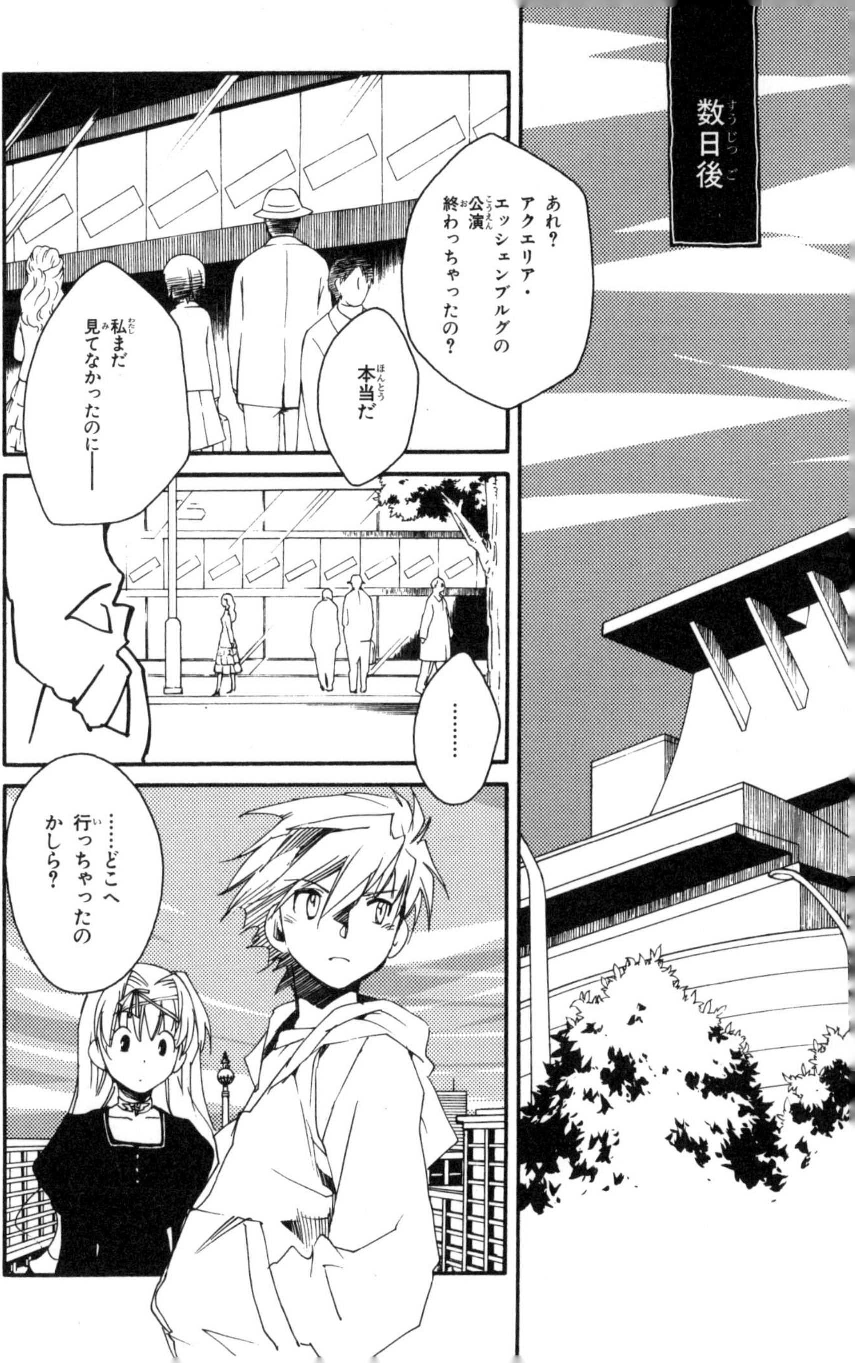
数日後
あれ？アクエリア・エッシェンブルグの公演終わっちゃったの？
本当だ
私まだ見てなかったのに――
……
……どこへ行っちゃったのかしら？

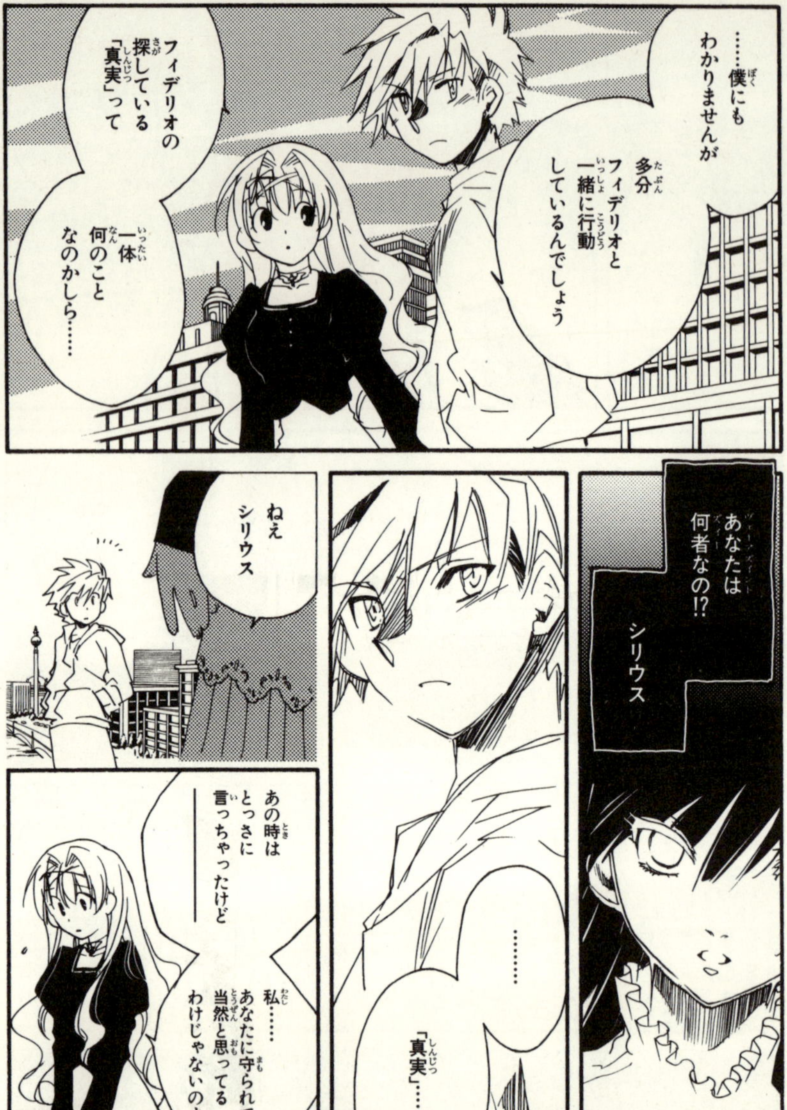
……僕にもわかりませんが
多分フィデリオと一緒に行動しているんでしょう
フィデリオの探している「真実」って
一体何のことなのかしら……
あなたは何者なの!?
シリウス
……
「真実」……か
ねえシリウス
あの時はとっさに言っちゃったけど——
私……あなたに守られて当然と思ってるわけじゃないのよ

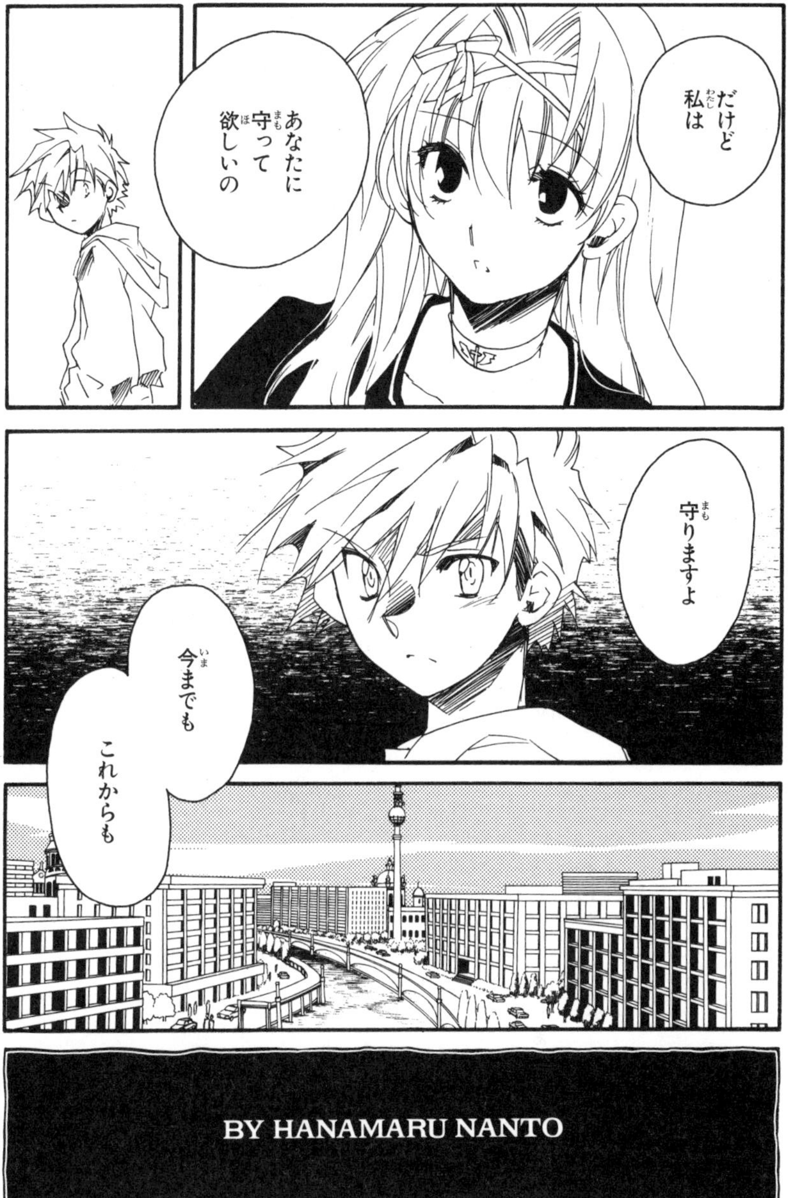
だけど私は
あなたに守って欲しいの
守りますよ
今までもこれからも
BY HANAMARU NANTO

Kadokawa Comics Dragon Jr.

角川コミックス ドラゴンJr.

オオカミが来る！ 2
～GIB MIR SONNE～

なんとはなまる
納都花丸

2007年7月9日初版発行

発行者／小川 洋

発行／富士見書房
〒102-8144 東京都千代田区富士見1-12-14 (03)3238-8591(編集)

発売／角川グループパブリッシング
〒102-8177 東京都千代田区富士見2-13-3 (03)3238-8521(営業)

カバー・本文デザイン／伸童舎

印刷／図書印刷　製本／BBC

初出／ファンタジアバトルロイヤル(富士見書房刊)06年春号～07年春号

ISBN978-4-04-712502-5　C0979

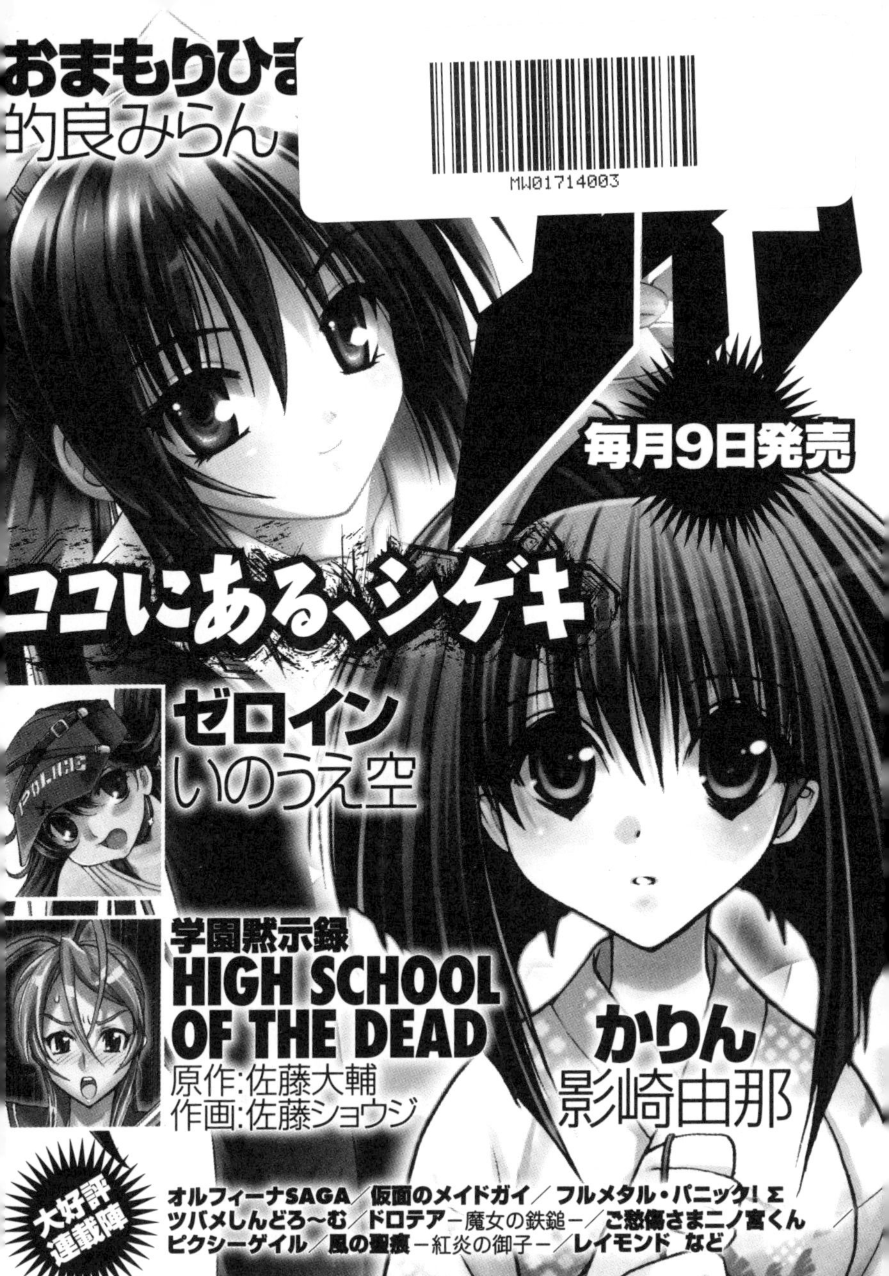

おまもりひま
的良みらん
毎月9日発売
ココにある、シゲキ
ゼロイン
いのうえ空
学園黙示録
HIGH SCHOOL OF THE DEAD
原作:佐藤大輔
作画:佐藤ショウジ
かりん
影崎由那
大好評連載陣
オルフィーナSAGA／仮面のメイドガイ／フルメタル・パニック！Σ
ツバメしんどろ〜む／ドロテア－魔女の鉄鎚－／ご愁傷さま二ノ宮くん／
ピクシーゲイル／風の聖痕－紅炎の御子－／レイモンド など